KB131293

지금,
당신의 일을
시작하라

지금, 당신의 일을 시작하라

지은이 이안 위트워스
옮긴이 김성원
펴낸이 이규호
펴낸곳 북스토리지

초판 1쇄 인쇄 2022년 12월 5일
초판 1쇄 발행 2022년 12월 15일

출판신고 제2021-000024호
10874 경기도 파주시 청석로 256 교하일번가빌딩 605호
E-mail b-storage@naver.com
Blog blog.naver.com/b-storage

ISBN 979-11-92536-95-8 03300

지금, 당신의 일을 시작하라

이안 위트워스 지음 | 김성원 옮김

TIMELESS BUSINESS TRUTHS FOR THRIVING IN A WORLD OF NON STOP CHANG

추천사

호주에서 가장 재미있는 비즈니스 블로거가 말하는, 급변하는 오늘날의 작업 환경에서 자신만의 방식으로 성공하는 방법을!

이안 위트워스는 국가를 대표하는 기업들을 무에서부터 창조하였다. 코로나 바이러스는 그중 일부를 망하게 하였다. 그래도 그는 괜찮다고 한다. 왜냐하면 혼돈이 소용돌이치고 두려움이 판을 칠 때 기회가 있기 때문이다. 그리고 지금이야 말로 당신이 나설 때라고 독려한다. 다른 기업인이나 바이러스도 무너뜨릴 수 없도록.

많은 재능 있는 사람들이 자신의 사업을 시도하고 싶어 하지만 대기업 신화에 눌려 망설이고 있다. 그러나 성공은 보수적이고 경직된 사장들이 말하는 것보다 훨씬 간단하다. 이안이 말하는 사업은 간단한 규칙, 6학년 정도의 수학, 기본적인 품위만 있으면 전문용어를 알지 못해도 가능하다. 그들은 은행 직원들이 '우리는 이런 성과를 본 적이 없다'라고 말하게 하는 매출을 기록하였다.

이안의 조언은 너무 읽기 편하여 그의 독자 중 많은 사람들이 사업에 관심도 없으면서 그의 블랙유머와 더 나은 삶을 위한 조언을 얻기 위해 이 책을 읽는다. '당신의 성공 목표는 거짓말을 기반으로 한다'와 '두더지 잡기 비즈니스의 기술'과 같은 파트는 창업하는 날부터 전문 경영인을 고용하여 운영할 때까지의 전반적인 기업가 경험을 단계별로 안내해 준다.

자신의 사업을 경영하든 남의 회사를 관리하든, 또는 프리랜서이든 간에, 이 책은 당신이 필요한 유일한 핸드북이 될 것이다. 그리고 당신은 실제로 즐겁게 끝까지 이 책을 읽을 수 있게 될 것이며, 가슴이 뛰게 될 것이다.

당신의 사업이 당신의 기를 죽이지 않고 실제로 돈을 벌게 하려면 『지금, 당신의 일을 시작하라』 이 책은 당신의 새로운 비즈니스 바이블이 될 것이다.

_『MONEY SCHOOL』의 저자, LACEY FILIPICH

감사의 말

아래의 글은 내가 어느 비즈니스 잡지에 실린 'Serial Entrepreneur(연쇄 창업가)'의 글에서 읽은 것이다.

"그리고 마지막으로 ……

나는 동업의 위험성을 어려운 방법으로 배웠다. 파트너십(동업)을 깰 때 돈을 처리해야 하는 것보다 더 어렵고 나쁜 일은 없다. 그럴 때 사람들의 진정한 면모가 드러난다. 그래서 나는 다시는 동업을 하지 않기로 했다. 함께 일할 사람은 당신이 모두 고용을 하거나 그들에게 인센티브를 제공하면서 지배권을 유지하라. ……."

이 글을 읽으며 나는 이렇게 생각했다. '젠장, 이 얼마나 슬프고 의심이 가득 찬 삶인가?'

내 사업은 기쁨의 연속이었다. 이는 모두 나의 씬체인지(Scene Change) 동업자인 피터(Peter), 비컨(Vicken), 딩고(Dinhgo), 가레트(Gareth), 앤드류(Andrew)와 배저(Badger) 덕분이다. 그동안 이 사람들의 '진가가 드러났고' 그래서 나의 사업이 지금처럼 잘 굴러가는 것이다. 당신들과 함께 일하는 것은 영광이고 끝없는 즐거움이다. 지배라는 개념은 과대평가된 것이다.

모두에게 감사한다.

세대에 관계없이 이해할 수 있도록 초고를 검토해준 마델린(Madeleine), 데클란(Declan)과 레이시(Lacey). 특히 레이시(Lacey)는 이 모든 것을 시작할 수 있도록 해준 블로그를 추천해 주었다.

블로그 (및 그 이상)의 법률 패널로 활약한 핀(Fionn)과 제임스(James).

여행 번역을 해준 라클런(Lachlan). 재미있는 팟캐스트의 램브로스(Lambros)와 데인(Dayne). 술집에서 누가 먼저 책을 낼 것인지 내기를 건 롭(Rob). (맥주 한잔 빚진 것 잊지 말길 바라네.)

정말 지난 1년 동안 유일하게 기쁜 소식을 전해준 펭귄 랜덤하우스(Penguin Random House)의 이지(Izzy). 그녀가 아니었으면 지금쯤 알코올 중독자가 되었거나 해변가에서 금속 탐지기나 들고 다니는 슬픈 인간으로 전락했을지도 모르겠다. 또, 칼하리(Kalhari)가 아니었다면 집필을 하며 문법에 맞는 단어가 무엇인지에만 집중하며, 실제로 중요한 이야기에 소홀했을 것이다.

그리고 수년간 쏟아온 모든 노력이 수포로 돌아갈 것 같을 때마다 끝없는 격려와 귀중한 조언을 해준 미셸(Michelle). 사랑에는 많은 차원이 있는데 나는 그 모든 차원에서 당신을 사랑한다.

차례

PART 3

시작해 보자

PART 4

전략

PART 5
판매 및 영업

PART 6
사람

PART 7
재정

PART 8
기술

PART 1

자신의 삶을 스스로 통제하자

그곳에서 탈출할 표를 구하라

비즈니스, 교과서를 통해 본 비즈니스는 합리적이지만 매우 따분하고 지루한 직업이라는 데 의심의 여지가 없을 것이다. 내 친구들이 모두 전문 인터넷 방송가로 활동하거나 리조트 평론가나 콤부차 소믈리에로 활동하는 동안 나는 늦은 밤까지 쌓여 있는 미로와도 같은 차트와 체크리스트, '앞날'을 위한 재미없는 계획으로 시간을 보내고 있다. 아무튼 나는 호스 노즐 가격에 대한 분기별 보고서를 작성하다 잠시 휴식을 취할 때 SNS를 들여다보면 그들의 글에는 그런 재미있는 내용들이 올라와 있다.

책에서는 비즈니스에 대해 제대로 알려주지 못하고 있다. 그래도 의지만 있다면 비즈니스는 원숭이 집사(하인처럼 주인이 시키는 일은 다 하도록 훈련된 원숭이, 회사에서 잡일을 하도록 고용된 사람을 일컬음-옮긴이)보다는 재미있는 분야다. 비즈니스를 직접 운영하는 일이라면 말이다. 물론 엄청난 양의 업무를 해야 하는 일이지만 완벽하게 자신의 현실을 디자인하는 경험이기도 하다. 특별히 잘생기지 않고, 스포츠나 연예 분야에 재능이 없고, 과학자만큼 똑똑하지 않은 사람일지라도 원하는 대로 할 수 있는 자신만의 세계를 만들 수 있는 유일한 분야다. 순전히 자신의 재미를 위해 실험을 하고, 솔직히 말도 안 되는 만큼의 돈을 벌고, 흥미진진한 모험을 하고, 쟁쟁한 라이벌과 수십 년에 걸친 흥미로운 전투에도 참여할 수 있으며, 심지어 매일 정해진 장소에 출근할 필요도 없다.

많은 사람들에게 직장 생활이 힘든 주된 이유는 좋은 직업을 가져본 적이 없기 때문이다. 훌륭한 직업을 갖는 가장 좋은 방법은 직업을 직접 만드는 것이다. 다른 사람이 조건을 설정하게 하는 대신 자신의 규칙을 직접 설정하는 것이다. 임직원으로서 아무리 돈을 많이 벌어도, 아무리 칭송받는 '부사장'이라 해도, 일하는 내내 나는 여전히 남에게는 짜증나는 존재인 것이다.

남의 곡에 맞춰 춤을 출 때 당신에게 다가오는 것은 끝없는 불확실성이다. 더구나 내가 속한 산업 분야가 최근에 줄줄이 밀고 들어온 다른 사업체에 의해 크게 타격을 받은 경우엔 특히 그렇다. 이제 더 이상 예전처럼 따뜻하게 맞아주던 일터로 돌아갈 방법이 없다면 어떻게 할 것인가?

밤이 되면 그간 힘들게 얻은 모든 기술과 경험이 어둠 속에서 자전거로 오르막길을 오르며 허벅지의 근육과 함께 타버리거나 등 뒤에서 이루어지는 벤처 자본가의 만찬에서 끝나버리지는 않을지 불안해진다. 통제할 수 없는 상태로 몇 달, 몇 년 동안 외력에 휘둘리다 보면 무력감이 석고로 만든 깁스처럼 자리 잡을 수도 있다. 미래의 사무기술이 생산성 싸움에서 살아남은 직원들이 서로 겨루는 일부 포트나이트(Fortnite, 에픽 게임스사에서 개발한 온라인 게임-옮긴이) 스타일의 플랫폼을 기반으로 이루어질 것이고 승자는 한 문장도 제대로 엮어내지 못하는 열아홉 살짜리들이 될 거라 걱정한다.

여기서부터 어디로 향할지는 변화를 친구로 받아들이는 각자의 능력에 달려 있다. 변화는 친하게 지내기 쉬운 친구가 아니다. 그러나 그 짜증과 변덕을 참아낼 수만 있다면 변화는 우리가 군중을 뚫고 헤쳐 나가는 데 도움이 될 것이다. 다른 사람들 대부분이 가보지 못한 곳에 도달할 수도 있다. 대부분의 사람들은 변화를 받아들이기보다는 고통을 받으며 불평하기를 택한다. 그러나 그런 경우엔 오히려 당신과 내가 그 혜택을 긁어모을 수 있다는 뜻이니 그것도 나쁘지만은 않은 일이다.

비즈니스의 진정한 장점은 장기전이라는 점에 있다. 모델, 팝 가수나 스포츠 스타들은 일찍부터 좋은 시간을 즐기다 서른 살에 정점을 찍고 난 후부터는 쭉 내리막길이다. 쉰 살이 되면 그땐 "내가 누군지 알아?"가 된다. 우리는 종종 햇빛 노출로 잔인하게 노화한 젊은 스포츠 스타 중 한 명이 와인에 절은 금융업계 사람들에게 연설을 하며 장시간 스스로 화려했던 시절을 회상하는 모습을 보게 된다. 아니면 "Remember Your Favorite Decade?(옛날 가수들이 나오는 프로그램-옮긴이)" 리바이벌 공연에 나와 슈퍼에서 파는 염색약으로 염색한 연예인들이 자신들의 히트곡 두어 개를 연주하는 모습을 보거나. 그러나 비즈니스에서는 초반에 저지른 수많은 실수를 기반으로 시간이 지날수록 점점 더 나아지고, 뻐꾸기는 잠든 틈을 이용해 잡을 수 있다는 것을 깨달은 코요테보다 조금씩 천천히 더 약삭빠르게 변해간다.

과거에 대한 향수는 다 때려치우자. 옛 추억은 개나 줘 버려라. 비즈니스가 생각대로 잘되고 있다면 가장 좋은 때는 바로 지금이다.

비즈니스는 흥미로운 그 무언가가 바로 코앞으로 다가오고 있다는 짜릿한 느낌을 준다. 그러나 이렇게 앞으로 더 큰 일이 있을 거라는 느낌이 없다면 오전 11시에 첫 번째 할인 쿠폰 음료를 들고 해안가에 있는 술집 포커 기계 앞에 앉아서 하루를 끝나게 되는 쇠퇴기에 접어들게 된 것이다.

비즈니스는 고도의 흥분을 유지하도록 해준다. 현금이 제대로 흘러들어오게 되면 무엇이든 할 수 있다는 아드레날린이 솟구친다. 물론 비즈니스는 모두에게 맞는 것은 아니다. 무한한 자유로운 형태의 가능성을 다뤄야 하는 개인적인 악몽에 시달리기보다는 정해진 상자 안에서 안전한 상태를 즐기는 사람도 굉장히 많다. 수년간 잔인하게 우리 안에 갇힌 생활을 마치고 방사된 동물들이 무성한 녹색의 세계를 마주한 채 머뭇거리다가 다시 돌아서 우리 안으로 들어가는 모습을 담은 영상에서처럼. 그들은 무엇을 결정해야 한다는 강박으로부터의 행복한 자유가 있는 그 안에서 평안함을 느낀다.

그러나 한번 자유의 맛을 느끼게 되는 순간, 그것에 중독이 된다. 경영진, 주주, 분석가, 또는 그 외의 의견을 제시하고 싶어 하는 사람들에게 정당화할 필요 없이 자신이 원하는 것은 무엇이든 할 수 있다.

비즈니스를 시작한다는 것은 아주 느린 동작의 마술을 선보이는 것이다. 즉, 무에서 유를 창조하는 것이다. 이미 존재하는 것을 가져와서 한참을 만지작거리다 다음 익명의 관리인에게 넘기는 일을 하는 게 아니다. 비즈니스는 자신의 완벽한 기술과 끈기의 영속적인 기념물인 것이다.

어두컴컴한 식당 안쪽에서 비밀회의에 참석하도록 뛰어난 직원을 설득하는 것보다 더 재미있는 일이 어디 있을까? 실제로 경찰이나 스파이가 법적으로 처리해야 할 위험 부담 없이 무언극에서 느낄 수 있는 모든 긴장감('자네가 여기에 들어오는 것을 본 사람이 있는가?')을 만끽할 수 있는. 진정으로 친구처럼 생각하게 된 고객과의 관계를 구축하고, 그들이 우리 직원과 함께 일하는 것이 얼마나 좋은지 말할 때 마치 그 직원들의 부모가 된 듯한 자부심을 느끼는 일까지 말이다.

비즈니스는 가끔 발생하는 엄청난 고통을 동반한 다양한 즐거움의 끊임없는 연속이다. 고통도 즐거움의 일부이다. 가장 중요한 것은 40대가 되었을 때 자존심을 지킬 수 있는 유일한 길이라는 점이다. 나와 함께 훌륭한 경력을 가진 똑똑한 젊은 임원들이었던 사람들이 이제는 자신들보다 10살 또는 그 이상 어린 사람들의 직원이 되어 있는 모습을 보고 있다. 이것은 정말로 추한 일이며 바로 당장 어떤 방법으로든 피하도록 애써야 할 일이다. 마흔일곱 살의 구직자들이 틱톡(TikTok)이 마케팅의 미래라는 걸 예측해 틱톡에 반한 척하는 장면 등으로 연출된다. 제발 젊은이들이 소름 끼쳐서 도망치게 하지 말고 품위를 좀 지키시라.

자신의 방식대로 자신의 삶을 영위하라. 그렇지 않으면 원래 다른 계획이 있던 어느 금요일 날에 당신의 상사가 그의 방식대로 당신의 스케줄을 대신해서 짜주게 될 것이다.

우리 뒤를 쫓는 경쟁사 탐정들

동네 경쟁사 사장이 사립 탐정처럼 파란색 포드 자동차를 타고 우리를 바짝 뒤쫓는 것을 발견했을 때 우리는 비즈니스를 시작한 것이 정말 잘한 일이었다는 것을 느낄 수 있었다. 우리는 그를 의식해 새로 임대한 창고에 뒷길을 통해 갔다. 그는 전문 사립 탐정처럼 우리 뒤를 바짝 쫓긴 했으나 영화에서 본 것보다는 훨씬 느리고 둔했다. 사이드 브레이크를 활용한 급회전 기술로 고속도로 출구를 진입하는 일도 없었고 과일이 진열된 리어카를 넘어뜨리는 일도 없었다. 그는 신중하게 우리 사무실에서 적당한 거리를 두고 차를 세워놓고 우리가 자동차에서 새 노트북 컴퓨터를 내리고 사무실에 선반을 설치하는 등 '범죄 행위(?)'를 하는 모습을 지켜보았다. 실망스럽게도 그는 신문에 구멍을 뚫어서 우리를 염탐하지도 않았다. 그럼에도, 우리의 대담한 작은 모험이 무법자의 이미지로 만들어진 채 동네 사람들의 입에 오르도록 해주긴 했다. 거대한 경쟁자에게 감사를!

우리 사업에 대한 구상은 10년 동안 쌓아온 것이다. 디즈니(Disney) 지역에서 가장 마법과는 거리가 먼 땅인 거대하고 영혼이 없는 애너하임 힐튼(Anaheim Hilton)에서 열린 기술 컨퍼런스에 참석했을 때 시작되었다. 당시 회사의 출장에 관한 규정은 2인 1실이었다. 나의 룸메이트는 초대형 고급 호텔 그룹사에서 새로 영입된 관리자인 피터라는 사람이었다. 출장 이전에는 서로 만난 적도 없었기에 같은 공간에서 함께 지내는 것에 대해 둘 다 편치 않은 심정이었다. 그는 꼬리가 긴 헤어스타일을 하고 라우터(네트워크에서 데이터의 전달을 촉진하는 중계 장치-옮긴이)와 대역폭(컴퓨터 네트워크나 인터넷이 특정 시간 내에 보낼 수 있는 정보량-옮긴이)에 대해 이야기하고 싶어 할 것이 뻔한 기술자에서 매니저로 변신한 관리자와 같은 공간에 갇혀 일주일을 보내는 것을 탐탁하게 생각하지 않았을 것이다.

나도 마찬가지로 화장실 두루마리 휴지의 끝을 완벽한 삼각형으로 접어놓고 룸서비스로 과일안주를 주문하고 침대 시트가 면 몇십 수짜리인지를 따지며 불평할 것만 같은 까다로운 전직 호텔 직원과 같은 방에 갇혀 지내게 된다는 사실에 딱히 큰 기대를 건 상태는 아니었다.

우리는 로비에 있는 바에서 처음 만나 약한 미국 맥주 두어 병을 마시며, 서로에 대해 갖고 있던 경계심은 근거가 없는 것임을 알게 되었고, 서로 평생 친구가 될 것이라는 것을 깨달았다. 일주일 동안 광란의 밤이 이어졌다. 미국인들은 자신의 파티가 호주인들에 의해 침략당하는 것에 대해 놀라울 정도로 관대했고, 따라서 우리가 그들의 환대를 거절하는 일은 예의에 어긋나는 일이었을 것이 분명했다.

출장에서 돌아온 후, 회사에서 우리의 출장비 감사를 받은 결과, 이후론 둘이 함께하는 출장은 영구히 금지되었다. 그 이후 10년 동안 우리의 마음속 뒤편에는 우리의 술집 비용을 스스로 자유롭게 지불할 수 있는 영광스러운 날이 오리라는 목표가 생겼다. 영감이란 측면에서 보면 훌륭한 TED 강연 감은 못 되겠지만 우리에겐 충분히 훌륭했다.

당시 우리가 함께 일했던 회사는 그 분야에서 압도적으로 잘나가는 대기업인 국영 시청각 회사였다. 우리 회사는 기업 이벤트의 기술적인 부분을 지원하는 일, 즉, 은행 CEO와 억만장자 소프트웨어 천재들을 무대 위의 스타로 만들어주는 엄청난 영상, 사운드 및 조명 시스템을 지원하는 일을 맡고 있었다. 우리 직원들은 어두운 방 뒤쪽에 숨어서 버튼을 누르는 일을 했다. 사람들이 흔히 들어본 산업 분야는 아니다. 사실 오늘날까지 우리 어머니조차도 우리 업계가 하는 일이 정확히 무엇인지 이해하고 계시는지 잘 모르겠다.

우리 회사에는 충성심이 강하고 헌신적인 직원들이 있었고 훌륭한 평판도 받고 있었다. 차고만한 크기에서 시작해 직원 수 750명의 회사로 성장했음에도 여전히 정말 괜찮은 공동체 느낌이 있었다. 그러나 거기엔 우리의 것은 아무것도 없었다. 비행기와 호텔 등 길에서 보낸 수많은 나날들 속에서 피터와 나는 우리만의 사업을 구상하게 되었다. 언젠가는 이보다 작은 대안 격인 전문회사를 차릴 기회가 있을 것이라 생각했다. 그것이 자연스러운 다윈의 질서인 것이다. 우리는 그것을 '언젠간 이루어낼 일'이라는 바구니에 담아두었다.

광란은 몇 년 후 사모펀드 직원 출신들이 도착했을 때 시작되었다. 15년 동안 회사를 소유해온 원주인들이 자금을 빼고 싶어 했다. 그러자 외부 투자자와 그들의 냉철한 직원들이 들어왔다. 나는 이사회에 속했으나 주주는 아니었다. 이것은 바람직하지 않은 조합이었다. 따라서 나는 앞으로 일어날 일들의 전조 증상들을 감지할 수 있었다. 그간 우리 직원들이 일을 사랑했기에 전문적이고 어려운 일들을 해왔다는 사실에 대해 이들이 완벽하게 이해를 제대로 못하는 현상이 포착된 것이다. 새로운 주주들에게는 우리가 하는 일이 마치 피자를 굽는 일과 크게 다르게 보이지 않았던 것이다. 그래서 나는 나만의 마케팅 회사를 차리기 위해 퇴사를 결심했다. 피터는 그곳에 남아서 5년 동안 재무팀 주도로 이루어진 온갖 광란을 지켜보았다. 주주들을 달래기 위해 선량한 사람들이 활화산에 던져지고 비싼 컨설턴트들이 미친 듯이 뛰어다니며 수익을 모두 빨아먹는 모습을 말이다. 피터에게도 그곳과 이별할 순간이 다가왔다. 나는 호텔 벙커에 있는 피터에게 전화를 걸어 "시간이 됐다"고 말했다. 우리는 돈을 꾸기 위해 여기저기를 다니며 긁어모으기 시작했다.

몇 주 뒤, 회사는 피터를 1년 동안 재취업 유보 유급 휴가의 조건으로 해고했다. 즉, 그가 유사 경쟁 업종에 취업이 불가능하도록 한 것이다.

우리는 전 회사와 같이 전국을 무대로 하되 규모는 작은 버전의 사업을 구상했다. 이름은 '씬체인지(Scene Change)'라고 지었다.

바로 뛰어들고 싶어서 안달이 날 정도의 완벽한 계획을 세워놓은 상태에서 1년을 그대로 묵혀두는 기분은 이상했다. 우리는 법적으로 모든 경보가 해제되었다는 신호가 울리자마자 섬에서 사업을 시작하기로 했다. 섬은 공격과 방어가 비교적 쉬운 곳이다. 그리고 사설 탐정의 눈에 더 쉽게 포착된다. 우리는 호바트(Hobart)로 날아가 경쟁사의 오랜 직원들에게 우리 혁명에 동참할 것을 요청했다.

태즈메이니아(Tasmania) 사람들은 하나로 뭉치는 성향이 있기에 한 명이 합류하면 전원이 합류한다. 분위기에 맞춰 우리는 그들을 모두 호바트 부두에 있는 해적을 테마로 한 식당으로 데려가서 우리 비즈니스의 비전을 발표했다.

"질문이 있습니까?"

"로고 색상이 뭡니까?"

그들은 기술 분야에 진심인 사람들이었다. 그래서 우리가 채택할 첨단기술이 무엇인지를 물어올 거라 생각했다. 또는 급여는 얼마인지에 대해서도 말이다. 그런데… '로고라니?' 이들의 반응을 이해하기 위해서는 배경지식이 좀 필요하다. 1년 전쯤, 이 경쟁사의 새로운 마케팅 팀장은 브랜드 쇄신이 모든 문제점을 해결할 수 있을 거라 생각했다. 그래서 기획사를 기용해 연예계에서 통할 만한 로고를 디자인해 달라는 의뢰를 했다. 사람들이 "와!" 하고 환호할 만한 것을 요구하는 지침이 전달되었다. 〈더 오피스〉라는 드라마에나 나올 법한 모습을 한 새 로고는 기업명의 로고 옆에 연두색 말풍선 안에 "와(WOW)!"라고 쓰여진 모양을 하고 있었다.

새로운 모습의 이 로고가 벙찐 직원들 앞에 놓여졌던 것이다. 고집스러울 정도의 근성으로 검은 옷을 주로 선호하는 기술자 집단은 연두색으로 "와(WOW)!"라고 찍힌 흰색 셔츠를 새로 받았다. 회사 승합차는 흰색 바탕에 거대한 연두색 "WOW!"라는 글씨로 새롭게 도색되었다. 그들은 마치 엄마가 방금 자신의 머리를 가지런히 빗어놓고 손수건으로 입가를 깨끗이 훔친 다음 무릎까지 올라오는 긴 양말을 신겨서 가족 모임에 참석하게 한 것과 비슷한 기분이 들었다.

'씬체인지(Scene Change)'가 이들에게 해독제가 될 수 있기를 바랐다. 완전한 브랜드 디자인(BI) 책자가 준비되어 있었다.

"검은색입니다. 유니폼도 검은색일 겁니다. 명함도 검정색일 거고요. 승합차도 검은색으로 하고 차 유리도 법이 허용하는 한도 내에서 가장 어두운 색으로 선팅을 할 겁니다. 여러분이 현장에 도착하면 쿨하고 인상적으로 보일 수 있을 겁니다."

'시청각시설 해결대원(Audiovisual Response Unit)'이라고 쓰여 있는 승합차 디자인을 유심히 관찰했다. 각 승합차에는 고유의 출동 번호가 주워질 것이다. 그들은 로고를 마음에 들어 하는 것 같았다. "또 다른 질문이 있나요?" 딱 하나의 질문이 있었다.

"승합차에 크롬 테두리를 둘러도 될까요?"

"물론입니다."

테이블에 둘러앉은 그들은 서로를 바라보며 머리를 미세하게 끄덕였다.

"좋습니다. 합류하겠습니다."

고객의 눈길을 끄는 것도 좋지만 회사의 상표가 직원들을 민망하게 한다면 세상의 그 어떤 마케팅도 제 기능을 발휘하기는 어려울 것이다. 때론 크롬 테두리의 검은색 승합차면 만사형통일 수도 있다.

사업은 10년이 안 되어 우리가 매일 출퇴근을 하지 않고도 매해 순이익으로 백만 달러 이상을 거두도록 성장했다. 이곳에서 저속한 돈 이야기를 늘어놓는 것이 마음에 걸리긴 하지만, 우리는 통상적인 비즈니스의 규칙과는 상반되는 행동을 함으로써 성공을 거두었다. 당신도 이것이 가능하다는 것을 아는 것이 중요하기 때문이다.

왜 지금인가?

혼돈은 새로운 사업을 시작하기 위한 훌륭한 촉매제다. 평소라면 당신을 비웃었을 경쟁자들은 코로나19가 뒤흔들어놓은 일상으로 인해 얼떨떨하고 혼란스러워하고 있다. 그들이 일궈놓은 체계와 공정에 지장이 초래됐다. 그들은 변화를 극도로 싫어한다. 변화에 대한 반응도 느리기에 취약한 상태가 된다. 바로 그 틈을 타 세계의 종말에도 살아남을 것으로 알려진 바퀴벌레처럼 더듬이로 감지된 달콤한 기회를 향해 기어들어가야 한다. 열려 있는 저 냉장고 안에는 무엇이 있을까?

다루어야 할 게 많다. 고객의 생활에 달라진 게 너무나도 많다. 일부는 가진 돈이 더 많아졌겠으나, 대부분은 재산이 줄었을 것이다. 소비 습관에 대해 다시 생각하고 있을 것이다. 그들에게는 지금이 바로 새로운 곳에 소비를 시작할 시점이다.

나는 이 과정을 쉽지 않게 깨달았다. 우리는 여러 잠재고객이

"우리 기존 거래처가 정말 별로야. 친절한 응대도 없고 비싸. 더 나은 서비스를 제공할 믿을 만한 업체가 또 있다면 바로 옮겨 탈 텐데 말이야."라고 말한 직후인 2006년에 사업을 시작했다.

우리는 그 달콤한 전망에 기대를 했다. 가능한 모든 돈을 빌려서 첫해에 4개 도시에 개업을 했다. 돌이켜보면, 나는 '우리가 술에 취했었나?' 싶다. 우리는 그간 알았던 고객사 모두에게 제안서를 넣었다. 그들 모두가 "귀하의 노력에 감사드립니다. 그러나 이번 건에 관한 한 '구관이 명관'이란 생각입니다." 그럼 우리는 그들이 아는 구관이 아니란 말인가? 잔인하지만, 아무리 증명된 실력이 있고 개인적인 친분이 있다고 해도, 이것이 바로 신생업체가 안고 있는 현실인 것이다. 그래서 두어 해 동안에는 납작 엎드려서 갖고 있던 자금을 아껴 쓰며 연명해야 했다. 때론 얼마간 컵라면으로 연명해야 할 때도 있었다.

그러던 중, 2008년에 리먼 브라더스(Lehman Brothers)가 파산하고 세계가 금융위기에 빠지면서 기업 예산이 삭감되고, 그리고…… 문의가 들어오기 시작했다. "안녕하세요? 저렴하면서 친절한 대안 업체님, 견적 좀 뽑아줄 수 있을까요?" 고객의 관습을 깨뜨릴 시간이 온 것이다. 이렇게 출발한 후로는 우리는 한 번도 뒤를 돌아보지 않았다.

경기 침체기에 정말 많은 비즈니스가 성공리에 시작되었다. 우버(Uber)와 에어비엔비(Airbnb)가 침체기 막바지에 출발하였다. 이 시기는 생존에 도움이 될 이점이 많이 존재한다. 갖가지 이유로 인해 사업에 필요한 비용이 덜 들 것이다. 상업용 임대료는 절대로 회복할 수 없는 하향 곡선을 그리고 있고, 우수한 인력을 보다 싼 값으로 채용할 수 있으며 이자율도 터무니없이 낮다. 그리고 가장 중요한 것은 시대에 맞게 깔끔하고 능률적인 구조로 시작할 수 있다는 것이다. 번거로운 과거의 기술이나 사무 설비에 얽매이지 않아도 된다. 직원을 구하는 일에 지리적인 제약이 없어졌다. 비록 가진 것이 본인과 노트북 컴퓨터와 반려견이 전부일지라도 사업체가 크게 보이도록 하는 것이 그 어느 때보다도 쉬워졌다. 사업 자금을 조달할 수 있는 방법은 그 어느 때보다도 많다.

유망 기업이 되는 게 훨씬 더 재미있는 일이다. 우리는 그렇게 시작했고, 지금도 그렇고, 끝끝내 대기업이 되지 않기를 바란다. 규모가 작아야 에너지가 생긴다. 매일같이 이익을 위해 매번 싸워야 한다. 어려운 시기에 출발하면 새로운 고객에 대한 감사함이 절대로 식지 않는다. 이루어내는 모든 것이 영광이다. 선택지도 무한하며 남들이 적응하지 못하는 일에도 빠르게 적응할 자유로움이 있다.

대기업은 방어적인 사고방식을 갖고 있다. 그들은 해마다 어마한 양의 일을 따내야만 한다. 그렇게 많은 일을 따내게 되면 주먹을 불끈 쥐며 신나 하는 경우도 점점 적어진다. 주로 안도만이 있을 뿐이다. 왜냐하면 그들에겐 일을 따내는 것이 당연한 일이기 때문이다. 이미 예산에 잡혀 있는 일이니 어떻게 해서든 반드시 경쟁에서 이겨야만 한다. 그러지 못 하면 해고당하는 이들이 생기기 때문이다. 자리 잡힌 회사들은 어느 정도 허풍을 떨기도 하지만, 신생 경쟁자들이 무슨 일을 꾸미고 있는지 걱정하는 데 많은 시간을 보내기도 한다.

코로나19와 같은 상황에서 대기업은 "우리가 이렇게 전례 없는 시대에 살아남으려면 민첩해야 합니다!"라고 말한다. 브레인스토밍(brainstorming) 회의를 진행한다. 거기서 나온 아이디어들은 신속한 처리를 위해 '폭풍혁신협의회'에서 서로 대조 과정을 거친다. 다섯 번 정도의 회의를 통해 그중 최고로 뽑힌 아이디어들이 각 부서장에게 전달되어 검토된다. 일정한 시간이 경과한 뒤, 일정이 바쁜 이 사람들로부터 해당 아이디어를 실행하는 일의 어려움의 정도가 표로 정리되어 나온다. 그리고 재무, 운영 및 마케팅 담당자로부터 각각 더 재무적, 운영적 또는 마케팅 중심적일 것으로 생각되는 새로운 제안이 나온다. 이중 몇 가지 아이디어가 살아남아 세부적인 투자수익율(ROI) 분석을 위해 최고재무책임자(CFO)에게 전달되고 승인을 위해 최종 이사회를 위한 프레젠테이션이 준비된 시점에 이르러 달력을 확인해 보면 3년이 지난 후이다.

그러는 시간 동안 작은 회사는 처음부터 당연히 맡아야 했던 그 일을 진행해 성공적인 기업이 되어 있다. 유망 기업은 중간 관리자 무리를 가지고 있지 않기 때문에 훨씬 더 수익성을 높일 수 있다. 우리 업계의 가장 큰 선수가 마지막으로 발표한 수치를 보니 그들보다 우리가 더 많은 이익을 냈다는 것을 알 수 있었다. 이윤의 폭이 더 높은 게 아니었다. 그들보다 절대적으로 더 많은 돈을 번 것이다. 회사의 규모가 우리의 네 배임에도 말이다. 규모의 경제는 근거 없는 믿음일 수도 있는 것이다.

유망 기업의 마음가짐을 가지면 첫날부터 즐거움이 시작된다. 그것을 이해하지 못하는 외부인들은 당신이 먼 목표를 향해 괴로워하고 있다고 상상하고, 그 목표에 이르러서야 비로소 "휴, 해냈어! 인생은 좋은 거야. 이제야 긴장을 풀고 샴페인을 마실 수 있겠네."라고 할 것으로 생각한다. 그러나 초기의 배고픔 또한 충분히 즐겁다. 물론 돈은 조금 쪼들리지만 달콤한 미래를 내다 볼 수 있으니까. 그 일을 실현할 유일한 방법이 그것이기에 마음속으로는 모든 것이 선명하다. 그래서 한편으론 이미 그곳에 가 있는 것 같은 기분이 들기도 한다.

자신의 비즈니스를 시작할 결정을 미래의 어느 날로 미룰 수도 있다. 가족이나 경제적인 이유 등, 충분히 합리적인 이유가 있을 수도 있다. 그래도 상관은 없지만, 5년 뒤에는 가능성이 더 까다로워질 것이다. 좋은 기회는 남들이 이미 다 가져갔을 테니까. 그들은 할인된 가격에 그것을 구했으나 당신은 제값을 다 주고 구하게 될 것이다.

위험 부담에 대한 해답은?

당신이 개인 비즈니스를 시작할 생각이라는 말을 하는 순간 애인, 친구, 부모, 심지어 편의점 점원까지 포함한 모두가 "좋은 직장에 다니는데, 좀 참아. 직장을 떠나는 건 너무 위험해."라고 할 것이다. 사람들은 모르는 것에 대해서 두려움을 갖고 있다. 그들은 뭐든 하지 말라고 경고하기를 좋아한다.

그들의 1980년대식 월급쟁이 중심적 사고는 이제 그만 들어도 좋다. 오늘날 직장을 갖는다는 것은 커다란 모험이다. 직장은 고객이 한 사람인 사업체를 운영하는 것과 같다. 받아들일 수 없는 위험 때문에 아무도 그 비즈니스를 사려고 하지 않을 것이다. 유일한 그 고객 한 명을 잃으면 비즈니스 자체가 없어지기 때문이다. 혹여 그 고객을 잃지 않는다 하더라도 그가 당신을 쥐고 지배하는 힘이 너무나도 강해서 그에 대해 당신은 플랑크톤 수준의 협상력밖에는 갖지 못한다.

직장을 가졌으나 가장 주된 고객인 당신의 사장 한 사람을 심각하게 불쾌하게 만든다면 더 이상 직장이 없게 되는 것이다. 그 결정은 당신이 통제할 수 있는 일이 절대로 아니다. 그들은 당신이 이룬 성과와는 무관하게 언제든 당신을 제거하는 결정을 할 수 있다.

당신이 일을 정말 훌륭하게 해냈으나 비용 절감 차원에서 인력의 20%를 감축하기로 할 수도 있다. 당신은 다른 직장을 구할 수도 있겠지만, 어쩌면 못 구할 수도 있다. 나는 돈을 많이 받는 직업에 종사하는 사람들 중에서 그곳이 자신의 마지막 직장일 거라고 두려워하는 사람들을 알고 있다. 고용주들은 그들을 보다 젊고 싼 사람으로 교체해, 결국엔 그들이 더 이상 감당하기 힘든 생활비를 계속 해서 떠안게 만들 것이기 때문이다. 직장에서 높이 올라갈수록 점점 더 생활비를 많이 쓰게 되는 형태가 되기 마련이다. 게다가 점점 높아진 급여로 인해 당신은 회사에서 비용 절감을 위해 제거할 군침 도는 목표물 1순위가 되는 것이다.

대형 은행에서 일하는 내 친구가 이런 현상에 대해 잘 표현해 주고 있다. "너에 대해 신경을 쓰는 사람은 바로 너 위의 상사밖에 없어. 그보다 한 단계만 더 올라가 그 위의 상사는 너의 존재조차 몰라. 그들에겐 너는 그냥 머릿수에 불과해. 상사의 상사를 봐봐. 그리고 자신에게 물어봐. 그들이 크리스마스이브에 너를 해고해야만 상여금을 받을 수 있다면 너를 자르지 않을까? 만약 그에 대한 대답이 '아니!'라고 바로 튀어나오지 않는다면, 혹시 답하기 전에 잠시라도 주춤거려야만 한다면, 그들은 너를 망설임 없이 즉시 해고할 거라는 것을 알 수 있는 거야."

금융 분야에서 일하는 또 다른 친구에게는 미국에 기반을 둔 새로운 글로벌 CEO가 들어왔다. 그가 처음으로 단행한 일은 호주 내 모든 사업장을 비공개적으로 '빌어먹을 팝콘 가판대'라고 묘사하며 죄다 폐쇄하는 일이었다. 표현은 웃길지 모르지만 당하는 사람의 입장에서는 재미있게만 느낄 수는 없는 노릇이다.

모든 일자리는 원래도 이와 같은 위험이 따랐으나, 한때 탄탄했던 직업들을 앱이나 AI, 또는 저임금의 제3세계 프리랜서들이 삼켜버리게 되면서 지금만큼 심각하게 위태로운 적은 없었다. 대기업은 모든 직원을 비정규직으로 만드는 것이 고정 비용과 인건비를 낮추는 훌륭한 방안이라는 사실에 흥분을 금치 못하고 있다. 그것은 마치 대공황 시대에 건장한 남성들이 부두에서 하루의 막노동거리를 얻어내는 10명 중 한 명으로 뽑히기를 기대하며 줄을 서 있는 모습의 디지털 버전과 같다. 그냥 보다 그럴싸한 언어로 포장될 뿐이다. "모두가 기업가인 훌륭한 시대! 스스로 조정하는 근무 시간! 탄력 근무제!"라는 것이 가장 값싸고 가장 절망적인 개인에게 하찮은 일을 맡기도록 하는 파괴적이고 요란한 앱의 주장이다.

당신이 55세에 이르러 30대의 유능한 IT 전문가 부부를 위해 가장 저렴한 햄스터 케이지 청소부 또는 속옷 접어주는 일자리를 차지하기 위해 경쟁하는 것이 당신의 미래일 수도 있다. 그러나 환상에 빠지지는 말길. 자신의 사업을 운영한다는 것은 특권과 안전망을 뺀 직장을 갖는 것과 같은 것이다. 새우깡을 낚아채기 위해 경쟁하는 갈매기가 되는 것이다.

직업이 있다면 자신을 표현하거나 무엇이든 모험을 하기 전에 다시 한 번 생각한다. 상사가 당신의 '캐주얼한 근무복'에 대한 해석을 괜찮게 봐줄지 고민하는 데 시간을 낭비한다. 직장 내 경쟁자들이 당신보다 더 많은 일을 하고 있다는 두려움 때문에 저녁에 들어오는 이메일을 무시해도 될지 걱정한다. 그래서 점점 소심하고 굴욕적인 존재로 살아가게 되는 자신을 발견한다. 이게 얼마나 미칠 듯이 아슬아슬한 삶인가?

비즈니스를 운영하는 일도 물론 위험 부담이 큰 일이다. 그러나 사업이 번창하면서 고객도 늘어난다. 불가피하게도 그중 한 고객이 경쟁사를 선택하거나 그 해에 돈을 안 쓰기로 해서 당신을 '해고'할 수도 있다. 그래도 당신에겐 고객사 다섯 곳이 남아 있기에 괜찮다. 사업체가 열다섯 개라고 치자. 무작위로 내린 한 번의 결정으로 인해 당신의 생계 전체가 무너질 위험이 줄어든다. 특히 다양한 분야의 사업체를 소유하게 된다면 악몽 같은 어떤 사건으로 인해 그중 하나가 사라지더라도 전부가 무너지는 건 아니다.

이렇듯 장기적으로는 한 남자(또는 여자)에게 항상 "네"라고 답할 필요가 없어지는 것이다. 가장 큰 장점은 위험이 줄어들수록 당신도 덜 소심해진다는 것이다. 그러한 당신의 자신감은 고객에게 전달되어 더 많은 새로운 비즈니스로 연결되고 당신이 잘나가고 있다는 인식으로 이어진다. 쓰레기 같은 고객이나 시간만 낭비하는 일은 피할 수 있게 된다. 견적을 엄청 높게 책정해 알아서 떨어져 나가게 하든가, 그게 아니라면 횡재 수준의 이익을 남길 수 있게 되는 것이다. 게다가 둘 중 어느 쪽의 결론이든 덤덤하게 받아들일 수 있다. 이렇게 짜릿한 기분은 어느 약물로도 얻어낼 수 없는 것이다. 일반 직장인 중에서 이런 기분을 느끼는 경우는 매우 드물다.

아, 그리고 직업이 있다 해도 사업주처럼 연간 수입의 몇 배로 그 직업을 다른 사람에게 팔아넘길 기회가 있을까? 직장을 떠나게 되면 책상의 물건을 챙긴 후 집에 가서 구인구직 사이트의 프로필을 업데이트하기 시작하며 당신의 '부가적인 기술'을 인정해주는 사람을 낚으려 노력하며 혹시 직책에 '닌자'(일본의 특수 전투 집단의 일원으로, 주로 첩보, 파괴, 침투, 음모, 암살 등을 행함. 뭐든 시키는 일은 다 한다는 각오를 나타냄-옮긴이)를 추가해야 할지 고민하게 된다.

직장을 지키면서 당신에겐 조금의 관심도 없으며 당신이 절대로 통제할 수도 없는 소수의 사람들이 무작위로 내리는 결정에 영원히 지배를 받을 것인가.

당신과 가장 가깝고 사랑하는 사람이 당신이 감수하기를 원하는 일이 바로 이런 것일까? 아니면 당신이 신나게 자유를 향해 나아가도록 옆에서 지원과 지지를 해줄 의향을 가지고 있는가.

PART 2

비즈니스에 대한
잘못된 신화를 깨자

실패가 안겨준 진로

사는 동안 때때로 우리는 어리석고 잘못된 선택을 반복하는 자신을 발견하곤, '어이쿠, 정말로 시간을 너무 낭비했구나.'라는 생각을 한다. 이런 경우에라도 너무 고민하지 마라. 그게 무엇이든 무언가를 하고만 있었다면 그 일은 수십 년 후에라도 언젠가 전혀 예측할 수 없는 방식으로 불쑥 나타나서 당신에게 도움을 주게 될 것이다. 그 어느 것 하나도 헛된 일은 없다.

내가 다닌 학교에서의 진로지도는 원시적이었다. 학위가 필요한 직업 목록은 교사, 엔지니어, 과학자, 회계사, 변호사, 수의사, 치과의사, 의사, 그리고 희한하게도 임업 등 9개 분야에 걸쳐 있었다. 진로지도 교사는 나에게 '기말 시험에서 반드시 좋은 점수를 받아서 입시에서 높은 점수를 요구하는 학위를 취득하지 않으면 부모님을 실망시키게 될 것'이라고 했다. 여기서 그 학위라 함은 수의사, 치과의사 또는 의사를 말하는 것이었다.

나는 어릴 때 파충류를 정말 열심히 수집하는 취미를 가졌었다. 의학과 치의학은 지나치게 막중한 책임이 따르는 분야인 것 같기에 나는 수의학을 선택했다. 비즈니스 분야의 직업을 가질 수 있다는 생각은 한 번도 하지 못했다. 그래서 수의과 대학을 다니기 위해 집을 떠났다. 나는 수의과 대학생은 세 종류로 나뉜다는 것을 알게 되었다. 근교의 개와 고양이를 담당하는 유형, 사업가들이 사무용 책상의자에 적용하는 것과 동일한 수준으로 냉정하게 비용과 편익의 관점에서 동물을 대하는 거친 농장 유형, 그리고 말을 좋아하는 여학생 유형.

개나 고양이는 견딜 만했다. 그러나 나에게 농장 동물들은 충격적이었다. 그림책을 통해서만 교육받은 나는 그 동물들을 가까이에서 본 적이 없었다. 돼지는 커다란 개와 비슷한 크기일 거라 생각했다. 돼지에게 예방 접종을 하라는 말을 듣고 울타리를 넘어 들어가서 현실의 멧돼지와 얼굴을 마주하게 되었다. "이런, 세상에나!" 실제로 보니 이건 기아 카니발과 같은 크기와 모양 아닌가! 상어와 같이 생긴 큰 이빨을 가졌다. 작은 두 눈은 나를 노려보며 구멍을 뚫을 기세였고, 근육은 바짝 긴장한 상태로 중세시대 거리의 돼지처럼 나를 벽면에 고정시킨 채 나의 부러진 사체를 먹으려 덤빌 것만 같았다.

나는 왼쪽으로 몸을 돌려 피한 채 눈을 감고 주사바늘을 찔렀다. "세상에나!" 그러자 돼지는 엄청난 소리로 울어댔다. 천 개의 전동드릴이 철판을 뚫는 것 같은 소리로. 돼지가 꽥꽥거리며 우는 소리는 나에게 아직까지도 악몽으로 나타난다. 그게 끝이 아니었다. 돼지에게 문신으로 농장의 고유 번호를 새겨야 했다. 거대하고 까다로운 돼지들에겐 화려한 문신 시술소에서의 기술은 통하지 않는다. 그러므로 바늘 여러 개를 하나로 엮어서 손잡이에 부착해 문신용 도장 같은 도구를 만든다. 거대한 머리솔에 털 대신 못이 달렸다고 생각하면 된다. 거기에 잉크를 찍어 묻힌 뒤 돼지를 쫓아가 최대한 세게 내리찍는 것이다. 힙스터(호주의 'Hipters'라는 프로그램에 나온 최신 유행을 따르는 사람-옮긴이)에게도 그렇게 할 수 있을까?

뭐라고? 아, 팔뚝 전체를 암소 거시기에 넣는 기분을 알고 싶다고? 생각보단 나쁘지 않다. 매섭게 추운 어느 겨울 새벽에 그런 경험을 하면서 적어도 나의 한쪽 팔은 따뜻해서 좋다고 생각했다. 농장 사람들에게 나머지 팔도 좀 녹일 수 있도록 암소 한 마리를 추가로 지원해 줄 수 있냐고 물어봤다. 그들은 나를 향해 "멍청아, 도시로 돌아가서 다른 직업을 찾아봐." 하는 듯한 표정을 지었다.

상황은 더 악화되었다. 수의과 대학 소유의 말 농장에서 2주를 보내야만 했다. 말은 거대해서 사람을 죽일 수도 있다. 우리는 장화와 체크 셔츠로 그럴싸하게 차려입고 현지인들처럼 말을 속여 보려 했다. 첫째 날, 망아지들이 어디서 태어나는지 배울 시간이었다. 인공수정 채집장으로 갔다. 암말 한 마리가 개방형 우리에 묶여 링크스(Lynx, 호주의 방취제) 제품 광고 수준의 미묘하고 야릇한 신호를 보내고 있었다. 농장 사람들은 코를 킁킁거리고 경련을 일으키는 거대한 종마를 끌고 들어왔다. 학생인 우리들 중 두 명은 채취 업무를 맡았다. 나는 고무장갑을 가져왔다. 내 동료는 피크닉 장소에서 사용할 법한 금속 플라스크를 가져왔다. 우리의 지도 교수는 혐오스럽다는 표정으로 우리를 위아래로 쏘아보았다.

"우리 안으로 들어가."

현지인 여럿이 울타리에 앉아 씰룩거리는 입에 담배를 물고 쇼가 시작되기를 기다렸다. 종마는 암말의 냄새를 한 번 맡더니 눈에 띄게 분위기를 타기 시작했다. 발을 구르며 조련사들을 끌고 앞으로 돌진하여 암말 뒤로 바짝 다가가서 앞다리를 암말 위에 올려놓았다. 우리는 포개져 있는 이 두 마리의 동물 곁으로 다가갔다. 나의 역할은 종마의 물건이 터널 속으로 진입하기 전에 막아 플라스크로 방향을 전환하는 일이었다. 과연 지금 내 직장의 안전 전문가들은 이 업무의 위험 수위에 대해 어떻게 규정할까?

"오늘 당신의 임무는 도합 2톤인 급하고 과격한 말의 섹스를 차가운 금속 플라스크로 방해하는 것입니다."

"알겠습니다. 안전모는 지급되나요?"

"무슨 소립니까. 지금은 80년대입니다. 어서 임무를 시작하도록 하세요."

정원에 놓여 있는 급수용 호스에 가장 강한 수압으로 물을 틀면 혼자서 제어가 불가능하게 마구 흔들린다는 것을 알지 않는가? 바로 그걸 연상하되 호스의 사이즈를 소방용이라 생각하면 된다. 그걸 머리 위에서 손으로 잡아서 플라스크 안으로 집어넣는 게 나의 역할이었던 것이다. 불가능에 가까운 일이었으나 결국 그걸 해내긴 했다. 그러자 사람으로 말하자면 담배 한 대를 피우고는 낮잠을 자기 위해 종마는 다른 곳으로 걸어갔다. 암말은 "그게 다야?"라는 듯한 실망의 표정이 역력했다. 지켜보던 현지인들은 십대인 우리들 몸에 말발굽 자국이 거의 없는 것을 보곤 실망스러워했다.

도대체 내가 무슨 악몽 같은 상황에 뛰어든 건가? 나는 그 후 약 2년 동안 친구들에게 동물 부위를 주제로 한 끔찍한 농담을 하며 시간을 보냈다. 잠옷 바람으로 강의를 들으러 가기도 했다. 못 말리게 잘난 척하는 나는 그 분야에서 통제 불능의 골칫거리가 되어 있었다. 시험 때는 얼룩덜룩한 색의 현미경 슬라이드들이 내 눈앞에 어른거렸다. 동물 신체의 주요 부위들은 모두 슈퍼마켓에서 파는 싸구려 고깃덩어리처럼 보였다. 이런 내 상태를 교수님들이 눈치 채지 못할 리가 없었다.

학과장은 나에게 "자네는 정말 어리석은 광대같네."라고 하거나 적어도 그와 유사한 말을 했다. 틀린 말이 아니었다. "한 1-2년 동안 쉬면서 수의학에 대한 진지한 마음가짐을 재고해 보는 것을 권하고 싶네."

이와 관련한 고민은 지속되었다. 아마도 그날 오전 내내까지는 말이다. 새로운 여자친구와 허름한 셰어하우스로 이사를 했다. 택시기사 면허를 취득했다. 택시기사 생활 5개월 차에 도심에서 양복 차림의 남성을 손님으로 태우게 되었다. 그의 사무실까지 가는 10분 동안 우린 평소와 다를 게 없는 택시 안 잡담을 나눴다. 그는 내가 꽤 똑똑한 청년으로 보인다고 했다. 내게 혹시 시청각 산업 분야의 기술직을 원하는지 물었다. 그 사람이 성범죄자처럼 보이지는 않았기에 나는 "좋죠."라고 답했다. 그게 무슨 일을 하는 직업인지는 전혀 모르지만 택시기사보다야 나을 거라 생각했다. 나는 오늘날까지도 취업을 위한 면접을 한 번도 본 적이 없는데, 그나마 다행스런 일이라 생각한다.

그리고 그날 이후 나는 돼지도 좋아하게 되었다. 너무나도 사랑스런 동물 아닌가.

갈 길이 꼭 정해져 있어야 되는 것은 아니다

그렇게 해서 나는 지방 공연 무대 설치 매니저가 되었다. 나는 완벽한 무자격자로 욕을 얻어먹어가며 힘든 일에 내몰려가면서 일을 배우게 되었다. 우리는 새벽에 영상 프로젝터, 조명, 음향 시스템 및 무대 세트를 트럭에 가득 실어다 특급 호텔에 내려놓았다. 화려한 5성급 호텔 체험은 손님들의 공간에서만 경험할 수 있는 것이었다. 호텔 하역장은 맨 콘크리트 위에 배달된 온갖 고기의 육즙이 흘러서 만들어진 웅덩이, 화학 전쟁 수준의 메탄가스를 뿜어내는 음식물 수거통, 수천 명의 외로운 사업가들의 DNA를 빨아들인 채 구겨진 침대보가 잔뜩 담긴 수레들로 가득했다.

아직 규정집에 적히기 전인 안전수칙을 전면적으로 위반하며 우리는 한 손에는 무겁고 값비싼 장비를 들고, 다른 한 손으론 흔들리는 6미터짜리 사다리를 붙잡고 천장으로 올라가, 호텔 연회장을 '부동산 중개인 시상식의 밤', '고급 자동차 출시 기념식' 또는 '제약 관련 컨퍼런스'로 둔갑시키는 작업을 진행했다. 하루 종일 쫄쫄 굶은 우리는 기업의 고위직들이 연어말이 요리, 송아지 고기로 만든 치즈가스, 그리고 1990년대에 호텔들이 유행처럼 즐겨 제공하던 높이 1미터짜리 얼음 조각에 진열한 새우를 먹는 모습을 1800년대의 고아들처럼 지켜보곤 했다. 손님들은 모두 오크통에 숙성된 샤도네이 와인과 고급 맥주로 취한 상태가 되었다. 춤을 추는 사람들로 무대가 점점 가득 차자, 멀쩡한 정신 상태에서 삐딱한 시선으로 지켜보는 우리의 입장에서 봤을 땐, 사람들의 손가락에서 결혼반지를 빼게 될 듯한 위험한 장면들이 대다수 연출되었다. 고삐 풀린 인간들의 난장판을 보는 듯했다. 술에 취한 사람들이 마지막으로 쫓겨난 직후인 자정에 우리는 모든 것을 떼어낸 후 정리하고 짐을 싸서 다시 공장으로 가져갔다. 성수기에는 하루 18시간 근무가 일상이었다.

우리는 가수들의 지방공연에 기술 지원을 하는 사람들과 같은 장비를 사용했으나 기업의 업무는 그보다 더 스트레스가 많다. 너무 바빠서 리허설을 할 수 없는 발표자들의 혼란과 실수로 매일 밤이 개막일과 다름이 없었다. 그들은 무대에 오르는 것에 대한 두려움 때문에 무대 뒤에서는 평소와는 다르게 성질을 부리며 신경질적으로 올바른 생각을 잘 하지 못한다. 만약 당신의 21세 때 직업이 무대 뒤에서 까다로운 군중 앞에 설 준비를 하고 있는 겁에 질린 CEO를 진정시키는 일이었다면, 당신의 남은 인생 동안은 그 어떤 사람과의 만남도 특별히 두렵지 않을 것이다.

그것은 혹독하게 힘든 일이었고 나의 개인 생활에도 끔찍한 일이었다. 나는 나의 애인이 자는 동안에만 나타나서 호텔 하역장 냄새만 어렴풋이 남겨두고 떠난다는 의미에서 그녀에게 '꿈의 파트너'였다. 사업이 번창하면서 동남아시아 지역의 행사를 맡기 시작했기에 몇 주간씩을 떠나 있어야 했다.

당시에는 최고의 보험, 컴퓨터 또는 제약 회사의 영업부서 임원을 이국적인 곳의 호화로운 호텔로 데려가 3~4일 동안 버릇없는 왕

족처럼 대우해주는 인센티브 행사를 진행하는 붐이 일었다. 본국을 떠나서인지 그들은 흔히 내면의 식민주의적인 본능이 자유로워지는 경향을 보였다. 그들은 자국보다 가난한 나라에서는 백인 고위급 샐러리맨을 구속하는 법이 없다고 생각하는 것 같았다. 그게 얼마나 잘못된 생각이었던지. 알고 보니 항공사와 호텔에게도 구금 권한이 있었다. 호주에서 출발하는 비행기에서 지나친 음주를 즐긴 나머지 수갑으로 비행기 좌석에 채워진 임원이 한두 명은 꼭 나타났다. 또 그들은 직원을 모욕하고 물건을 부수는 짓을 멈출 때까지 특별히 마련되어 있는 호텔 특실에 하루이틀 가두어, 술에 찌든 서양인의 술기운이 완전히 빠질 때까지 두는 경우도 있었다.

나는 해외 출장을 너무 많이 다녀서 2년마다 새 여권이 필요했는데, 여권이 만료돼서가 아니라 기존 여권에 더 이상 우표를 붙일 공간이 없었기 때문이다. 치열한 직업이었다. 친구들은 항상 내게 다음과 같은 말을 했다. "또 출장 가니? 내가 짐꾼으로 따라가 줄까?" 그러나 실상은 근사한 호텔로 날아가서 어두운 볼룸에서 행사를 위해 장치를 설치하고, 하루 종일 행사를 진행한 다음, 거의 매일 밤에 다시 재배치한 후 리허설을 하며 하루에 3~4시간 자고난 뒤 짐을 다시 챙긴 뒤 그 다음 한 주 동안 같은 일을 또 반복했다. 식사는 룸으로 배달해서 먹는 햄버거와 클럽 샌드위치로 때웠다. 행사를 마친 후 집으로 가기 위해 공항으로 가는 순간에만 대낮에 흡혈귀 같은 눈을 껌뻑이며 호텔 밖을 걸을 수 있었다.

나는 동기부여용으로 사용되는 고전적인 배경음악이 깔린 상황에서 똑같은 기업 동기부여 연설자의 연설을 몇 번이고 반복해서 봤다. Survivor의 「Eye of the Tiger」, Tina Turner의 「Simply the Best」, Men At Work의 「Down Under」, Chumbawamba의 「Tubthumping」… 모두 무덤 속의 축복과도 같은 고요함을 그리워하게 만드는 그런 곡들이다. 수년간 기조 연설자들을 엄청나게 자주 접했기에 나는 그들의 특별한 재능에 면역이 되어 있었다. 더구나 그들 중 많은 이들이 실제 비즈니스에 기반을 둔 좋은 아이디어로 강연을 시작했지만 결국 기조연설 자체가 비즈니스가 되면서 현실과의 접점을 잃게 되었다.

단순히 눈이나 팔에 피로가 느껴져서 그런 행동을 한 거란 생각은 완전히 배제한 채 사람들이 눈을 비비거나 팔을 접는 이유를 심리학적으로 열심히 풀어대는 보디랭귀지의 귀재처럼.

그가 가장 좋아하는 이론은 악수를 할 때 가장 강한 사람이 손바닥을 아래로 기울이면서 다가가서 약하고 손바닥을 위로 향해 든 사람보다 우위에 있음을 강조한다는 것이었다. 나는 항상 그 연설이 끝난 뒤에 남성들이 서로 복종하는 쪽이 되지 않기 위해 지나치게 남성적인 몸부림을 하는 것을 재밌게 지켜봤다.

사람들에게 성공하는 데 필요한 모든 것을 약 5분 안에 대부분 다 말할 수 있다. 어려운 부분은 그것을 실천에 옮기는 인내력과 추진력을 찾는 일이다. 그 내용은 책 맨 끝부분에 요약해 놓았으니 중간의 다른 내용은 모두 건너뛰어도 좋다. 그러나 사람들은 성공이 실제보다 더 복잡하다고 믿고 싶어 하므로 연예계 루틴과 주변 사람들과의 어색한 관계 등을 덧씌우게 되는 것이다. 대개 연설 시작 약 30분 뒤쯤에 다음과 같은 말을 듣게 된다.

"지금 이곳의 에너지가 좀 부족한 것 같네요. 음악 좀 틀어주세요! 소리 질러! 모두 일어나서 오른쪽으로 돌아서서 앞에 분의 어깨를 주물러 주세요. 예! 얼마나 기분이 좋으십니까? 계속 주물러 주세요! 에너지가 느껴지나요? 이제 뒤돌아서 왼쪽에 계신 분의 어깨를 주물러 주세요."

제발 좀. 나는 낯선 영업 담당자의 어깨를 만지기 위해 하루의 절반을 희생하고 온 게 아니고 그에 더해 돌아서서 그의 소름 끼치는 두꺼운 손가락을 느끼고 싶지도 않다. 그것은 휴식과는 반대되는 일이다. 조용히 앉아서 생각하고 정보를 흡수하는 능력은 성인이 갖춘 기본적인 기술이다. 그게 아니라면 왜 학교에서 그런 기술을 가르치겠는가? 사람들이 그냥 자리에 앉아서 세계대전을 끝내기 위한 협약을 할 수 있다면 굳이 낯선 사람의 손을 서로에게 들이대지 않고도 비즈니스에 대해 배울 수 있는 것이다.

그런 종류의 미친 짓을 지켜보는 데에는 한계가 있었다. 5년간 수면 부족과 개인적인 사회생활이 완전히 파괴된 후 나는 그곳을 탈출해야만 했다. 그 순간은 어느 날 아침 공연장으로 가는 길에 찾아왔다. 전날 밤 집에서 차로 10분 거리에 있는 장소에 장비를 설치했다. 일찍 일어나서 기술자의 복장으로 차려 입었다.

배경을 이야기하자면, 기업의 관리자들은 회사원처럼 보이는 것에 집착했다. 그래서 세상의 나머지 시청각 기술자들이 입는 검은색

폴로 셔츠 대신 검은색 정장 구두, 폴리에스터 재질의 바지, 흰색 폴리에스터 비즈니스 셔츠에 검은색 폴리에스터 넥타이를 착용하게 했다. 곳곳에 회사 로고가 수놓아져 있었고, 이 모든 것은 정말 불에 잘 탈 것 같은 느낌이 들었다. 우리는 이것이 덥고 더러운 하역장에 수많은 도구 상자를 옮기는 작업을 하기엔 적합하지 않은 복장이라고 불평을 했다. 그러자 회사에서는 회사 로고 위에 각자의 이름을 박아 넣은 흰색 줄무늬가 있는 검은 덧옷을 나눠주었다. 행사장을 준비하는 동안에는 이것을 땀에 젖은 폴리에스터 옷 위에 입었다가 고객이 도착하면 벗도록. 마치 잠수복 안에 턱시도를 입은 제임스 본드처럼 말이다.

아니, 실은 우리가 그 덧옷을 받자마자 쓰레기통에 버리지 않았더라면 그렇게 되었을 것이다.

마지막 행사가 있던 날 아침, 회사 승합차에 올라탔으나 시동이 걸리지 않았다. "젠장!" 관객이 곧 들이닥칠 것이었다. 좋은 생각이 떠올랐다! 이웃집 문을 두들겨서 자전거를 빌렸다. 바지 자락은 양말에 쑤셔 넣고 넥타이는 바람에 흩날리며 가장 바쁜 출근 시간에 통근길을 따라 자전거 페달을 밟았다. 나는 고함 소리와 부릉거리는 엔진 소리, 그리고 누군가 고속으로 지나가는 차량에서 던진 사과가 내 코를 가까스로 비껴 휙 지나가는 소리를 들었다.

"야, 이 빌어먹을 몰몬교도 새끼야!" 누군가 조수석에서 소리쳤다.

이제 그만.

나는 우리 기술팀을 관리하는 내근직을 맡았고, 야간에는 비밀리에 파트타임으로 경영학 학위 과정에 등록했다. 이 끔찍한 분야에서 도망쳐야 했다. 우리 회사의 안내데스크 구역은 광고업계 잡지로 가득 차 있었다. 구인난에는 카피 문구를 작성할 줄 아는 사람에게 어마어마한 금액을 보장한다는 내용이 실려 있었다. 나는 카피를 쓸 줄 알았다. 어떻게 해서라도 첫 발만 들여놓으면 경영학 학위가 나의 기술 분야와 수의사 실패 이력을 감춰줄 것이었다. 유명한 크리에이티브 디렉터가 되는 것이다!

나는 기획사에는 결국 못 들어갔다. 회사는 나를 마케팅 담당 매니저로 발탁하고 등록금을 대줌으로써 도망가려는 나의 계획을 무산시켰다. 우리보다 더 큰 다른 회사를 보고 배우라고 나를 미국으로 보내줬다. 나는 회사를 떠나지만 않는다면 내가 원하는 그 무엇이든 다 할 수 있도록 지원해 주는 그들의 친절함을 저주했다. 나는 위험 부담이 가장 적은 길을 가겠다고 승낙한 나 자신을 저주했다. 나는 중간관리자의 안락함에 승복한 것이다. 나의 서투른 계획과 꿈이 멀어지기 시작했다.

지면이 한정되어 있으니 그간 내가 했던 식당 설거지 일, 주방장, 유원지 카니발 일 등은 모두 생략하기로 한다. 그러나 이렇게 변죽을 울린 듯한 일들 중 어느 하나 어느 순간도 버릴 것이 없다. 나는 학교에서 대학으로 바로 진학하여 치과나 법 관련 분야처럼 미리 정해진 평생직업을 가진 사람들에게 안타까운 마음을 갖고 있다. 숨이 막히게 답답한 경험인 것 같다. 흥미로운 이야깃거리도 없고 좁은 사회경제적 그룹 밖으로는 그 누구와도 잘 섞이지 않는다. 스스로 깊은 구덩이에 빠뜨린 자신을 끌어올려 빼내려는 생각도 없다.

목표를 갖는 것도 중요하지만, 이것저것 다양한 활동을 충분히 하다 보면 목표에 없던 일이 당신을 찾게 된다. 때로는 실패가 장기적으로는 거대한 승리가 된다. 마케팅 매니저 활동을 시작한 지 5년이 지난 시점에 나는 십대 때 나의 영웅인 클라이브 제임스(Clive James)와 같은 재치 있는 신문 칼럼니스트가 되고픈 욕망으로 불타올랐다. 나는 일상생활에 대한 풍자적인 관찰을 글로 쓰는 일에 집중하기 위해 직장 업무를 일주일에 3일로 줄였다. 그러나 나의 글 실력은 별로였고 편집자에게 보낸 내용은 그 어디에서도 볼 수가 없었다. 나에게 클라이브급 영광은 없었다.

그러던 어느 날 회사가 팔리고 주인이 바뀌어 유일한 해방구는 직접 나의 마케팅 회사를 차리는 일이었다. 드디어 난 스스로 그 자리에 나 자신을 앉힘으로써 크리에이티브 디렉터가 될 수 있었다. 내가 나를 축하한다! 10년 동안은 믿기지 않을 정도로 재미있었다. 그러던 중 이젠 크리에이티브 디렉터 일은 그만두고 일반 사업가가 되어야 한다는 것을 깨달았다. '씬체인지'는 나의 성공적인 탈출 계획이 되었다.

지난 10년 동안 나는 관련업계의 잡지와 비즈니스 웹사이트에 칼럼을 써왔다. 무급으로 하는 일이지만 우리 비즈니스에 가치를 더하는 일이다. 나는 최근 몇 년 동안 언론 분야를 집어삼킨 폭풍과도 같은 정리해고를 목격했기에 만약 그때 내 꿈을 모두 이루었다면 나는 비즈니스에는 젬병인 수많은 실업자 칼럼작가 중 한 명이 되어 있을 것이라는 것을 안다. 이제 나는 돈도 충분하고 글쓰기 연습도 충분히 했으며 내가 항상 사랑해온 출판사를 위해 책을 쓸 여유 시간도 있다.

각종 실수, 어리석은 선택, 돼지에게 문신을 한 일, 스트레스와 수면 부족으로 인해 다른 일을 하는 데 어려움을 겪었던 과거의 나의 모든 경험이 지금의 나를 나만의 놀이동산에 있게 해준 퍼즐의 필수 조각이 된 것이다. 그때는 그걸 몰랐을 뿐이다.

'씬체인지'는 소속 기술자들에게 부끄럽지 않은 브랜드를 제공해주는 일로 시작되었다. 이것은 내가 직접 로고가 새겨진 점프수트 형태의 작업복을 입는 끔찍한 경험을 해봤으며 회사의 그런 잘못된 관리 수단이 직원들에게 얼마만큼의 수치심을 일으키는 일인지 직접 느끼는 과정을 겪어봤기에 가능한 일이었다. 이런 경험이 없었다면 나는 "우리가 입으란 걸 그냥 입으면 되는 거지, 그래서 우리가 관리자인 거잖아."라고 말하는 또 한 명의 꼰대 같은 마케팅 담당자가 되었을 것이다.

무조건 자신이 회사의 사장인 것처럼 모든 일을 대해야 한다. 결국, 끊임없는 변화와 막다른 골목에 이르는 경험에 훈련되어 그 보상으로서 자신의 사업을 운영할 준비가 되는 것이다. 이것은 나에겐 정말 천만다행인 일이다. 아니었다면, 소의 거시기 안에 주먹을 집어넣거나 프렌치 불도그의 이빨을 스케일링해주며 평생을 보냈을 수도 있었을 것이니 말이다. 생각만 해도 속이 니글거린다.

비즈니스에 대한 세 가지 신화가 가로막은 상황

능력 있고 똑똑한 수많은 사람들이 평생 동안 사업에 대해 주입된 다음과 같은 세 가지 신화 때문에 사업가의 길로 뛰어들 수 없다는 걱정을 한다.

1. 숫자를 쥐락펴락하는 마법사여야 한다.
2. 끊임없이 설득을 해야 한다.
3. 「어프렌티스(The Apprentice)」(연봉 25만 달러의 인턴십을 쟁취하기 위한 경쟁 과정을 그린 미국의 리얼리티 게임 쇼-옮긴이)에서처럼 사람들에게 지시를 내리며 잘난 체하는 리더십을 발휘해야 한다.

이것은 꽤 유감스러운 일이다. 왜냐하면 이런 신화는 상상이거나 과거의 유물에 불과하기 때문이다. 지켜도 상관은 없지만 그러지 않아도 충분히 잘 해낼 수 있다.

첫 번째 신화부터 파괴해 보자. 스프레드 시트로 백분율을 계산하고 덧셈을 할 줄 아는가? 그것으로 충분하다. 나중에 보다 더 자세히 다루겠지만, 관리의 기술은 어떤 숫자가 정말로 중요한지를 아는 것이다. 사업의 생사는 몇 안 되는 비율에 달려 있다. 우리의 경우, 단 세 가지뿐이다. 모든 측정치에 집착하면 사업은 여기저기서

산더미처럼 일어나는 불씨처럼 보일 것이고, 이로 인해 직원들을 모두 미칠 지경이 될 것이다.

경영대학에서는 투자 프로젝트를 평가하기에 효과적인 스프레드 시트를 작성하는 방법을 배운다. 선행 지출 대비 미래 현금 흐름의 순 현재가치를 계산하여, 스프레드 시트로 예 또는 아니오의 깔끔한 답을 얻을 수 있다. 이것은 훌륭한 두뇌 운동이며, 유료 도로나 발전소를 건설할 때는 필수적이다. 그러나 당신은 그런 일을 하고 있는 게 아니지 않은가. 만약 그런 종류의 분석을 수행해야 하는 프로젝트가 있다면 그냥 그 프로젝트를 포기하라. 이것은 낙관론으로 과장된 추측에 근거한 미래의 어느 숫자에 과학스러운 원리를 적용하는 것뿐이다.

내 파트너와 내가 투자에 대해 논의하는데 종이 컵받침에 끄적이는 정도만으로 진행할 만한 일이란 판단이 서지 않는다면 수익성이 없는 일이라고 보면 된다. 초등학교 수학을 무사히 통과했다면 사업할 자격이 있다.

두 번째 신화, 설득에 대해서다. 충분히 짜증날 수 있는 일이다. 설득은 하루 종일 사람들과 직접 대면하거나 차에서 촬영한 링크드인(Linkedln) 동영상에서 자신에 대해 이야기하게끔 만든다.

"안녕하세요! 최저의 판매 가격에 대한 정보를 제공해 드리겠습니다!"

설득을 위해서는 매일 판촉 이메일과 문자로 고객을 괴롭혀야 한다. 한편, 전문적인 판매상들은 고객들의 이야기를 듣고, 배우고,

공감하고, 고객의 삶을 이해하는 등 설득하는 데 요구되는 기술들이 결핍되어 영화 「더 울프 오브 월 스트리트(The Wolf of Wall Street)」의 엑스트라로 전락하였다. 끈기와 인내력은 중요하지만, 24시간 내내 모두를 괴롭힐 필요는 없다.

이제 세 번째 신화가 남았다. 「어프렌티스」에서 등장하는 방식의 권위. 비즈니스는 한때 고릴라 식민지와 같아서, 지배적인 실버백(등에 은백색 털이 나 있는, 나이 많은 고릴라 수컷-옮긴이)의 명령이 법인 사회였다. 명령이 떨어지면 바로 하지 않으면 처벌과 굴욕을 당한다. '내 방식이 아니면 꺼져라!'다. '나만이 우수함으로 나처럼 행동하라!'는 것이다. 감성, 불확실성, 그리고 두려움에 대한 인정은 힘든 비즈니스 생활에 적합하지 않다는 분명한 신호였다.

지금은 상황이 훨씬 덜 원초적이다. 사람들은 여전히 강력한 지도자를 원하지만, 불확실한 시대에서는 힘의 차원이 다르다. 경청하고 지도하며 영감을 주는 능력은 큰 막대기와 더 큰 자존심을 능가한다. 당신이 없을 때도 사람들이 일을 하게 만드는 이유는 무엇인가? 물론 지금 대기업들이 선호하는 암울한 감옥 감시 기술을 당장 사용할 수도 있다. 아마존은 직원의 창고 박스를 고르는 속도를 기록하고 동료의 평균 이하로 떨어지면 인스턴트 메시지(Instant message)를 보낼 수 있는 손목 밴드에 대한 특허를 취득했다. 아마존의 또 다른 기술로는 해고를 사람이 일일이 통보하는 비용을 줄이기 위해 개발된 자동 해고 통보체계가 있다.[1] 물론 이런 스카이넷 터미네이터(Skynet Terminator)는 절박한 심정의 인력을 통제하는 데는 유용할지 몰라도, 그들에게 좋은 아이디어를 내도록 하는 데에는 도움이 안 되지 않겠는가?

사람들이 최선을 다해 일하고 싶어 하는 환경을 조성하는 것은 당신에게 달려 있다. 이런 점을 염두에 두고 지금 어떤 새로운 기술이 유행하고 있는가를 보라. 장기적으로 볼 때, 어느 정도의 창의력이 있어야 로봇에게 역할을 빼앗기는 것을 피할 수 있다. 최근 가장 가치 있는 기술은 고릴라들의 경영시대에서 벗어나 발전한 기술들이다. 경청하고, 사람의 기분을 감지하고, 마음을 열게 하는 능력. 매번 주목받을 필요 없이 그룹 작업과 협업을 장려해야 한다. 회의에서는 자기주장을 위해 다른 사람들의 말을 자르지 않는 것 등.

업무가 가정생활을 간섭하는 일이 일상인 지금, 더 많은 가정을 가진 여성들에게 사업가의 문이 열릴 것이다. 이것은 최근까지 엄청난 유능한 인력의 낭비였다. 원격으로 동시에 다양한 일을 관리할 능력을 가진 사람은 누구인가? 인간의 혼돈상태가 무작위하게 발생하는 사업이란 분야에 적합한 사람은 누구인가? 엄마들이여, 어서들 나오시라.

최근 많은 사람들이 접근 방법을 넓히는 것을 볼 수 있어서 좋았다. 모든 것이 다 '좋은 것'은 아니라는 것을 인정하는 것은 괜찮다. 사람들은 기업의 가면을 벗어버리고 두려움과 약점에 대해 정직하고, 진정한 그들이 되는 것에 더욱 익숙해졌다. 그렇게 하는 것이 기분도 좋을뿐더러 알고 보니 고객이나 동료들도 이를 감당할 수 있더라. 많은 동료들이 더 낫고 강한 사람이 되었고, 장기적으로는 그들 내면의 목소리를 더 명확하게 들을 수 있기 때문에 인생을 더 즐길 수 있을 것이다.

신화가 당신의 길을 가로막게 하지 마라. 나라면 「어프렌티스」의 첫 에피소드에서 해고되었을 것이라고 확신하지만, 그래도 사업을 구축하는 방법은 알아냈다. 당신도 잘할 수 있을 것이다.

당신의 성공 목표는 거짓말을 기반으로 한다

모든 사람은 성공하고 싶어 한다. 당신이라고 왜 안 그러겠는가? 그런데도 성공이 무엇인지 명확하게 아는 사람은 많지 않다. 물어보면 사람들은 '돈더미', '모에(Moët) 샴페인으로 가득 찬 냉장고', '10만 명의 팔로워'… 이것은 당신을 모르는 사람들이 당신의 머릿속에 입력시킨 표준적인 사지선다형 답이다.

애송이 하급 임원으로서, 나는 잡지에 실린 성공적 사업가의 기사를 자세히 읽어보았다. 성공에 이르는 빛나는 길은 분명했다. 사업을 시작하라! 열심히 일하라! 투자자에게 제안하여 자금을 확보하라! 그 후, 모든 업적의 정점은, 상장하라! 큰 집과 차와 보트를 구해서 꿈의 삶을 살아라! 40대 초반에 은퇴하고, 쉬면서 모든 노력의 결실을 즐겨라! 작업 완료, 모든 해답을 풀었다. 행복이 이루어졌다.

비즈니스 잡지에 실린 그 꿈같은 내용은 한 달 안에 '단단한 王자 복근 만들기'나 '88에서 55 사이즈로 줄이기'만큼이나 환상에 불과한 내용이다. 우선 가장 큰 것인 기업공개(최초로 기업을 공모하여 상장하는 것-옮긴이)부터 생각해 보라. 나는 나의 회사를 상장시키지 않았으나, 결국 상장시킨 회사에서 10년간 일했으며, 최초 공모 시 그 회사의 이사회에 있었다. 만약 당신이 소중하게 여기는 모든 자유를 끔찍할 정도로 자신감이 넘치는 금융계 사람들에게 빼앗기고 싶다면, 뭐, 공모를 하시라.

만약 당신이 2년 이상 개인 사업을 하고 있다면, 다른 고용인들이 하는 것처럼 다른 사람의 지휘를 따르지 못한다는 면에서 당신은 고용이 불가능한 사람이 된 것이다. 당신은 사업의 이익을 위해 위원회 없이 신속하게 결정을 내리는 것을 즐겨왔을 것이다. 이러한 속도와 유연성은 사업이 성공하는 이유 중 하나이다. 당신보다 사업에 대해 잘 모르는 사람들로부터 명령을 받고 싶지 않을 것이다. 새로운 지배자들을 위해 끊임없이 보고서를 작성하고 싶지 않을 것이다. 옳다는 걸 알고 있는 일을 진행하기 위해 남에게 허락을 받고 싶지는 않을 것이다.

공모를 하든, 사모펀드를 받든, 이제 이것이 지금부터 당신의 삶인 것이다. 투자자와 분석가들이 이제 당신을 조종하게 된다. 즉, 킹콩이었던 당신이 귀여운 작은 모자와 조끼를 입은 오르간을 켜는 원숭이가 된 것이다. 춤춰라, 꼬마 원숭이야! 동전 통을 흔들어라!

24살에는 멋지게 들렸던 많은 포부가 훗날 엄청난 결함이 있다는 것을 알게 된다. 40세에 은퇴를 보장한다는 부동산 임대 포트폴리오를 가진 사람들의 성공 세미나 이야기처럼 말이다. 당신이 그랬다고 상상해보라. 앞으로 남은 40년간의 기대수명 동안 당신은 정확히 무엇을 할 예정인가? 골프, 요가, 또는 카페에서 죽때리는 것도 한계가 있는 법. 게다가 대체 누구랑? 당신의 친구들은 여전히 일과 아이들과 씨름하기 바쁘다. 아무도 당신의 끝없이 여유로운 생활에 대한 이야기를 듣고 싶어 하지 않을 것이다. 결국 25살 연상의 클럽 멤버들과 골프를 치게 될 것이다. 정말로 은퇴한 은행 지점장 패거리들과 함께 뛰는 것이 당신이 그리던 성공인가?

40에 은퇴하면 축하는 하지만, 그것은 일하는 삶에서 뭔가 짜릿한 것을 찾지 못했다는 분명한 증거다. 데이비드 보위(David Bowie)는 나에게 영웅이다. 그가 멋진 곡들을 작곡해서만이 아니라 죽는 그날까지 일을 했기 때문이다. 물론, 그는 수영용품점 카운터 뒤에서 일을 한 것은 아니지만, 그래도 일을 한다는 것은 훌륭한 것이다. 인간으로서 진화하는 주요 핵심은 성취감을 얻는 일을 찾는 것이다. 보위는 이제 자신의 삶에서는 단 하나의 추가적인 성취나 매혹적인 경험을 하지 못한다는 것을 알면서 죽었다.

자신이 중요한 존재라는 사실이 얼마나 삶에 힘이 되는지 잊어버리기 쉽다. 사업을 하면 사람들은 당신의 의견을 중시한다. 사람들은 대화를 나누고, 거래에 대해 이야기하고, 당신이 어떻게 생각하는지 듣고 싶어 한다. 즉, 당신이 똑똑하고 뛰어나다고 느끼도록 각종 상호작용이 일어나는 것이다. 그런 감정을 잃어버리는 순간 당신은 죽기 시작하는 것이다.

수십 년 후일지는 모르지만, 사람들은 자신에게서 에너지를 받던 사람들에게서 투명인간이 되고 무관해지며, 다음 식사시간에 먹을 게 뭔지, 손자손녀들의 다음 방문이 언젠지 외에는 별 생각이 없어지는 것을 볼 수 있다. 물론 이런 일들도 훌륭하긴 하지만 그게 전부라면 문제다. 당신의 장례식에서 사람들이 당신의 삶을 다음과 같이 요약하지 않을까? "그는 아주 일찍부터 좋아하지 않는 일을 하면서 돈을 엄청나게 많이 벌어서 남은 인생의 반을 그냥 게으름 피우며 보낼 수 있었다."

추도사에서 당신에 대해 사람들이 뭐라고 말할지 상상해 보는 것은 당신 인생의 우선순위를 정하는 일로 꽤 괜찮은 방법이다. 한번 시도해 보라.

꼭 당신만의 사업을 시작해야 하는가?

비즈니스 관련 책이나 동기부여 강사들의 가장 잔혹한 허풍은 당신이 무엇이든 할 수 있다는 환상을 심어주는 것이다. 그것은 모두 올바른 목표 설정에 있으며, 그 목표를 적어 침대 옆 램프에 핀으로 고정시켜 놔야 한다고. 그리고 당신이 현재 '사용하지 않고 있는' 뇌의 90%를 활성화한다면 하고자 하는 모든 것을 성취할 수 있다고. 이렇듯 동기부여 강사들은 사이비과학을 정말 좋아한다.

그러나 아니, 그것은 불가능하다. 마음속 깊이, 당신도 그것을 알고 있다. 필자는 그렇다. 정말 할 줄 아는 게 거의 없다. 벽에 물건을 거는 일, 부서진 물건을 고치는 일, 트레일러를 후진하는 일 등 주로 남자들이 잘하는 일은 하나도 못 한다. 버닝스(호주의 대형 철물 상점-옮긴이)를 가는 게 두렵다. 내가 평생 동안 주말마다 직업 교육을 받더라도 이케아(IKEA)의 테이블 하나 제대로 조립하지 못할 것이다.

노력해서 최대로 실패한 것은 명상이다. 모든 성공한 사업가에 대한 이야기에는 그들의 명상 습관이 언급되어 있다. 그들은 모두 명상을 한다. 그중에는 하루에 두 번씩 하는 사람도 많다. 명상 후에는 '그냥 기분이 상쾌해진다'고 한다. 나도 정말로 그렇게 상쾌해지고 싶다. 나도 몸과 마음과 정신의 균형을 이루고 싶다. 몇 년 동안 나는 명상 연습에 수천 시간을 투자했다. 사운드트랙, 앱, 심리학자들의 조언도 활용해 봤다. 나는 조언하는 모든 자세로 앉아 호흡과 신체 부위에 집중했다.

그러나 한 번도 명상을 마친 후 상쾌함을 느껴본 적이 없다. 당시 나는 명상을 했다. 내가 특별히 집중력이 부족한 건 아니었다. 그러나 마음속으로는 안다. 나는 그냥 그곳에 앉아만 있었다는 것을. 내가 깊은 곳으로부터 느낄 수 있는 상쾌함을 느끼는 일은 결코 일어나지 않을 것이다. 때로는 패배를 인정해야 한다. 사람마다 재능은 다 다르니까, 괜찮다.

내 친구 마이클은 사업에 관한 한 타고난 최상위의 포식자다. 그는 어렸을 때부터 사업에 집착해 왔다. 그가 서른 살이 되었을 때 약국을 6개나 소유하게 되었다. 그는 우리가 함께 공부할 때부터 동기부여용으로 벽에 붙여 놓았던 포스터 속 페라리를 실제로 구입했다.

그런데 그가 20대 후반에 프로 골퍼가 되어야 한다는 목표에 빠졌다. 그때까지 한 번도 경쟁적인 골프를 쳐보지 않았음에도 불구하고 말이다. 골프만큼 시간을 어마어마하게 잡아먹는 것은 없다. 그는 그의 깊숙한 근육섬유가 기억하도록 매일 수백 개의 칩샷과 퍼트를 연습하였다. 스윙 비디오 분석에도 많은 돈을 썼다. 그는 날마다 US 오픈 트로피를 높이 들어 올리는 자신의 미래를 상상하곤 했다. 어느 날 그는 아내에게 마이너 골프대회부터 참가해 조금씩 목표를 이루기 위해 미국의 모텔 생활을 시작할 때가 되었다는 소식을 전했다.

그 녀석은 대체 무슨 생각을 한 걸까? 그것은 마치 우사인 볼트(Usain Bolt)가 모리스(Morris) 춤(영국 전통춤 중 하나-옮긴이)을 추겠다는 것을 보는 것 같았다. 희한한 동기를 매개로 한 그 바이러스는 그가 그것이 망상이라는 사실을 인지하기까지 그의 생산적인 삶의 몇 년을 허송세월로 날려버리게 했다.

그는 사업에 다시 집중했고, 큰 와이너리(winery)를 사서 그곳에 원형 콘서트장을 지었다. 롤링 스톤스(The Rolling Stones)와 브루스 스프링스틴(Bruce Springsteen)도 그의 앞마당 잔디밭에서 공연을 했다. 골프를 계속했다면 이것은 불가능했을 수도 있다. 자신이 잘하는 일에만 집중하라.

자기 사업을 시작할 수 있다는 마음 또한 똑같이 냉혹한 현실을 직시할 필요가 있다. 다시 말해, 10년 뒤에도 그 사업이 계속 유지될 수 있을 것이라는 생각 말이다. 그것은 쉬운 일이 아니다. 개인적으로는 새로운 사업 10개 중 7개는 실패한다는 오래된 통념이 오히려 현실을 과소평가한 것이라 느낀다. 스스로를 국가의 중추라고 생각하면서도, 수많은 영세 자영업자들은 야외 화장실을 올라타고 자라는 호박넝쿨조차 관리하지 못할 정도로 무능하다.

나는 고등학교 시절을 골드 코스트(Gold Coast)에서 보냈다. 고인이 된 라디오 천재 리차드 마스랜드(Richard Marsland)는 '골드 코스트'는 어떤 명사에 추잡함, 저속함을 더하는 보편적인 형용사라고 지적했다. (호주의 골드 코스트는 유흥 및 오락 요소 등이 풍부한 바닷가의 휴양 도시로 건전한 공부나 사업 등을 하기엔 적합하지 않은 도시이다.) 이곳을 제외한 다른 곳에서 '비즈니스맨'은 존경받는 단어다. 그러나 '골드 코스트 비즈니스맨'은 '부동산 사기범' 또는 '마약 두목'을 상징한다. 골드 코스트 변호사에게 당신의 생계나 자유를 맡기겠는가? '골드 코스트의 모델'은 직업여성이거나 갱단의 여자 친구다.

그러나 매일 휴식을 즐기고 싶은 충동으로 인해 많은 사람들이 회사를 그만두고 골드 코스트로 이주한다. 그러나 그곳은 휴가라는 단어가 상징하듯 그들을 위한 일은 사실상 없다.

그래서 그들은 그들이 가장 좋아하는 취미와 관련된 가게를 열겠다는 평생의 꿈을 추구한다. 예를 들어 심슨 가족(The Simpsons)의 네드 플랜더즈 레프트토리움(Ned Flanders's Leftorium)처럼. (네드 플랜더즈는 직장을 그만두고 자신이 좋아하는 일을 찾아 왼손잡이를 위한 가게를 열지만 나중에 온라인 시장에 밀려 결국 문을 닫게 된다.) 판매해본 경험은 전혀 없이 말이다. 그 상점은 1년도 안 되어서 '꺾여진 꿈의 아케이드(Arcade of Broken Dreams)'처럼 다시 임대로 나오게 되었다. 소매업은 다른 사업 분야와는 전혀 다른 세계다. 훌륭한 소매상들은 걷는 게 가능한 시기를 시작으로 가게를 오고가며 그 상점을 열심히 운영하는 어머니와 아버지로부터 모든 기술을 습득해 왔다. 그들은 번식을 위해 상류로 헤엄쳐야 할 때를 아는 연어처럼 소매업을 알고 있다. 그들은 생각할 필요조차 없다. 그들에겐 그것은 그저 순수한 본능인 것이다.

회계사들과 재무 기획자들은 얼마나 많은 기업인들이 '작고 예쁜 카페'를 사려고 하는지 그것을 말리려고 아예 매뉴얼을 만들었다고 한다. 이벤트업계는 멋진 파티를 한두 번 주최하고 나면, 그들의 친구들 한두 명은 "야, 너 이걸로 회사 차려도 되겠다"고 말하곤 한다. 많은 산업 분야가 그렇듯, 진입을 가로막는 유일한 장벽은 빠르게 홈페이지와 명함 한 박스를 제작하는 예산이다. 그러고는 또 다른 아무 생각 없는 창업 희망자가 그 무리에 합류하게 되어 헐값의 견적을 찾는 고객들에게는 예상치 못한 걸림돌이 되기도 한다.

사업을 하려면 영업이란 분야에도 호감을 가져야 한다. 자기 사업에서의 모든 상호작용은 영업에 속한다. 당연히 고객이 존재한다. 게다가 직원, 유통업자, 투자자, 은행원, 그리고 소음에 대해 민원을 제기하는 이웃들… - 목록은 끝이 없다. 사람들을 설득할 수 없다면, 멀리 가지 못할 것이고, 모든 것을 혼자 다 하게 될 것이다.

나는 제품을 만드는 일의 천재들과 운영 전문가들이 디지털 마케팅, 알고리즘, 그리고 인간과의 접촉 없이 성공할 수 있다고 믿고 사업을 시작하는 것을 봐왔다. 하지만 인간의 개입이 없으면 팀도 팬도 만들지 못한다. 사람들과 대화하는 것을 편하게 생각해야 한다.

이제 세상이 바뀌어서 새로운 세대의 고객들은 문자 등의 메시지만 사용한다고 말하지 말라. 21살에 우리 회사 주식의 소유주가 된 최연소 비즈니스 파트너는 하루에도 몇 시간 동안 전화 통화를 한다. 그는 이를 통해 목소리에서만 얻을 수 있는 모든 비언어적 느낌과 갖가지 흥미롭고 가치 있는 정보를 수집한다. 바로 이것이 그가 우리 업계의 스타인 이유다. 다른 사람들은 밑에서 이메일과 메시지만 갖고 질퍽대고 있는 동안에.

사람들에게 매료될 필요가 있다. 그들이 무엇을 하는지, 왜 하는지, 뭘 생각하는지, 그리고 그 모든 것들이 그들이 실제로 하는 일과 어떻게 연관되는지. 평생 동안 해야 할 연구다. 어떤 사람들은 스물다섯 살에 이러한 '정보 입수' 배출구를 잠가 버린다. 이런 사람들은 데이터 처리 작업에만 유용하다.

평생 대기업에서만 일했다면 창업하기가 더 어렵다. 불가능한 일은 아니지만, 많은 지원자들의 도움을 무의식적으로 받아왔을 것이다. 예를 들어, 임금을 생각해 보자. 대기업에서 일한다면, 임금은 그냥 평범하게 매달 들어오는 공공요금처럼 느껴지며, 그저 사무실 수도꼭지에서 나오는 물처럼 특별하게 생각되지 않을 것이다. 그러나 자기 사업을 차리게 되면 임금에 대한 개념이 훨씬 더 생생해진다. 은행 계좌를 확인해보니 3일 후에 줘야 하는 급여를 충당할 수 있을 만큼 금액이 충분치 않다. 밤늦게까지 땀을 흘리며 외상 매출금 내역을 살펴본다. 고객 몇 명이 청구서 지불을 한 달이나 연체했다. 다음 날 전화하면 알아보겠다고 약속한다. 하지만 대기업에 근무하는 그들에겐 임금 요정이 시간을 맞춰 또박또박 찾아오기에, 그들의 긴박감은 당신과 같지 않다. 이틀 후에 다시 전화하면 그들은 또 깜빡했다고 말한다.

마침내, 그들 중 한 명이 임금 지급 날 바로 전에 입금을 한다. 당신은 직원들에게 돈을 지불한다. 어쩌면 이번에는 자신에게는 지불을 못한다. 월급날마다 퇴직금, 소득세, 부가세 및 기타 부채가 증가하고 있으며, 앞으로 몇 달 안에 정리해야 할 수도 있다는 생각이 마음 한 구석에 자리매김하고 있다. 저승사자가 회사 문을 노크할 때, 거의 항상 검은 예복을 입고 있는 세무서 직원이란 걸 알고 있다.

임금은 자신의 사업을 할 때 누리지 못하는 요소 중 한 가지일 뿐이다. 대기업에 있으면, 고객에게 판매하는 것이 자신의 뛰어난 능력에 의한 것으로 착각하기 쉽다. 이제 자신의 이름을 걸고 만든 회사의 대표이사로 같은 고객들에게 전화하면 그들이 전화를 받지 않는 것에 놀랄 수 있다. 대형 브랜드는 많은 고객들에게 중요하다. 광고업계에는 대형 고객들은 대형 대행사만을 고용한다는 다음과 같은 속담이 있다. '코끼리는 코끼리끼리 사랑을 나눈다'. 나중에 파트 5의 '모든 마케팅 요구에 부응하다'에서 코끼리처럼 차려 입는 방법에 대해 논의하겠지만, 대부분의 코끼리들은 여전히 거절할 것이다.

사업을 따내더라도 대기업이 얼마나 당연한 것으로 받아들이며 일을 시키는지 놀라울 지경이다. 영업은 어렵다. 납품은 더 어렵고, 이제는 대기업에서 근무할 때 의존하던 직원들을 부려먹을 수도 없다. 한때 앉은 자리에서 주문했던 모든 일들을 얻어내기 위해 이제는 실제로 돈을 지불해야 한다. 당시에는 IT 부서 직원들의 거들먹거림과 눈알을 굴리며 여성들을 희롱하는 것을 욕했었다. 이제는 저급 백업 IT시스템에 장애가 발생하여 한 달간의 작업이 날아간 것을 알고 나면 그들의 거들먹거림이 그리워지기 시작한다.

그 당시, 사업 입찰을 할 때, 복도 끝에 있는 사내 전문가를 찾아가면 지루하지만 필수적인 모든 보험화폐 증서와 기타 서류를 준비해 주곤 하였다. 이제는 보험중개업자를 찾아 이메일을 주고받으며 그저 하찮은 골칫거리 취급을 당하면서 이틀에 걸쳐 겨우 얻어낸다.

보다 작은 규모의 기업에 종사해본 경험이 있는 사람들은 이를 잘 알고 있을 것이다. 그러나 어떤 사람들에게는 호화 여객선과 같은 대기업에서 뛰어내려 작은 구명 뗏목을 타고 비즈니스라는 높은 파도 속에서 표류하는 자신을 발견하는 것은 끔찍한 충격으로 다가올 수 있다.

만족시키기 힘든 인생의 동반자가 있는 사람들은 사업을 시작하지 말아야 한다. 직접 경험해 본 것은 아니지만, 직원이나 사업 파트너들을 가까이서 지켜봐 왔다. '완벽하게 좋은 직장'이라는 보장을 걷어차고 어떻게든 장기적으로 볼 때 더 성공하리라고 배우자를 설득했다. 둘은 빠른 물질적 성공을 꿈꾸며 당신이 사장이기 때문에 일을 덜 하게 될 것이라고 생각한다. 자신은 휘파람을 불며 느긋한 시간을 보내는 동안 다른 사람들이 어려운 일을 다 할 것이라 생각한다.

당신이 감당해야 하는 엄청난 양의 일이 배우자에게는 충격으로 다가올 수 있다. 그리고 당신이 그 일을 하는 것이 즐겁고 자극적이라고 생각하기 때문에 한다는 것을 배우자는 이해하지 못할 수도 있다. 조금만 지나면 출장이 축복과도 같은 휴식으로 바뀔 것이다. 만약 이것이 당신이라면, 그냥 회사에 계속 남아서 가정에서의 불가피한 갈등을 피하라. 영원토록 영혼을 파괴하는 노동의 삶을 즐기며 일하는 시간을 지키기 위해 집에서는 항상 달걀 껍데기를 밟으며 살아가시라. 어차피 어떤 임금 인상으로도 그 상황을 해결할 수는 없으니까.

금세 부자가 될 수 있다는 생각으로 사업을 하면 안 된다. 그런 일은 없을 것이다. 사업을 풀타임으로 할 예정이라면, 고객 없이 1년 정도 버틸 수 있는 충분한 돈이 필요하다. 아마 몇몇 고객은 찾을 수 있겠지만, 안 그럴 수도 있고, 만약 그렇게 된다면, 옛 고용주를 찾아가 "떠나서 죄송했었습니다. 혹시 일자리가 있을까요?"라고 문을 두드리고 싶지 않을 것이다. 나는 옛 직장 동료들에게 그런 일이 발생하는 걸 봐왔다. 그들 자존심이 비극적으로 돌아가신 것에 대해 잠시 묵념을.

PART 3
시작해 보자

방사능 황무지에서 기회를 찾아내다

코로나19는 평생 동안 우리가 일상에서 상식으로 생각해 왔던 관습을 전 세계적으로 파괴해 버렸다. 이런 거대한 변화는 당시에는 발견하기 어려우나 되돌아보면 당연하고 명백해 보이는 수많은 기회를 제공한다. 우리는 아마도 팬데믹 이전의 세계를 되돌아보면서 이렇게 생각하게 될 것이다. "그런 미친 짓들이 정상이었던 때가 정말로 있다고?"

1960년대 후반까지만 해도 공직이나 주요 은행에서 일하는 여성들은 결혼과 동시에 퇴사를 강요받았다. 당장 출산할 사람을 왜 고용하겠는가? 바다에서 수영하다 사라진 해롤드 홀트(Harold Holt, 호주의 총리) 수상에 의해 그 규칙이 불법화될 때까지는 예외란 없었다.

그 이후 수십 년에 걸쳐 비즈니스 분야에 일어난 엄청난 변화를 생각해 보라. 육아 산업의 부상, 한때는 근무 시간에만 영업했던 슈퍼마켓 영업 시간의 편리해진 변경, 맞벌이로 인한 소득 증가로 크게 넓어진 집, 필수 서비스로 자리매김한 식사 배달 서비스. 이 모든 것은 그 이전에는 거의 존재하지 않았던 산업들이다.

시대를 앞으로 빨리 돌려서 현재로 와보자. 불과 몇 년 전까지만 해도 직장에서 당연시 여겨졌던 것들이 이제는 그 옛날 결혼한 여성을 해고하는 것만큼이나 낡아빠진 미친 짓처럼 보인다.

2019년만 해도, 가족 일로 직장 일에 방해를 받는 것은 겁나게 전문적이지 않은 행동으로 간주되었다. 그래서 숱한 사람들이 자녀의 문제를 해결하기 위해 온갖 가짜 핑계를 둘러댔었다. 이젠 화상회의 중에 애들과 반려동물들이 배경에 수시로 들락거리는데, 일하는 데 별 방해가 안 된다면 도대체 그걸 누가 문제 삼을 수 있겠는가.

2020년 2월까지는 명백한 질병 증상이 있더라도 회사에 와서 주변 사람들에게 기침과 재채기를 해대도 전혀 문제가 안 됐다. 사실상 그렇게 하는 것이 도덕적 의무라 생각되었다. 왜냐하면 뭐 대단히 아파 보이지도 않았고, 마감 시간도 맞춰야 했기 때문이다. 다들 제정신이었는가? 유튜브에서 지난 수십 년 동안의 코드랄사(Codral's)의 'Soldier On'이란 감기 및 독감 약 광고를 보라. 이건 슈퍼 전파자를 다룬 공포물이다. 눈물이 가득하고 빨간 코를 가지고 화장지에 경적을 울리듯 코를 풀고, 약을 한 줌씩 먹어가며 동료들 틈에서 하루 종일 일하곤 하였다. 왜냐하면, '사람들이 당신에게 의존하고 있기' 때문이다.

얼마나 우리가 손 씻기에 인색했던지 기억하는가? 나는 남자들에 대한 목격담만 할 수 있지만 많이 부족했던 건 사실이다. 간혹 어쩌다 사람들이 세면대에 가더라도 대부분 비누 없이 빠르게 물로 대충 헹구곤 물기만 털어내는 것에 그쳤다. 수세기 동안 의료 전문가들이 질병을 피하는 가장 좋은 방법은 '손 씻기'라고 말해왔는데도 말이다, 더러운 짐승들.

이것이 사업에 어떤 의미가 있을지 정확히 아는 사람은 없다. 사실 미래에 어떤 일이 일어날 것인지에 대해 자세한 얘기를 할수록 완전 헛소리일 가능성이 크다고 본다. 그러나 이제 우리가 하고 있는 새로운 행동이 조금씩 점차적으로 변화를 가져올 것은 분명하다. 건강 산업의 폭발적인 성장이 있을 거라는 예상은 비교적 안정적이라 할 수 있다. 마찬가지로, 사람들이 집에서 더 많은 시간을 보낼 것이므로 집 개조 사업도 크게 성장할 것이다. 택배 물류, 홈 비디오 스튜디오도 마찬가지다. 정부의 마지막 노력에도 불구하고, 재생 에너지도 성장을 거듭할 것이다. 현장에서의 직접 구매에 비해 온라인 간접 소비가 계속 늘어갈 것이다. 지금까지는 상당히 예상 가능한 분야들이고 이미 큰 기업들이 벌써 대대적인 인력을 구축하고 있다.

빨판상어의 전략을 생각해 보라. 그들은 상어 몸에 붙어서 유유히 돌아다니며 상어가 먹다 남은 음식을 먹으며 생활한다. 골드러시 기간 동안 호주의 모든 기회주의자와 사기꾼들은 모두 어떡하든 돈을 벌기 위해 개울가로 몰려들었다. 일부는 재산을 모으는 데 성공하기도 했다. 그러나 대부분은 그러지 못했다. 어쨌든 모두가 먹고는 살아야 했다. 나의 오랜 조상들은 빅토리아(Victorian) 지역의 금광인 비치워스(Beechworth)에 빵집을 차렸고, 듣기로는 장사가 잘됐다고 한다. 오늘날에도 마찬가지다. IT 붐의 한가운데서 나는 IT 대기업들의 큰 프로모션 행사의 겸손한 공급업체로 만족하고 있다.

자체적으로 호황을 누리고 있는 산업에 무엇을 팔 수 있을까? 급속히 성장하는 기업을 상대하는 것은 오히려 더 쉽다. 직원들의 업무량이 계속 늘어나므로 5,000달러짜리 구매를 승인하기 위해 9번의 회의를 거치지 않는다. 제대로만 다룬다면 그들과 함께 성장할 수 있다.

그러면 도대체 무슨 사업을 해야 할까? 사람들은 자신의 개인적 관심사에서 영감을 받아 새로운 사업에 대해 많은 아이디어를 내곤 한다. 또는 자신의 반려견을 위해 종종 자그마한 티 파티를 주최하는 그들의 친구와 같이 단 한 명으로 이루어진 포커스 그룹의 의견으로도 사업 아이디어가 만들어진다. 바로 이런 이유로 대부분 실패한다.

세상을 뒤흔드는 완전히 새로운 천재적 아이디어로 유레카를 경험한 사업들에 대한 신화가 존재한다. 물론 몇 개의 사례는 존재하고 이야기로서는 멋지지만 성공 확률은 그리 높지 않다. 아이디어는 비즈니스가 아니다. 사업의 현실은 5%가 천재적인 새로운 아이디어이고 나머지 95%는 적합한 사람을 고용하고, 유통업체를 찾고, 현금 흐름과 씨름하며, 세심한 주의가 필요한 기타 모든 지루한 사업 기술의 결과물이다. 그렇지 않으면 사업은 엉망이 된다.

생각은 여기서부터 시작해야 한다. 지금 하고 있는 분야에서, 또는 최소한 몇 년의 사업 경험이 있어야 한다. 사람들이 돈을 쓸 의향이 있다는 증거가 있는 곳, 그래야만 위험을 직접 감수하지 않고 사업을 시작할 수 있다. 관련해서 주변에 지인들이 있을 것이다. 직원을 채용할 때 물어봐야 할 올바른 질문도 알고 있다. 기존 고객들을 살펴보고 무엇이 그들을 불만족스럽게 하는지 알아내라. 그리고 그 문제를 해결해라. 그렇지 않으면 신규 사업 아이디어는 눈 감고 코끼리의 다리를 만지는 것과 다를 바 없을 것이다.

최근에 우리는 실제적인 문제에 대한 새로운 해법이 있었기에 반려동물 스타트업 사업에 투자를 했다. 설립자인 에반(Evan)은 수의사로서 하루에 16마리의 동물을 안락사시킨 후 이 회사를 시작했다. 정기적인 진드기 및 벌레 치료만으로도 모두 예방이 가능한 일이었다. 그러나 사람들은 아예 치료를 안 받거나 페이스북에서 찾은 수의사 처방으로 마늘 주스 또는 자외선 램프 등으로 치료하다 결국 죽게 만들었다.

에반은 "젠장!"이라고 소리질렀다. 이것은 종종 좋은 사업 아이디어의 시작을 알리는 말이기도 하다. 그는 대규모 예방 치료를 통해 훨씬 더 많은 반려동물을 살릴 수 있다는 것을 깨달았다. 그래서 그는 임상 수의사를 그만두고 플리메일(Fleamail: 호주의 반려동물을 위한 진드기 퇴치제 및 구충제 등을 우편으로 보내주는 서비스)을 시작했다. 매달 한 번씩 반려동물에게 필요한 모든 기생충 치료제가 담긴 파란색 봉투를 보내서 바로 치료하게끔 하는 것이다. 정확한 복용량은 수의사가 확인해 준다. 온라인 쇼핑이기도 하지만 반려인들에게 구충제 먹일 때가 되었다는 기억을 환기시켜주는 서비스이기도 하다. 반려동물을 키우는 사람이라면 누구나 그 기분을 알 것이다.

"개 구충제 투약했어?"
"아니, 난 당신이 한 줄 알았는데."
"안 했어? 분명히 당신이 하는 걸 봤다고."
"그건 한 달 전이었잖아. 아니 그 전 달이었나?"

플리메일의 기막힌 방식은 집에 돌아와 우편함에서 파란색 봉투를 받는 순간 문을 열고 들어가면 그걸 사용할 고객이 바로 문 앞에서 흥분하여 펄쩍거리며 기억을 환기시키고 있다는 것이다. 봉투에는 그 반려동물에게 맞춰서 투약할 약품이 들어 있어 먹이거나 바르기만 하면 끝이다. 앞으로 또 한 달 동안은 무사한 것이다.

에반이 수의사임으로 반려동물과 반려인들을 이해하기에 이 사업은 구조적인 긍정적 요소가 함축되어 있다. 그렇다 하더라도 위험 요소들은 있었지만, 매우 성공적으로 잘 운영되고 있다. 만약 에반이 온라인으로 프린터 카트리지 판매점을 차렸다면 - 그는 어릴 때 성공 세미나를 듣고 실제로 그런 상점을 차렸던 적이 있다. - 우리는 거기에 투자하지 않았을 것이다. 지금 당신이 알고 이해하는 유료 고객들과 함께 당신이 몸담고 있는 분야에서 어떤 새로운 아이디어를 시도할 수 있는가?

지금 당장 엄청 핫한 분야에서 사업을 시작하는 것은 피하라. 패션 브랜드를 시작하지 마라. 또는 칵테일 바도 마찬가지다. 아니면 패션 촬영 스타일리스트도 피하라. 혹여 신적인 재능의 소유자거나 손익분기점을 맞추기 위해 수년간 절망적인 세월을 견뎌낼 자신이 있는 사람이라면 또 모르지만. 이런 산업들은 재능도 없이 화려함에 이끌려 거의 무상으로 일하려는 수도 없이 많은 사람들이 몰리므로 서비스를 제공하는 합당한 가격을 받을 수 없기 때문이다. 실제적인 이익을 만들 수 있는 산업은 멋있지도 않고 지루한 분야에 있으며, 인플루언서들과 공짜 술과 마약이 있는 곳이 아니다.

생각하고 있는 분야가 지루하면 지루할수록 좋다. 이 질문에 대해 답해보자. "아름다운 그림이 그려지는가?" 그렇다면 다른 분야를 알아보라. '미용', '피트니스', '부티크 호텔'··· 이런 분야는 너무도 많은 낚시꾼들이 이미 좋은 자리를 차지하고 있는 영역이다. '양로원용 사용품' 사진이 섹시한 경우를 본 적은 없을 것이다. 매우 성공적인 내 친구의 아스팔트 포장 사업은 이제까지 본 것 중 가장 추악한 인스타 사진으로 채워져 있다. 그래서 사람들이 덜 꼬이는 것이고, 제대로 할 수만 있다면 더 많은 수익을 올릴 수 있다.

대부분의 사람들은 자신과 친구들이 구매할 제품을 꿈꾼다. 그럼 여기서 군중을 회피하는 또 하나의 질문이 있다. "누가 돈을 가지고 있을까?" 흠, 생각해 보자. "어느 세대가 평생 동안 모든 금융위원회를 그들을 위해 일하도록 만들었을까?", "누가 대학을 무료로 다녔을까?", "저렴한 집은?", "누가 자신들이 저렴하게 얻은 집을 담보로 구입한 모든 부동산 투자에 대한 세금 감면을 받았을까?" - 이 모든 감세는 젊은 납세자들이 모두 친절하게 납부한 보조금으로 충당하는데? - 그렇다, 베이비부머 세대들이다.

평균적으로 나머지 세대에 비해 베이비부머 세대는 현금이 풍부하다. 그들 대부분은 부양가족을 지원하는 일을 마쳤다. 그들은 신용 충전과 같은 끝없는 정부의 지원을 받고 있다. 또한 그들을 접근하기가 그다지 어렵지 않다. 그들은 베이비부머 채널, 즉, 페이스북에 모두 다 모여 있다. 당신들 부모님, 그들의 친구와 친척들에게 이야기해 보라. 그들이 필요로 하는 게 무엇인지 알아보라. (팁: 그들이 당신에게는 아주 늙어 보일지 모르지만, 마케팅에서는 그들을 늙은이 취급하지 말아야 한다. 아니면 바로 게임 종료다.) 그들은 아마도 여유 자금이 있을 것이다. 왜냐하면 지난 2년간 해외 단체여행이나 연말 나훈아 디너쇼 등을 즐기지 못했을 것이기 때문이다. 그들이 캠핑카를 구입하지 않은 한 최소한 2천만원은 족히 될 것이다.

그렇다, 많은 노인들에게 IT 기술은 당혹스러울 정도다. 그들을 무시하지 마라. 엄청난 기회다. IT 제품과 서비스를 그들이 더 쉽게 사용할 수 있는 방법을 개발해 보라. 온라인 쇼핑 및 기타 디지털 경험을 악몽 같은 경험으로 여기는 수백만 명의 노인들이 있다. (엄마, 안녕?) 그리고 이 경험을 더 친숙하게 만들기 위해 비용을 기꺼이 지불할 것이다. 이것은 완전 미개척 시장이며, 자신과 같은 부류만을 대상으로 창업한 백만 개의 스타트업 사업주의 대안인 것이다.

IT 기술 무리에서 벗어나기 위한 또 다른 방향, 대형 IT 기술 회사를 생각할 때 가장 먼저 떠오르는 단어는 무엇인가? 그렇다, '악덕'이다. 그들은 민주주의를 훼손하는 수많은 방법으로 악을 퍼뜨리지는 일을 기꺼이 하고 있는데, 그중에서도 최상위에 해당하는 것은 비정규직 직원들을 빈곤 이하의 임금으로 일하게 만드는 일이다. 예를 들어 스포티파이(Spotify)는 음악가에게는 미천한 로열티만을 지불하면서 대표이사는 그의 재산 50억 달러를 세고 앉아 있다. 음악가들은 2백만 개의 다운로드보다 400개의 LP 레코드를 판매하는 게 더 많은 수익을 올릴 수 있다. 그래서 플래티넘의 판매를 기록하지 못하는 음악가들은 스포티파이를 죽도록 싫어하는데, 그런 그들의 심정을 충분히 이해할 수 있다.

그러나 음악 고객들은 음악가를 좋아한다. 음악가들에게 공정한 로열티를 지급하는 밴드캠프(Bandcamp)는 그래서 많은 관심을 받고 있다. 이용자가 음악가들에게 지불할 금액을 선택할 수 있다. 코로나19가 발생하고 모든 공연이 중단되었을 때 음악 팬들은 자신이 좋아하는 음악가들이 어려움을 겪고 있음을 깨달았다. 밴드캠프 구매자의 40% 이상이 요구하는 가격보다 더 많은 금액을 지불했다. 좋은 기업은 좋은 고객을 끌어들이며, '좋은'이란 단어의 완전하고 도덕적인 의미를 알고 있다. 밴드캠프의 규모는 스포티파이와 비교할 수 없이 작지만 빠르게 성장하고 있다.

대형 IT 기업들이 이런 식으로 '계약자'들을 희생시키면서 세금도 안 내고 돈을 버는 것을 알게 되면 소비자들의 큰 반발이 있을 것이라고 생각한다. 결국 우리가 그들의 비용을 대신 내주고 있는 셈이다. 대형 IT 기업들이 직접 돈을 지불하지 않고 이용해 먹는 배달원들은 결국 도로에서 부상을 당하고 사망하고 있다. 수십 년 후에는 이런 플랫폼 기업들이 자신들의 의무를 회피했기 때문에 퇴직할 때 아무런 근로자 혜택도 못 받게 되는 세대가 존재하게 될 것이다. 반면, 지역 기업들은 세금을 전액 납부하고 플랫폼 기업들이 회피하는 모든 안전법을 준수한다.

어떤 사람들은 옳은 일을 하는 이들을 위해 더 많은 비용을 지불할 것이다. 진정으로 악덕한 브랜드를 떠올린 다음 그것을 대신할 윤리적인 대안을 만들어 낼 수 있는가? '가난한 사람들을 괴롭히더라도 50억 달러(한화 7조원 정도)를 벌 수 있다면 뭐, 나중에 지옥에 간다고 해도 꽤 괜찮을 것'이라 생각할 수도 있으나, 이것은 어느 한 분야에 많아야 한두 개의 회사만 가능하므로, 그렇게 될 가능성은 매우 희박하다. 작지만 실행 가능한 틈새 운영자가 될 확률이 훨씬 더 높다.

프랜차이즈 창업을 해야 하나? 아니, 아니다! 대부분의 프랜차이즈는 법적 노예에 가장 가깝다. 일은 당신이 하고, 이익은 다른 사람들이 취한다.

다음은 당시의 사업체가 하는 일이 무엇인지를 정해야 한다. 뭔가를 팔 수도 있고, 서비스를 제공할 수도 있고, 두 가지를 겸할 수도 있고, 우리처럼 뭘 빌려주는 일을 할 수도 있다. 그러나 노동만을 제공하는 것은 피하라. 돈 버는 일이 악몽이 될 수도 있다. 사람들은 종종 직원의 시간당 비용에 25%를 얹으면 마진율이 25%라고 생각한다. 아니다. 그것은 파산 신고를 하는 지름길이다.

순수한 서비스 사업의 고전적인 가격 책정 모델은 시간당 노동 비용을 3으로 곱하는 것이다. 인건비가 삼분의 일인 것이다. 삼분의 일은 비용이다(전화, 책상, 급여세, 보험, 커피머신 등 직원 고용 유지를 위해 임금 외에 지불하는 금액). 나머지 삼분의 일이 이론적으로는 이익이지만 현실은 훨씬 더 어렵다. 거대한 전문 서비스 회사는 가능한 일이다. 그들은 언젠가는 돈 잘 버는 파트너가 되리라는 꿈을 꾸며 나가떨어질 때까지 기꺼이 일해 줄 젊은 예비 군단이 줄 서서 기다리고 있기 때문이다. 그들은 회의에 참석한 5명의 시급이 각각

600달러인 것을 공정한 요율로 간주하는 대기업들과 협력한다.

소규모 고객들은 그렇게 생각하지 않는다. 시간당 서비스에 대한 청구 금액이 모두 너무 많다고 할 것이다. 그들은 지불한 금액이 도대체 어디에 쓰였는지 정확히 알고 싶어 하며 청구서를 놓고 꼼꼼히 따질 것이다. 특별히 놀라운 일은 아니지만, 지속적으로 마진에서 깎이게 될 것이다.

매달 들어오는 수입과 나가는 직원 급여를 맞추기에 급급할 것이다. 급여는 절대 멈추지 않는다. 그러나 들어오는 일은 그렇지 않다. 이것은 엄청난 스트레스이다. 서비스 전용 사업인 경우 사업을 쉽게 만드는 유일한 방법은 고객에게 프로젝트당 지불이 아닌 지속적인 유지비(계약된 요금, 일반적으로 매월 지불)를 청구하는 것이다. 그러면 비용을 충당하고 밤에 잠을 잘 수 있다. 그러나 이상적으로는 서비스를 보완하기 위해 다른 것을 판매해야 한다. 예를 들어 웹 개발 회사라면, 러시아의 해커들이 코드에 접근하지 못하도록 하는 지속적인 보안 제품을 1년 단위로 판매하라. 수입을 모두 직원 근무 시간에 의존해서 맞춘다면, 당신은 평생 스트레스로 지친 사람이 될 것이며, 수십 년 후에 뒤돌아보면 직원들이 당신보다 두 배나 많은 돈을 벌었다는 것을 깨닫게 될 것이다.

샤크 탱크와 레모네이드 판매대

기업가의 조언은 혼란스러울 수 있다. 우리 업계에 대해 잘 모르는 샤크 탱크(Shark Tank)라는 프로그램의 한 투자자가 어느 팟캐스트 인터뷰에서 한 말이 있다. 그는 길거리 용어로 다음과 같이 직설적으로 말했다.

"호주에서만 해도 약 20~100명의 직원을 두고 있는 수많은 꽤 큰 규모의 회사들이 있으며, 오너들은 아마도 그들 임금을 제외하고도 약 백만 달러씩은 가져갈 것이다…… 나는 그렇지 않다. 누군가에게 불쾌감을 주려는 것은 아니지만 나는 이를 레모네이드 판매대(lemonade stands)라고 부른다. 나는 레모네이드 판매대를 운영하고자 하는 사람이 아니다. 나는 글로벌 성공 사례를 창조하는 사람이다."[2]

레모네이드 판매대는 전 세계적으로 확장할 수 없기 때문에 피하라고 하는 것이 더 옳은 조언일 것이다. 그는 나보다 훨씬 더 부자이고, 그를 상대한 친구들은 그를 높이 평가한다. 하지만 오해하지 말기 바란다. 그의 말대로 레모네이드 판매대는 외부 투자자에게 매우 적절치 않은 투자일 수 있다. 그러나 그가 말했듯이 좋은 레모네이드 판매대는 일 년에 백만 달러를 벌 수 있다. 당신에겐 그것으로 충분한가? 나에겐 충분하다.

그의 선택도 옳은 것이고 나의 선택도 옳은 것이다. 선택은 좋은 것이다. 달나라로 뻗어 나가는 스타트업이 유일한 방법이라고 상상하기 쉽다. 왜냐하면 그런 기업들이 언론에 집중을 죄다 받기 때문이다. 수치도 어마어마하다. 상장하여 2억 달러를 벌고 싶지 않은 사람이 누가 있겠는가? 레모네이드 판매대의 느리고 겸손한 수입보다는 말이다.

많은 사람들이 혼용해서 사용하기 때문에 중소기업(SME, Small-medium enterprise)과 스타트업의 차이점을 명확히 할 필요가 있다.

스타트업은 빠르게 성장하거나 한순간에 소멸하도록 설계되었다. 세계로 뻗어나가거나, 그게 아니라면 국내에서 전국적으로 커질 가능성을 갖고 있다. 그들이 제공하는 제품은 순수 소프트웨어이거나 IT 기술을 이용해 소매점 같은 성장 장벽을 우회하기 때문이다. 초기에는 매월 10% 정도의 엄청난 성장률이 예상된다. 그러한 성장에는 엄청난 비용이 들며, 신생 기업은 초기 단계에서 거의 수익을 내지 못한다.

그래서 설립자는 끝없이 외부 자금을 끌어들이는 작업을 해야 한다. 다음은 산업 관련 미디어에서 통용되는 재료다. '시드 펀딩', '엔젤투자자', '시리즈 A 투자자', '시리즈 B 투자자' 등. 자세한 내용을 알아보려면 위키피디아(Wikipedia)를 찾아보시라. 이 책은 그런 내용을 다루려는 게 아니다. 새로운 투자 시리즈는 수익보다는 순수하게 사용자 수의 증가를 바탕으로 점점 더 미친 금액으로 사업의 가치를 평가하게 된다.

창업자는 자금을 끌어들이는 일이 주요 업무로 전락할 위기에 빠지게 된다. 나의 받은편지함은 온통 '스쿠틀리(Scootly, 스쿠터 공유 앱)가 2,000만 달러를 투자받았다'라는 내용의 이메일로 가득 차 있다. 마치 창립자들이 그 돈을 다 받았다는 듯이 말이다. 천만의 말씀. 창업자들의 지분은 대부분 냄새도 안 날만큼 희석되고 부유한 백인들이 가당치도 않게 많은 돈을 벌게 해주기 위해 죽도록 일을 해야 하는 것이다.

포스트 말론(얼굴 전체를 타투한 미국 래퍼-옮긴이)처럼 얼굴에 다음과 같이 타투를 하여 매일 아침 일어나서 거울을 볼 때마다 상기하도록 하라. "현금을 인출할 때까지 평가액은 의미가 없다". 크게 성공한 대부분의 창업자들에게 그것은 상장 또는 대기업에게 인수되는 것을 의미한다. 그런 다음 현금화하는 데에 대한 제한에 직면하게 된다. 바로 매도 주문을 내면 시장이 겁에 질리게 된다. 창립자 얼굴의 문신을 다른 사람들도 볼 수 있으니, 포스트 말론 얘기는 긁어내 버리는 걸로 하는 게 좋겠다. 그러나 어떤 규모의 사업이든 돈을 뽑아내기까지는 정말 오랜 시간이 걸린다.

중소기업은 낮은 위험, 낮은 성장을 하는 보다 전통적인 기업이다. 우리 회사는 시작한 이후 매년 20~30%씩 성장했다. 그 가운데는 관리, 자금 조달 및 채용 등의 상당한 과제가 있었다. 중소기업은 유니콘 기업(스타트업 중 기업 가치가 10억 달러 이상인 비상장 기업-옮긴이)이 될 수 없다. 그러나 스트레스를 덜 받으면서도 충분하고도 남을 만한 돈을 벌 수 있다.

당신에게는 알맞은 것은 무엇일까? 당신이 하고 싶은 일이다. 당신의 나이에 적합하고, 얼마만큼의 위험을 감당할 수 있는지, 자금은 얼마나 동원 가능한지 등. 모든 사람에게 맞는 정답은 없다. 위험에 대해 현실적으로 생각하라. 새로운 사업은 모두 그럴듯해 보이는 아이디어에서 시작된다. 사람들은 아이디어 단계에 있는 사업에 대한 프레젠테이션 자료를 이메일로 보내 나의 조언을 구한다. 대부분의 아이디어는 그럴듯해 보인다. 그러나 나는 신제품에 대한 광고 캠페인에 많은 시간을 보내왔다. 그들 중 많은 것들이 실존하는 문제에 대해 유용한 해답을 제공해 주는 확고 불변한 것처럼 보였다. 그러나 적절한 예산을 투입하여 시장에 선보였으나, 무반응이었다. 이유가 무엇이든 대부분의 신제품은 그냥 사라지게 된다.

새끼 거북이들과 비슷한 운명이다. 수천 마리의 용감한 작은 파충류들이 바다의 상큼한 냄새에 코를 킁킁거리며 소금물에서 앞으로의 긴 삶에 대한 낙관론으로 가득 차 해변을 퍼덕거리며 달려간다. 잠시 후 포식자 떼가 다녀가곤 천 마리 중 한 마리만이 살아남는다.

해변에서 가장 운이 좋은 거북이가 되는 일에 자신의 모든 것을 걸고 싶은가? 이건 마치 복권을 사서 당첨되기를 바라는 것과 같다. 행운, 낙관주의, 개인적인 삶의 희생이 미친 듯이 뒤섞이지 않으면 어떤 사업에서도 성공할 수 없다. 이런 세월을 5, 6년 보낸 후 아무것도 없이 허무하게 끝난다고 상상해 보라.

샤크 탱크(Shark Tank)의 투자자는 성인 크기로 자라나는 두어 마리만을 바라보고 많은 거북이를 후원하고 있다. 그는 거북이에 대한 깊은 지식을 가지고 있으며 위험을 골고루 분산시켜 놨다. 직접 모래 언덕을 퍼덕이며 달려가는 거북이가 되는 것보다는 훨씬 안정적인 위치에 있는 것이다.

사람들은 '빠른 실패'란 개념을 '반쪽짜리 아이디어를 기반으로 한꺼번에 여러 사업을 시작'하란 뜻으로 해석하는 것 같다. 이런 참을성 없고 주의력이 결핍된 접근 방식으로는 인생의 몇 년을 낭비할 것이다. 즉각적인 폭발 성장을 기대하는 것은 어리석은 것이며, 인간의 본성에도 어긋난다. 내가 아는 성공적인 사업들 거의 대부분은 창업자가 기대하거나 계획한 것보다 훨씬 더 느리게 성공했다. 그러나 결국은 그곳에 도달했다.

인간의 본성이 만들어 낸 가장 큰 장벽은 변화에 대한 두려움이다. 역사상 가장 많은 변화를 겪고 있는 지금과 같은 시대에 고객들이 신제품에 흥분하게 만드는 것은 까다롭고 어려운 일이다. 당신은 그 새 제품에 당신의 마음과 영혼을 쏟아 부었기 때문에 흥분되는 것이다. 그러나 고객은 그렇지 않다. 그들은 친숙하고 신뢰할 수 있는 것을 원한다. 최근에 모든 것이 바뀌었기 때문에 그들은 변화에 저항한다.

많은 사람들의 경우, 안정적인 보수를 받던 직업은 이제 외주를 줘서 맡기는 일이 되어 버렸으며, 집값은 10억 원을 호가한다. 한때 거리에서 놀던 그들의 아이들은 이제 며칠 동안 꼼짝없이 통신기기와 하나가 되어 외부 세계의 둔한 색상, 중력 제한(gravitational restrictions) 및 절름발이 무기에는 관심이 없다. 친밀함은, 육체적이든 감정적이든, 소파에 이어 침대에서 핸드폰 화면을 손가락으로 넘기는 행위로 대체되었다. 집은 일터가 되었고, 일터는 집이 되었다.

당신의 새로운 제품을 홍보하며 다음과 같이 생각한다. '여러분, 놀랄 준비들 하십시오. 여러분의 삶에 혁명을 가져올 판도를 바꿀 새로운 혁신이 여기에 있습니다.'

고객들은 생각한다. '젠장. 또 뭐가 바뀌냐? 난 싫다.'

당신의 신제품에 대해 고도로 흥분할 때면 자신이 콘서트에 갔다고 상상해 보아라. 평생 좋아한 밴드다. 무대에 올라오자마자 당신이 한창 즐기던 시절의 사운드 트랙이었던 음악을 곧바로 연주한다. "우우우우우우우우우우우우, 죽인다!" 그렇게 히트곡 세 곡을 내리 부른 뒤에,

"다음 달에 나올 우리 새 앨범에 있는 노래입니다!"

그 순간의 기분을 생각해보라. 그들이 생각하는 '신곡'은 그다지 큰 반응을 불러일으키지 못한다. 그것이 바로 당신의 신제품으로 인해 당신이 겪을 본능적인 장벽이다.

우리가 투자한 플리메일(Fleamail) 사업도 검증된 위험을 안고 있었다. 대부분의 신생 기업이 그렇듯 기발한 아이디어로 보이는 제품이었다. 그러나 그들은 중요한 테스트를 통과한 상태였다. 그들에게는 이미 약 500명의 유료 고객이 있었던 것이다. 실질적으로 구독이 필요한 사업이었기에 더 가치가 있었다. 그들은 새로운 고객을 얻는 데 드는 비용을 알고 있었다. 그들이 필요했던 것은 신규 고객 확보를 위한 자금과 성장하는 사업을 운영하는 몇 가지 조언이었다.

그것이 가장 빠른 시점에 진행해야 할 리트머스 테스트인 것이

다. '사람들이 그 사업에 돈을 줄 의향이 있는가?' 이는 마치 수익이 옛날의 전보(電報)와 같이 중복된 개념으로 취급되는, 스타트업 세계에서 흔히 무시되는 비즈니스의 구닥다리 기술이다. 사용자 수가 훌륭해서 상장을 준비하는 또 하나의 모래성을 쌓는 회사로 사업을 전환하는 데 도움이 될 수는 있겠다. 그러나 사람들에게 돈을 지불하게 할 수 없다면 당신의 그 숫자는 당신을 사업가가 아닌 게이머로 만들 뿐이다.

스타트업의 장점은 곳곳에 물리적인 사무실이 필요 없는데다 직원 수가 적어도 되는 등의 이유로 초고속 성장이 가능하다는 것이다. 단점은 당신과 유사한 일을 하는 경쟁자에 대한 방어력이 적다는 것이다. 특히 인스타그램(Instagram)이 스냅챗(Snapchat)에게 했던 것처럼 거대한 경쟁업체가 당신의 제품을 복사해서 번들로 묶어 파는 게 더 쉽다고 결정하는 경우처럼 말이다. 스타트업은 밝게 빛나지만, 많은 사람들에게는 "그때 그거 기억나?"라는 제품으로 전락하게 되듯 유통 기한이 짧을 수 있다. 멀쩡한 성인이 자신을 지역 슈퍼마켓의 시장이라고 공개적으로 선언하는 챗룰렛(Chatroulette), 세컨라이프(Second Life), 그리고 포스퀘어(FourSquare)야, 잘 지내지? 대단한 일이야.

씬체인지는 값비싼 장비, 찾기 힘든 직원, 고객과의 공들여 구축한 관계로 만들어진 회사다. 이렇게까지 만드는 데 10년이 걸렸고, 이 분야에 관심 있는 분은 누구라도 들어오셔서 똑같은 엄청난 시간과 자본 장벽에 직면하시길 바란다. 그렇다, 때로는 소프트웨어 플랫폼이 엄청난 자본을 투자한 시장의 큰 부분을 잠식시킬 수 있다. 에어비앤비(Airbnb)가 호텔업계에 했던 것처럼 말이다. 그러나 화상회의 플랫폼은 우리가 하는 라이브 이벤트를 대체하지는 못 할 것이다. 줌(Zoom)을 통한 술자리의 악몽(줌으로 화상 미팅을 하며 각자 술을 마시는 일-옮긴이)을 기억하는 사람은 누구나 이 사실을 보증할 수 있을 것이다. 고전적인 중소기업 모델은 여전히 수명이 많이 남아 있다.

스타트업: '유니콘'이란 미끼에 대한 또 다른 견해

일부 스타트업 사람들은 이 책을 읽으며 생각할 것이다. '이 친구는 이해를 못하고 있군. 직원들에게 친절하고, 자산을 보호하고, 상장을 목표로 하지 않는 것은 너무 나약해서 나의 새로운 벤처에는 적용되지 않아. 이 야심 없는 평범한 경제 공룡들아, 지금이야말로 지배의 시간이다!' 그래서 나는 우리와 같은 해에 사업을 시작한 사람들로부터 다시 확인해 봤다.

사진작가인 존(John)과 나는 대행사 시절 함께 많은 광고를 찍었다. 그는 국제적 실적을 가진 전직 사진기자이다. 2006년 어느 날 아침, 그의 스튜디오에 가보니 세 명의 디자이너군의 사람들이 하역장의 가판대에 둘러앉아 새로운 사업을 의논하고 있었다. 그중 한 명은 존의 딸 사이언(Cyan)이었다.

사이언과 그녀의 남편 콜리스(Collis)가 만든 프리랜스 디자이너를 위한 블로그가 곧 국제적으로 탄탄한 방문객을 보유하게 되었다. 그들은 나에게 초기 블로그에 대한 팁을 주었다. 그들이 개발한 프리랜서를 위한 블로그는 모듈식 플래시 애니메이션을 판매하는 사이트인 '플래시덴(FlashDen)'으로 발전하였다. 이후 10년 동안 그들은 사이트 이름을 '엔바토(Envato)'라 바꾸고 디자인, 사진, 코딩 및 음악과 같은 창의적인 서비스를 위한 글로벌 시장이 되었다.

이제 그들은 전 세계에 600명 이상의 직원을 두고 있으며, 최근에는 자신들의 아티스트 커뮤니티를 위해 10억 달러의 수입을 창출하는 이정표를 자축하였다. 때로는 무의식적으로 한 행동이었겠지만, 그들이 대부분의 스타트업 규칙을 무시했기에 나는 그들의 이야기를 좋아한다.

그들은 프리랜서들을 터무니없이 싼값으로 부려먹어 밑바닥으로 끌어내리는 노동 착취의 환경에 처한 전 세계의 아티스트를 존중하고 지원한다. 시작할 때 그들 또한 온라인 디자인 프리랜서였기 때문이다. 나는 유사한 웹사이트를 모두 경험해 봤는데 엔바토 소속 디자이너들이 일을 더 잘한다. 더 많은 돈을 지불하면 더 나은 사람들을 끌어들일 수 있다고 도대체 누가 상상했겠는가?

엔바토는 다른 방식으로도 직원들을 돌본다. 개인 회사에서는 불가능하기 때문에 일반 주식 옵션을 제공하는 방법은 사용하지 않는다. 대신 엔바토는 직원들에게 이익의 일부를 나눠주는 방식을 택하고 있다. 2020년에 그 액수는 그해 이익의 20%인 375만 달러였다. 추가로 2%는 자선단체에 기부한다.

그들은 외부 투자자 없이 그것을 해냈다. 최초의 설립자 4명이 여전히 회사의 소유주다. 보통의 일반적인 기업들과 마찬가지로 그들은 사람들이 구매할 만한 제품을 만들어서 거기서 나오는 비용으로 지금까지의 성장 비용을 대왔다.

엔바토에 대해 내가 정말 좋아하는 점은 그 회사가 이제 유니콘 기업(10억 달러 이상의 가치가 있는 스타트업 기업)의 평가를 받을 수도 있으나, 사이언과 콜리스는 자기들 회사의 가치 평가에 대해 조금도 관심이 없다는 것이다. 이렇게 기사의 제목을 장식할 만한 숫자에 관심이 없는 점은 기자들을 미치게 한다. 인터뷰에서 항상 거론되는 질문이다. 4명의 주주는 매각이나 유상증자를 원하지 않는다. 그러니 무엇 때문에 기업 분석가들을 돈 주고 고용해서 그런 숫자를 알아내겠는가? 단지 기사 제목 하나 만들어주기 위해서? 그렇다고 그들이 사업에 덜 헌신적이라는 의미는 아니다. 다만 그들을 움직이게 하는 목표는 다른 곳에 있다는 것뿐이다.

처음 두어 해 동안에는 낮에는 고객을 위한 디자인 작업을 수행하며 저녁과 주말에만 하는 프로젝트였다. 나는 이 사업이 이렇게 커질 거라 상상한 적이 있는지 물어보았다. 계획했던 건 아니라고 했다.

"그냥 우리의 인터넷 사업을 하나 갖는 거였어요."라고 콜리스는 답했다.

“그리고 여행을 다니려 했죠!”라고 사이언은 덧붙였다.

대형 사이트들은 디자이너들에게 지불하는 마진을 줄이기에 급급했다. 그래서 그들은 ‘디자이너에 의한 디자이너를 위한’ 사이트를 만들었다. 사이언과 콜리스는 엔바토를 원격으로 운영하면서 18개월 동안 해외 여행을 하기에 충분한 돈을 모았다. 그들은 첫 번째 개발자를 고용했고, 그가 개발자 친구를 또 데려왔고, 그 다음 개발자들도 계속 그렇게 늘어났다. 콜리스의 남자 형제인 바히드(Vahid)는 호주에 상주하며 회사를 돌보았다.

그는 파리에 가 있는 우리에게 전화를 걸어 “이제 돌아오셔야 할 것 같아요. 사무실도 생기고 5명의 개발자도 있는데, 모두들 당신의 지시 없이 일하고 있어요.”라고 말했다.

“그래서 우리는 호주로 돌아와 개발자들이 있는 멜번(Melbourne)으로 이사한 후, 사업을 운영하는 법을 배워야 했지요.”라고 사이언이 말했다. “우리는 모든 것에 대해 너무 순진했어요. 회사가 성장함에 따라 뭔가 계속 망가지기 시작했고, 그것을 고치기 위해 사람을 계속 고용해야만 했어요. 문제 해결을 위해 치열히 노력했던 세월이었죠. 우리는 그 성장이 얼마나 이례적인 것이었는지조차 깨닫지 못했어요.”

벤처캐피털(VC) 투자자들의 제안도 받았으나, 그들의 스타일과는 맞지 않았다.

“VC는 자꾸 덩치를 키우도록 부추깁니다.”라고 콜리스는 말한다. “우리는 여전히 작은 사고방식을 가지고 있어요. 우리가 지역에서 가장 큰 회사가 될 필요는 없잖아요. ‘크게 되거나 망하거나’라고 하는 건 너무나 극단적인 접근 방식이에요. 적당히 큰 것을 목표로 할 수도 있는 거 아닌가요?”

그들은 통제력을 상실하고 외부 투자자가 자신들이 만들어 놓은 가치를 바꿔 놓을 수도 있다는 점을 걱정했다. 그들은 단기 수익을 올리기 위한 것만이 아닌 다양한 결정을 자유롭게 할 수 있었다. 그들은 또한 VC가 다른 스타트업에 어떤 영향을 미치는지도 보았다.

“자금을 투자받은 IT 기업들은 현금을 빠르게 쓰고 느슨하게 관리하게 되기가 쉽죠.”라고 사이언은 말했다.

그들은 사업을 매우 검소하게 유지하고 소처럼 일했다. 그들은 부모 지하실에서 살았다. 그들은 2년 동안 급여를 받지 않았다. 직원이 40명에 이르렀을 때도 기업을 운영하는 모든 세부 사항까지도 직접 처리했다.

“쓰레기통도 직접 들고 나가 버렸지요. 돌이켜 생각해보면 우리는 비용 관리를 너무 빠듯하게 한 것 같긴 하지만, 늘 뭔가 잘못될까봐 공포스러웠어요.”라고 콜리스는 말했다.

그들의 사내 문화는 콜리스가 다른 곳에서 볼 수 있는 일반적인 스타트업 분위기와는 많이 달랐다.

“많은 회사에서는 일반적으로 모든 사람이 전투적인 마음가짐을 가져야 하고, 이해관계를 위해 늘 경계를 해야 하죠. 주로 그런 사람들이 회사를 책임지게 되기에 다들 그렇게 되어야 한다고 생각하게 되는 거죠. 경쟁사들과는 여전히 경쟁적이지만 내부에서는 그렇지 않아요. 재정적 결정을 다른 모든 것보다 우선시할 필요는 없어요. 우리의 이러한 특징이 우리를 특별한 위치에 있도록 해준다는 것을 알기에 이것을 보호하고 싶은 겁니다." 그는 말했다.

그들이 최우선으로 여기는 KPI(핵심성과지표)는 자체 매출이나 이익이 아니고 판매자 커뮤니티로 향한 수익의 흐름이다. 이런 원칙은 톡톡한 효과를 보고 있다. 그들은 수년간 끝없는 손실을 기록하는 분야에서 충분한 돈을 벌고 있다.

"돈은 우리가 10년 전에 벌어들인 것으로도 충분했었죠."라고 사이언은 말했다. "그저 그것을 현명하고 유용한 일에 써야 하고 더 많은 책임이 있다는 것을 의미할 따름이죠."

사이언에게 있어 사업에서 가장 성취감을 느낀 부분은 초기의 창의력을 발휘하는 과정이었다. 이전에는 존재하지 않았던 것을 만든 다음, 그것을 현실로 실행하기 위해 팀을 구성하는 것이었다. 무한한 가능성을 놓고 사람들을 흥분시키는 그런 일.

"일정한 규모에 이르면 더 이상 그렇게까지는 재미가 없어요."라고 그녀는 말했다.

그래서 그녀는 새로운 사업을 시작하기 위해 엔바토에서 벗어났다. 그녀의 현재 수제 초콜릿 브랜드이자 사회적 기업인 '헤이 타이거(Hey Tiger)'에 집중하고 있다. 그들은 기아 프로젝트(the Hunger Project)와 협력하여 가나(Ghana)의 코코아 농업 공동체를 돕는 일을 하고 있다.

콜리스도 최근 일선에서 물러나고 그들과 가치를 공유하는 대표 이사를 선임했다.

"이제 다른 사람이 나 대신 잠을 포기하고 일하는 것을 보는 것은 정말 흥미로운 일이지요."라고 그는 말한다. "와! 이것이 바로 다음 단계 '사업 소유권이구나!'라고 생각합니다. 나는 끊임없이 스트레스를 받았고, 그래서 나는 원래 스트레스가 심한 사람이라고 생각했어요. 그런데 지난 몇 주 동안 나는 내가 실제로 스트레스가 많은 상황에 살고 있었던 매우 느긋한 사람이었을 수도 있다는 것을 깨달았습니다."

사이언과 콜리스에게는 어린 자녀들이 있다. 그 정도로 큰 규모의 사업을 운영하는 대부분의 사람들은 가족을 거의 못 보며 산다. 그러나 그들은 완전히 자신들의 방식으로 자신의 현실을 설계해왔다. 가치와 우선순위만 명확하다면 사업은 엔바토보다 훨씬 작은 규모일지라도 이런 것을 가능하도록 해준다. 유니콘이란 미끼에 넘어갈 필요는 없다.

세상은 당신이나 당신의 작은 사업을 필요로 하지 않는다

아직 새로운 사업을 시작할 생각이 있는가? 좋다, 하지만 왜? 당신의 임무는 무엇인가?

내가 말하는 것은 '직원, 고객 및 관련 이해관계자의 권한 부여를 통해 주주 가치 성장 및 향상'과 같은 공허한 기업 사명을 의미하는 것이 아니다. 이런 것으로는 누구도 아침잠을 설치며 일어나지 않는다. 당신도 그렇지만 당신의 직원들은 특히나 더 그렇다.

기업의 존재 이유, 목표 설정이라고도 불리는 기업의 사명은 범퍼 스티커에 쓰일 만큼이나 '짧고 임팩트 있는' 단어를 사용하는 것이어야 한다. 대부분의 신규 사업은 '이미 구입이 가능한 또 하나의 공급자'의 또 다른 형태 정도로 시작된다. 이것만으로는 충분하지 않다. 세상은 당신과 당신의 조그마한 사업을 필요로 하지 않는다. 당신의 존재에 대해 설득력 있는 이유가 필요하다.

힌트를 주자면, 당신의 제품이나 서비스에 초점을 맞추지 말고 당신이 그것을 하는 방법이나 누구를 위해 그것을 하느냐에 맞춰라. 사업가 누구에게나 물어보아라. 타 기업과의 차이점이 무엇인지. 나는 그 질문을 수천 번 해봤다. 항상 "뭐, 그거야 당연하죠, 바로 우리의 품질과 서비스입니다."이런 답변은 통찰력의 관점에서 보면, 구명보트에 떠 있는 인플루언서만큼 유용성이 떨어진다. 전략적으로 보면 이것은 마치 "잘 지내? 어, 잘 지내!"와 같은 수준의 내용이다.

내가 제품을 만들기 시작할 때 나의 임무는 제품을 사랑하지 않는 냉정한 비평가의 관점에서 시작하는 것이었다. 사업가들은 보통 그들의 제품에 대한 뜨거운 열정 때문에 제품에 대해 이렇게 냉정한 접근을 하는 것을 매우 어려워한다. 이런 특성은 다음 특정의 한 광고 콘셉트가 얼마나 자주 등장하는지 보면 알 수 있다. 회의실에서의 창의적인 프레젠테이션을 상상해 보라.

크리에이티브 디렉터: 교외에 사는 평범한 아빠가 일상적으로 하던 일을 하다가 갑자기 그의 관심을 끄는 무언가를 발견합니다. 갑자기 사랑에 빠진 듯한 표정이 얼굴에 번집니다. 화면 전체에 따뜻한 빛이 퍼지며, 모든 것이 슬로우 모션으로 흘러가는 가운데 낭만적인 현악기 연주곡이 흐릅니다. 그 순간 장면은 상대편 각도로 바뀝니다. 모두가 다른 사람이 등장하기를 기대하지만, 그가 실제로 사랑에 빠진 대상은… 바로 당신의 제품!
고객: 완벽합니다. 세상에나, 드디어 우리 제품의 가치를 알아보는 광고 기획사를 찾게 되어서 다행입니다.

어느 기업으로부터 들어온 스팸을 수신 거부할 때 다음과 같은 자기도취적 메시지에서도 볼 수 있다. "구독을 실수로 취소하셨나요?" 그들의 생각은, '우리가 특별히 자랑스럽게 고안해 낸 신규 소식과 제안을 2주에 한 번씩 받아보는 걸 원하지 않을 사람이 어디 있겠어?'라는 것이다. 그들의 세계관에 맞을 법한 유일한 설명은 그들의 이메일을 맨 아래까지 스크롤하고 난 다음 고성능 우주 망원경을 사용하여 '수신 거부'라는 단어를 겨우 찾은 다음, 실수로 두 번을 더 클릭했을 거라는 것이다.

당신의 제품에 관심이 없는 사람을 더 많이 만나서 이야기를 나눌수록 앞으로 당신의 임무에 대한 감각이 더 현실화될 것이다. 부정적인 사람의 관점에서 시작하면 사람들을 진정 흥분시킬 무언가를 찾기 위해 훨씬 더 열심히 노력하게 될 것이다. 그러나 그러다 그것을 찾게 되는 순간 이젠 정말 무언가 큰일의 시작점에 있다는 소름 돋는 느낌을 정정당당하게 받아들이게 되는 것이다.

당신이 제공할 이점에 대해 레이저와 같은 선명함이 필요하다. 대부분의 신규 사업은 잠재적인 판매 기회를 놓치지 않기 위해 "우리는 모든 것을 다 합니다."라고 말한다. 그래서 예를 들면 열쇠공이 사람들에게 '기업 및 가정의 통합 보안 솔루션'을 제공한다고 말하게 되는 것이다. 그렇기 때문에 열쇠공이 필요할 때가 되면 그 사람에게 연락하지 않게 되는 것이다. 그 이유는 첫째, 그가 하는 말이 도대체 무슨 말인지 알아듣지 못하기 때문이다. 둘째, 그 내용 안에는 100명의 열쇠공 중에서 '나에게 꼭 필요한 사람은 바로 당신'이라고 알려주는 특별함이 없기 때문이다. (어릴 때 나는 열쇠공들이 서로 전화번호부 목록에서 첫 번째 순서로 등장하려고 자리를 탐내 상호까지 왜곡하는 것을 찾아보는 일에 집착했었다. 매년 새로운 전화번호부 책이 인쇄되어 나오면 혹시 누군가가 AAAAAAA Aardvark Advanced

Locksmiths보다 앞에 등장하는 이름을 확보했는지 찾아보곤 했었다. 디지털로 인해 죽은 잃어버린 예술이다. 또한, 나는 또 얼마나 쌩뚱맞은 괴짜였던가.)

기업의 사명을 드러낸 내용 중에서 내가 가장 좋아하는 것은 내가 서핑을 위해 다니는 해변에서 가끔 보는 배관공의 트럭에서 볼 수 있다. 그들의 슬로건은 다음과 같다. "우린 꼭 나타납니다." 이는 상당히 겸손한 말로 느껴질 것이다. 평생 배관공을 한 번도 불러본 적이 없다면 말이다. 그러나 단순해 보이는 이 문구는 공허한 약속과 긴급한 상황을 마치 래스터패리언(Rastafarian, 예수를 흑인으로 보고 에티오피아의 황제 하일레 셀라시에 1세(1892~1975)를 재림한 그리스도로 섬기는 신앙운동-옮긴이) 운동가처럼 대처하는 경험을 한 사람이라면 누구나 공감할 것이다. 단순하지만 천재적인 소비자에 대한 통찰력에서 비롯된 내용이다.

스스로에게 '나는 누구에게 완벽한 사람이 될 수 있는가?'를 물어보라. 내가 하는 일의 어떤 점을 어떤 사람들이 좋아할 것인가? 내 목표 시장에서 가장 수익성이 높은 20%의 일은 무엇인가? 내가 그 누구보다도 그들이 필요한 것을 더 잘 이해한다는 것을 보여주기 위해 무엇을 제공할 수 있는가? 수백 개의 소파 매장 중 하나가 되기보다는 소파침대 전문 매장, 반려동물 오염 방지 소파 전문 매장, 주말 배달 전문 소파 매장, 또는 홈시어터 소파 전문 매장이 되어라. 그래서 사람들이 우연히 당신의 매장을 발견하면 이렇게 말하도록 만들라. "나에게 딱 맞은 곳을 찾아서 천만다행이에요."

포르쉐 911을 개발할 당시 그 회사를 운영했던 페르디난드 '페리' 포르쉐(Ferdinand 'Ferry' Porsche)'는 다음과 같이 말했다. "나는 모든 사람들에게 괜찮은 차가 아니라 일부 사람들에게 전부인 차를 만들고 싶었다."[3] 생산한 지 50여 년이 지난 2017년에 포르쉐는 백만 대째 911을 만들었다.

당신 물건을 정말로 싫어할 대상이 누군지를 계획에 넣어라. 일부 사람들이 당신의 브랜드가 절대적으로 최악이라고 생각한다면, 다른 사람들은 당신의 제품을 사랑할 가능성이 훨씬 더 높다. 그들에게는 당신의 제품을 사용하는 것은 자부심의 상징이 된다. 그들은 증오하는 쪽에 있는 패배자들과는 다르다. 애플의 맥은 그렇게 시작되었다. 어느 쪽이든 그 아무도 신경 쓰지 않는 제품보다 훨씬 더 이익이 많이 남는다.

당신 회사의 직원들이 사람들과 이야기하면서 많은 브랜드가 만들어진다. 당신의 직원들은 각자 어느 한 분야에서 최고라고 느끼고 싶어 한다. 그들에겐 불타는 사명이 필요하며, 그 사명은 대부분의 사업주들이 원하는 현금 뭉치가 될 수는 없다. 현금은 그 사명의 부산물로 따라오게 되어 있는 것이다. 경영진의 3분기 이익 기대치를 충족하는 데 본인이 어떻게 도움이 되었는지 설명하며 안색이 환해지는 사람은 아무도 없다. 또는 어떻게 자기 회사가 업계 3위에서 10위까지는 뚜렷한 구분이 없는 중에 6위가 되었는지를 설명하는 사람도 없다. 그러나 직원들이 자신들이 무언가에서 최고라고 생각하게 되면 말리기 힘든 원동력을 만들어 낼 수 있다.

당신의 미션은 직원들이 부끄러워하거나 눈을 굴리지 않고도 큰 소리로 자랑스럽게 말할 수 있는 것이어야 한다. 그들이 바비큐 파티에서 방금 만난 사람과 회사에 대해 대화를 한다고 상상해 보라.

다음의 내용을 비교해 보라. "저는 가장 종류가 다양하고 가격이 저렴한 소파 매장에서 일해요."와 "우리 회사는 반려동물 오염 방지용 소파 전문점입니다. 반려동물이 파손할 수 없는 소파만 취급하지요." 첫 번째는 심야 TV 광고에서나 나올 법한 부끄러운 내용으로 들린다. 두 번째 내용은 집중이 가능하고 귀여운 반려동물에 대한 즐거운 대화로 이어지게 된다.

대부분의 사업주들에게 반려동물 오염 방지용 소파를 전문으로 파는 매장이 되는 것을 불안하게 만드는 것은 다른 고객들을 놓칠 수 있다는 두려움에서 나온다. "반려동물이 없는 사람들은? 우리는 그쪽의 수익을 스스로 차단해 버리는 거잖아!" 당신 말이 전적으로 맞다. 하지만 그런 고객들은 이미 네 군데에 들러 견적을 받고 온 구두쇠로, 거래는 이루어질지 모르나 수익은 거의 없을 것이다. 그들은 당신 매장의 이름조차 기억하지 못하기 때문에 당신의 브랜드에 대해 특별히 인상적이라 생각하지도 않을 것이다.

그러나 반려동물을 키우는 사람들은 당신만이 그들이 필요한 것이 무엇인지 이해하기 때문에 당신에게 수익성 있는 사업이 가능하도록 해줄 것이다. 그들은 반려동물을 사랑하는 친구들에게 당신을 추천할 것이다. 영업 직원은 그들의 사랑스러운 솜털이 달린 '포메라니안 블로썸(Pomeranian Blossom)'에 대한 대화를 시작하기만 하면 이제 제품 자체는 거의 의미가 없어진다. 순전히 감정에 의한 충동 구매가 된다. 그들에게 이것은 전부 반려견에 대한 애정의 발로다. 당신에게는 그것이 넘쳐나는 이익의 달콤한 감정이다.

돈 문제 외에도, 내가 훗날 되돌아보면서 다른 모든 사람들과 똑같은 사업을 해서 돈을 좀 벌었다는 것을 깨닫고 싶은가, 아니면 "나는 아무도 가본 적이 없는 길을 개척했고 무에서 위대한 것을 창조했다."라고 말하고 싶은가? 둘 다 정당한 선택이지만 내가 어느 쪽을 선택할 지는 뻔하다.

브랜드 네이밍: 이건 어때?

친구들이 하는 첫 번째 질문이다. "이름을 뭐라고 할 건데?" 나는 전문적인 작명가이다. 내가 마케팅 대행사를 설립했을 때만 해도 이미 시드니에 대행사 열풍이 돌고 있었다. 내 건물에만 5개나 말이다. 그래서 브랜드 네이밍 전문 대행업체를 설립했다. 그런 대행사는 없었으니까. 우선 고객들을 끌어들여, 계속적으로 광고 대행 업무도 따내려는, 하나의 트로이 목마 전략이었다.

그 당시 몇 년 동안은 웹 스타트업, 스낵 식품, 소프트웨어 및 결혼정보회사 등의 작명을 하는 일에 재미있는 시간을 보냈다. (지금

와서 생각해 보면 스마트폰 이전의 세상이 얼마나 정감 있었는지…) 더구나, 9 · 11 테러 후 어느 희한한 한 달 동안에는 탄저균 포자가 우편에 포함됐는지를 확인하는 기계의 이름을 지어주는 일도 했다.

"나는 이미 훌륭한 이름을 생각해 냈어요." 그 사업가는 마치 동의를 구하는 듯이 나를 바라보며 말했다. "이안, 당신도 좋아할 거예요, '앤트 박스'."

앤트 박스, 그럼 그렇지. 탄저병의 앤트락스(anthrax)와 개미의 앤트(ant) 사이의 명백한 연관성. 작명가로서 고객의 창의적인 결과물에 대해 어떻게 하면 기분 상하지 않도록 하는 반응을 보일까 생각하며 꽉 담은 입술로 고개를 한참 끄떡이며 말했다. "그것도 적극적으로 고려하겠습니다."

곁다리 직업이었지만 작명가로서의 경험은 사업가들 머릿속에 들어가 보는 흥미로운 경험이었다. 잠재고객의 절반은 다음과 같은 반응을 보였다. "심오한 상업적 전략으로 흥미롭고 유용한 이름을 생각해 내는 전문가가 있다는 점이 참 편리하네요." 또 나머지 절반은 이렇게 말했다. "견적서는 고맙습니다만, 친구들과 함께 하룻밤에 모여서 와인을 마시며 직접 멋진 이름을 생각해 내기로 마음먹었습니다."

이것이 바로 마케팅 대행사의 삶이다. 고객이 전문적인 서비스를 제공하는 업소에 와서 대놓고 다음과 같이 말할 수 있는 업종은 거의 없다. "우리 같은 선의의 아마추어와 친구들 몇 명이 당신 같은 전문 비즈니스 작명가보다 더 능력이 있다고 믿을 뿐만 아니라 심지어 술에 취한 상태라면 더 잘 할 수 있다고 믿습니다."

그 누구도 술을 한 여섯 잔쯤 마신 상태에서는 세금 계산을 하지 않고, 자기 사랑니를 직접 뽑지 않는다. 사람들은 창작가들이 예민한 요정 같다고 생각하지만, 우리는 어느 직업군에 소속된 사람들보다 일상적인 모욕, 거절, 또는 뻔뻔스럽게도 무급 봉사에 대한 요구를 주먹 한번 휘두르지 않고 조용히 받아들이며 살고 있다. 물론 우리의 약한 주먹으로 휘둘러봤자 별로 손상도 못 입히겠지만 말이다.

신기하게도, 크리에이티브 컨설턴트라는 직업은 창업에 훌륭한 토대가 된다. 때로는 999명의 사람들의 의견을 듣고도 여전히 "모두들 꺼져라, 내가 옳다!"라고 생각할 수 있는 능력은 가치가 있다.

당신이 옳지 않을 수도 있다. 하지만 진정으로 새로운 것을 제공하는 비즈니스를 만들고 싶다면 가끔은 그렇게 생각을 해야 한다. 난 리처드 브랜슨(Richard Branson, 버진그룹 회장-옮긴이)이 워낙 비즈니스 문헌에서 남용이라고 할 정도로 많이 인용되기에 그를 거론하는 데 주저하게 된다. 그러나 오늘날 '버진(Virgin)'이란 기업을 시작한다고 상상해보라. 특히 항공사 이름으로. 아마도 이름이 어리석고, 모욕적이며, 사업에 대해 어떠한 연관성도 없다고 항의하는 줄이 여기서부터 블라디보스톡까지 이어질 거다. 그러나 당신이 원리원칙에 순응하는 것을 그 어느 것보다 중요시하는 사람이라면 개인사업을 소유하지 않는 게 맞다. 돋보이는 이름을 찾아서 지어놓으면 당신의 사업은 그것에 맞춰서 성장할 것이다.

작명은 어디서부터 시작해야 할까? 우선 와인 몇 병을 준비하라.

(농담이다. 절대 그러지 말아라.) 같은 분야의 모든 회사의 이름을 나열한 목록을 만들어라. 이들 가운데서 튀어야 되는 것이다. 이름들이 정말 비슷하다는 게 느껴지는가? 이름이 하는 일을 나타내야 한다는 집요한 믿음에서 비롯된 결과다.

1. 기능적인 이름

이름으로 가장 선택해선 안 되는 방향이다. 이는 대부분의 사람들이 '우리가 하는 일'을 나타내는 이름을 짓기 때문이다. 그래서 전화를 팔면 모두 '폰 월드', 'Ez-텔', '폰킹', '미스터 폰' 또는 '폰 위저드'와 같은 이름을 갖고 있다.

기능적인 이름은 당신을 거대한 펭귄 부락에서 자신의 부모도 알아보기 힘든 또 하나의 펭귄으로 만든다. 사람들이 당신의 마케팅 결과물을 보면 동종업계에서 제일 잘나가는 기업의 것이라 생각한다. 직원, 매장, 웹사이트 등 다른 부분은 당신의 기업이 무슨 일을 하는지 알려준다. 마케팅이 평범해지는 이유는 브랜드 전체를 보고 있다는 착각을 하면서 너무 가까이에서 일부분만을 들여다보기 때문이다.

기능적인 이름이 적합한 경우도 간혹 있다. 바로 검색을 기반으로 한 틈새 전략으로 지은 이름이 그런 경우다. '리버뷰(Riverview, 호주의 지역명-옮긴이) 배관공'과 같이 해당 지역 명을 검색함으로써 바로 나올 수 있도록 한 것처럼. 단점으로는 회사가 그 틀에 영원히 갇히게 된다는 것이다. 나 홀로 장사를 하는 경우라면 괜찮으나 더 큰 회사로 키울 생각이 있다면 별로다.

캐런 디 앤젤로(Karen Di Angelo) 건축회사와 같이 자신의 이름을 따서 지을 수도 있다. 이런 이름은 언제든 회사를 판매할 계획이 없는 경우에 적합하다. 왜냐하면 사람들은 매번 왜 캐런이 프로젝트에 참여하지 않는지 물을 것이기 때문이다. 브랜드를 만드는 가장 중요한 이유는 당신과 직접적인 상관없이도 당신의 가치를 전달할 수 있다는 점에 있다. 캐런 디 앤젤로 건축회사는 명성의 대부분이 한 사람에게 묶여 있기 때문에 판매하기 어려운 회사다.

이것과 유사한 경우는 JBS 컨설팅과 같은 세 개의 이니셜로 만든 브랜드이다. 이는 '존스 비즈니스 서비스' 또는 '잭슨, 브라운 및 샤피로' 등의 약자이다. 이런 이름은 회계사가 법인 회사 등록 절차를 위해 가서 차에서 당신에게 전화로 "빨리요! 지금 막 등록하려고 하는데, 당장 이름이 필요해요."라고 급하게 보채는 바람에 순간적으로 생각해 낸 이름처럼 느껴진다. 아무리 그래도 이것보다는 성의를 더 보여야 하지 않겠는가?

2. 창의적인 이름

이런 이름들은 아주 좋거나 아주 나쁜 경향이 있다. 좋은 이름은 재미있고 머리에 각인된다. '스내플(Snapple)', '클리넥스(Kleenex)', '도리토스(Doritos)'. 그런데 사실상 냉정하게 말하자면, 이 이름들은 모두 수십 년 동안 수십 억 달러의 광고로 우리의 귀에 못이 박히도록 듣게 한 것들이다.

창의적인 이름의 나쁜 예는 보도자료에 고통스러울 정도로 진지하게 설명해야 하는 라틴어 어근을 사용한 이름들이다.

"인사 채용 회사인 '프로멜리오(Promelior)'를 소개합니다. 라틴어 Pro-(앞으로)와 melior(개선하다)의 합성어인 프로멜리오는 내일의 직장에 관여하는 우리의 대담한 열정을 상징합니다."

이것은 내가 몇 년 전에 프레젠테이션 농담으로 하나 만든 것이다. 그 이후로 정말 프로멜리오라는 회사가 영국에 생겨났다. '리더십, 조직 및 커뮤니케이션을 통한 탁월함 제공'. 이와 유사한 브랜드는 수천 개가 있다. '애질런트(Agilent)', '알트리아(Altria)', '아쿠언트(Aquent)'. 모두 무슨 구강 세정제처럼 들린다.

3. 연상적인 이름

최고의 작명은 연상적인 이름이다. 사람들이 당신의 브랜드를 사용한 경험과 그 느낌을 떠올리게 한다. '오라클(Oracle)'은 강력한 지식과 미래를 내다보는 능력을 연상시킨다. '아마존(Amazon)'은 영토의 구석구석을 관통하는 거대하고 멈출 수 없는 무언가를 연상시키며, 실제로 그러한 회사로 성장했다. '캐터필라(Caterpillar)'는 끝없이 움직이는 작은 발로 토지를 기어다니는 모든 노란색 기계들에게 멋진 특징을 부여한다.

먼저, 브랜드의 포지셔닝을 명확하게 하라. 그런 다음 공책에 가능한 한 많은 단어를 적으라. 펜은 키보드보다 더 나은 단어를 찾아낼 수 있다. 이 시점에서는 이름이라 생각하지 말라. 고객과 그들이 당신의 제품을 사용할 때 느끼는 감정을 생각하라. 그들이 이 제품이 필요할 때 뭐라고 말하는가? 제품이 어떤 문제를 해결해 주는가? 어떤 상업적 결과를 얻는가? 어떤 상황에서 그들이 당신에게 연락하게 되었는가? 머릿속에 떠오르는 단어와 이미지는 모조리 다 적어보라.

이런 사고의 과정이 어떻게 작동하는지에 대한 몇 가지 예를 살펴보자.

영감 1: 오토바이 갱단에 의해 칼에 찔려 사망

내 친구 닉(Nic)은 콘서트, 축제 및 스포츠 행사와 같은 이벤트를 전문으로 하는 보험 지급 사업체를 소유하고 있다. 그 분야의 브랜드 이름은 대부분 기본적으로 기능적 이름이다. '보험 솔루션', '콘서트 커버', '이벤트 언더라이팅'. 죄다 비슷한 느낌이다.

그런 행사를 기획하는 사람들의 마음속엔 무슨 생각이 있는 걸까? 무척 광범위한 위험 요소가 존재할 것이다. 리스크에 대한 트라우마가 많을 것이다. '막바지 취소', '날씨의 변수', '성격도 괴팍한데 마약 등에도 영향을 받는 연주자들'… 이름으로 쓰일 만한 단어와 문장을 적기 시작하자.

박스 오피스? 앞줄? 헤드라인?

점점 좋아지고 있긴 하지만 별 영감은 주지 못한다.

뮤직 페스티벌의 비극을 직접 경험한 사람으로서 나는 닉에게 전해줄 얘기가 있었다. 1969년 캘리포니아(California)에서 30만 명이 모이는 롤링 스톤즈(Rolling Stones)의 콘서트에 관한 이야기만큼 어마어마한 것은 없을 것이다. 완전 광란의 현장이었다. 롤링 스톤즈는 군중이 무대 바로 앞까지 꽉 차게 밀려서 자그마한 무대에서 공연했다. 무슨 이유에서인지는 모르지만, 콘서트 보안을 위해 고용된 조직은, 다름 아닌 헬스 앤젤스(Hells Angels, 오토바이 갱단-옮긴이)였다.

마약에 찌든 어떤 사람이 무대 앞에서 권총을 뽑아 들었다. 헬스 앤젤스가 바로 뛰어들어 그 남자를 칼로 찔렀고, 얼마 지나지 않아 사망하게 되었다. 놀란 롤링 스톤즈는 헬리콥터를 타고 빠져나갔다. 다른 3명도 각각 별도의 사건으로 사망했다. 콘서트가 열린 경주장의 이름인 '알타몬트(Altamont)'는 전설로 남게 됐다. 닉은 자기 회사의 이름을 알타몬트로 지었다. 그가 비록 롤링 스톤즈 자녀들 대부분보다도 어리지만 말이다.

콘서트 분야에서 일하는 사람들 중 알타몬트를 모르는 사람은 없을 거고, 그가 그 악명 높은 사건에 대해 고개 숙여 경의를 표하는 뜻을 존중한다. 그들은, "이 친구는 우리 분야에 대한 이해가 깊군." 이라고 생각한다. 혹시 그 사건에 대해 모르는 사람이라면 전해줄 강력한 이야기가 된다. 그것을 듣고 난 그들은 "멋진 이름이군요!" 라며 기억하게 된다. 호랑이가 담배 피던 시절 때부터 사람들은 이야기를 기억하도록 훈련되어 왔기 때문이다.

기업을 운영하는 대부분의 고객들은 그런 이름을 선택하지는 않을 것이다. '부정적'이기 때문이다. 그래도 그것은 중요하지 않다. 알타몬트는 '과잉, 허영 및 광기'를 한 단어로 압축해 놓은 성경에 가까운 도덕 이야기이다. '보험 솔루션' 같은 이름은 그 근처에도 못 갈 것이다.

영감 2: 높은 기대를 가진 남성

틴더(Tinder, 글로벌 소셜 디스커버리 앱-옮긴이) 이전 원시적 시대에서 데이트 대행사들은 엄청난 금액을 받고 짝을 지어 주었다. 이성을 찾는 데이트 서비스의 기술은 여성 회원의 등록을 받아내는 일에 있다. 그러면 남자는 자동으로 따라온다. 고객은 전문직 여성들에게 호소하길 원했기에 많은 수의 전문직 여성과 이야기를 나눴다.

전문직 여성들이 가장 문제시하는 것은 기대감이 높은 남성들이 강한 인상을 남기려고 나오는 악몽과도 같은 첫 데이트였다. 남자는 최고급 레스토랑에 저녁 식사 자리를 마련할 것이다. 별 감흥이 느껴지지 않는 남자를 만나게 되면 (통계적으로 그럴 확률이 더 높았으므로) 여자는 관심도 없는 사람과 통풍도 안 되는 구두를 신은 채 몇 시간 동안 앉아서 코스 요리를 먹으며 갇혀 있게 되는 것이다. 기존 데이트 대행업체들은 이런 고문을 부추기는 로맨틱한 분위기를 연출하고 있었다.

그래서 우리는 여성들이 바쁜 일정에 틈을 내서 커피나 샌드위치로 간단하게 만날 수 있는 대행업체로 포지셔닝 설정을 했다. 마음에 들지 않으면 탈출하는 데 10분도 채 걸리지 않도록. 우리는 그 대행사를 '펜실 유 인(Pencil You In, 연필로 쓴 약속-옮긴이)'이라 이름을 지었다. 이는 임원들의 일정표에 필요 시 연필로 쓴 약속을 지울 수 있다는 암시를 주는 이름이었다. 간단한 광고만으로도 1년 만에 다른 대행사에 인수될 만큼 급성장하였다. 때로는 이렇게 대형 경쟁사들을 성가시게 만드는 것만으로도 충분한 가치를 창출할 수 있다.

그러나 연상시키는 이름이라고 항상 성공적인 것은 아니다. 나는 길거리에서 다음과 같은 브랜드의 차량을 보았다. '엿보는 톰의 커튼과 블라인드(Peeping Tom Curtains Blinds, '피핑 톰'은 관음증 환자라는 의미임-옮긴이)'.

"톰, 그게 당신의 실제 이름이라면, 무슨 생각으로 이렇게 이름을 지었는가?"

큰 소리로 이름을 말해보라. 스냅챗(Snapchat)과 틱톡(TikTok)과 같은 좋은 이름은 말하기가 즐겁다. 전화로 누군가에게 이메일 주소를 알려주듯 큰 소리로 철자를 불러보라. 비슷하게 들리는 철자로 지어낸 이름이라면 당신과 당신의 직원들이 설명하는 과정에서 자신들을 미치게 만들어 버릴지도 모른다.

AI를 사용하여 이름을 생성하는 무료 사이트도 있다. 여러분의 고통을 덜어주기 위해 내가 몇 가지를 테스트를 해 보았다. 우리의 상호인 '씬체인지(Scene Change)'에는 연극 무대 이미지와 새로운 시작이라는 아이디어가 결합되어 있다. 작명 봇이 이보다 더 나은 결과물을 내놓을 수 있을까? 나는 우리 회사의 '오디오 비주얼' 업무 지침서를 입력했고 우리가 얻은 첫 번째 옵션은 다음과 같았다. '에스디오비주얼(Sdiovisual)', '피디오비주얼(Pdiovisual)', '더블유오디오비주얼(Waudiovisual)', 그리고 흉측스러운 '비디오랄(Videoral)'. 나는 우리 기술팀 직원들에게 '비디오랄'이라고 쓰여진 밴을 타고 다니는 걸 어떻게 생각하냐고 물었다. 아무도 대꾸를 하는 사람이 없었다.

멋진 이름을 생각하면 흥분되어 문 위에 달릴 새 간판을 상상을 하게 된다. 그러나 이름 등록 과정은 잔인해서 보통은 누군가가 먼저 등록해 놓았기가 쉽다. 호주 IP 상표 검색 사이트에서 비공식 상표 검색을 수행해 보라. 상표는 등록된 기업명이나 상호보다도 더 필요한, 브랜드를 보호하기 위한 수단이다. 제품과 서비스는 45가지로 분류된다. 넓은 의미에서, 같은 제품 유형에 대한 상표가 등록되어 있지 않으면 그 이름을 사용할 수 있다. 원하는 이름이 등록되지 않았고, 진지한 사업을 계획하고 있다면 상표권 변호사에게 의뢰하여 등록을 마치도록 하라.

정기적인 웹 검색도 하라. 내가 아는 기타리스트는 극성팬들의 전기 기타 픽업을 만들었고, 자신이 생각하기에 완벽한 이름을 생각해 냈다고 믿었다. 그 이름은 '인 아이솔레이션(In Isolation)'이었다. 하지만 그 이름은 세계 최대의 성인용 제작물 제작사의 이름이기도 했기에 인터넷 검색으로 그의 회사는 약 37번째 페이지에서나 나타난다.

슬로건이 필요한가? 슬로건은 잘 만들기가 어렵다. '저스트 두 잇'이란 슬로건 하나당 스스로를 'OO전문가'라 부르는 기업들이 천

개는 된다. 알겠다, 그 분야에서 나름 전문가이겠지, 돈을 받고 하는 일이니까. 또한 '배달된 성공'과 같은 기업에 특화된 단어들이 있다. 또는 공항에서 양복을 입고 악수하는 자료 사진 아래 '확실성의 힘'이란 광고와 같은 것들. 그것들은 단지 대중을 향한 파워포인트에 불과하다.

슬로건은 브랜드의 입지를 명확하게 보여줘야 한다. '반려동물 오염 방지용 소파 상점'이나 '도급자를 위한 보험'과 같이. 보험사의 닉은 '희망은 전략이 아니다'를 생각해 냈는데, 참 괜찮다고 생각한다.

잘난 척하는 것은 지양하고 인간적이고 호감이 가는 내용을 생각해 내라. 우리 엄마가 사는 동네에 매물로 나온 집이 하나 있다. 앞마당의 표지판에는 중개업자의 사진과 그녀의 슬로건이 걸려 있다. "우리가 파는 것은 집이 아닙니다. 우리는 삶을 바꿉니다." 제발. 그냥 집만 팔아라. 여기에는 다음과 같은 분명한 숨은 의미가 있다. "우리는 기본적으로 아프리카 고아들의 시력을 회복시켜 주는 자선 의사들과 같습니다."

이렇게 브랜드들이 내세우는 과장된 '중요함'이 사람들이 마케팅을 싫어하는 이유이다. 시중에서 판매하는 파스타 소스 때문에 아이들이 당신을 사랑하는 게 아니다. 잘난 척과 과장은 사람에서나 회사에서나 매력적이지 않다. 내가 현재 가장 좋아하는 슬로건은 패션 브랜드 '쿠야나(Cuyana)'의 것이다. '적지만, 더 나은 것들'. 너무 간단하고, 너무 좋다. 대량 생산된 일회용 쓰레기에 대한 해독제를 간단하게 표현해 준 말이다.

로고 파시스트의 등장

새로운 부티크 은행의 로고 프로젝트를 진행할 때의 일이다. 이야기의 목적을 위해 클래식 뱅크라 부르겠다. 우리 회사 디자인 담당자인 제프(Geoff)와 나는 그들의 회의실에서 새 브랜드에 대한 옵션과 일부 광고 캠페인을 발표하고 있었다. 그곳에는 대표이사, 본부장, 사업부장 등 세 명의 고객이 있었다.

첫 번째 로고 프레젠테이션에서는 10개의 디자인을 가져와서 선별한다. 고객이 본능적으로 가장 보수적인 정장 파란색 로고를 선택하기 때문에 이 과정은 짜증스러울 수 있다. 그래도 이번에는 양호하게 진행되었다. 그들은 우리가 가장 선호하는 두 안으로 압축해 선택했다. 나는 그들이 최종 결정을 하기 전에 며칠 동안 생각할 여유를 가질 것을 제안했다.

"10개 모두를 회의실 테이블에 펼쳐놓고 나머지 직원들로부터 의견을 듣는 것이 도움이 될까요?" 본부장인 마티어스(Matthias)가 물었다.

이런 방법은 절대로 좋은 결과를 가져오는 경우가 없다. 파티에서 십여 명에게 다음 곡을 선택하게끔 맡기는 것과 비슷하다. 상업적인 감각은 어디론가 사라지게 되고 어디에선가 튀어나온 개인 취향과 집착이 자리하게 된다.

"아니오."라고 대답했다. "사업에도 민주주의가 필요한 순간들이 있긴 하지만 이런 결정을 내리기 위해서는 약간의…"

마티어스는 호주에서 약 10년간 거주한 독일인이다. "이안, 무슨 생각을 하는지 알지만, 설마 당신의 점잖은 독일 고객에게 '나치'라 얘기하려는 건 아니죠?" 그건 아니다. 그냥 일반적인 독재 정권을 언급하는 말로 그쳤다.

"……. 약간은 파시스트가 돼야 해요. 기업을 운영하는 분이 어떤 기업이 되기를 원하는지 제일 잘 알잖아요. 자신의 판단을 믿고 강행하면 다른 사람들은 다 받아줄 겁니다."

파시스트들은 이탈리아, 스페인, 칠레 등 많은 국가를 운영했었다. 국가에 대한 편견이 작용한 건 아니다. 고객도 그렇게 하는 게 좋겠다고 동의했다. 우리는 출시 광고에 대한 논의로 넘어갔다. 10분 후, 마티아스는 살짝 키득거리는 웃음을 터뜨렸다.

"이안, 사람들이 사물을 바라보는 관점이 참 특이한 거 같아요. 당신이 파시스트에 대해 언급한 이후로 내가 모든 로고를 살펴보았는데, 갑자기 보이기 시작하게 뭔지 아세요? 클래식 뱅크에 'SS'(나치 친위대인 Schutzstaffel의 상징 로고-옮긴이)'가 있다는 거예요."

뭐라고? 그건 내가 상상했던 것인가, 아니면 실제로 그들 로고에 숨겨진 'SS'가 있다는 건가?

"음…. 'SS'?"

나는 이것을 어떻게 설명해야 할지 생각하며 얘기했다.

"음, 그들은 독일군의 준군사 부대였습니다."

"음, 알고 있어요, 마티아스…… 저도 그들에 대해 잘 알고 있어요. 하지만… 음… 다른 사람들은 눈치채지 못할 거라고 생각해요."

부서장이 몸을 기울이며 말했다. "반드시 로고에 멋진 곡선 형태의 S를 선택해야겠네요."

"맞습니다." 내가 답했다. "뭐, 락밴드 'Kiss'의 로고에도 쌍둥이 번개가 있었는데, 그들은 유대인이었죠."

그러곤 대화는 다른 주제로 계속 이어졌다. 전쟁에 대한 언급을 피하기 위해 무지하게 노력했음에도 불구하고, 오히려 독일 고객이 먼저 히틀러의 친위대 얘기를 꺼냈다. 그 결과는 어느 방향으로 튈지 모르는 일이었다. 그러나 나는 결국 10년 동안 그들과 함께 일하게 되었고, 마티아스는 내가 함께 일한 고객 중 가장 호감이 가고 존경스러운 고객이었다.

로고 분석의 미치광스런 세계에 오신 것을 환영한다. 사람들은 로고에 많은 감정적 자금을 투자한다. 대형 브랜드가 로고를 변경할 때마다 기존 로고를 선호하는, 변화를 싫어하는 사람들의 분노의 폭풍이 존재한다. 새로운 은행 로고에 백만 달러가 들었다는 것을 알게 될 때 정말 분노로 폭발된다. "백만 달러라고! 난 그 절반으로 할 수 있었을 텐데."라는 말이 마이크로소프트 워드아트로 벼룩시장 전단지를 만든 게 전부인 사람들이 항상 하는 얘기다.

대기업의 새 브랜드를 만드는 일에 100만 달러가 드는 이유는 다음과 같다. 2만 5천 달러 상당의 창작 작업과 "나만 그런지 몰라도, 그다지 눈에 튀지 않네요."라든지, "오렌지색은 우리와 안 맞는 거 같아요."와 같이 말하는 층층시하로 이루어진 고객과의 미팅에 들어가는 9십 7만 5천 달러로 나뉜다.

그럼 100만 달러가 없는데 어떻게 로고를 가질 수 있을까? 온라인 세계에는 이제 최저 5달러로도 새 로고를 얻을 수 있는 흥미로운 선택지로 가득하다.

5달러.

진지하게 생각해보라. 앞으로 10년 동안 고객과의 모든 회의에 신고 가야 하는 신발 한 켤레를 선택해야 한다면, 5달러를 쓰겠는가 아니면 79달러를 쓰겠는가? 단순히 기능적인 측면으로만 따진다면 5달러짜리 신발로도 공공장소에서 걸어 다니기에 큰 문제는 없겠지만 아무도 당신과 가까워지고 싶어 하지 않을 것이다.

인터넷상에는 정말 다양한 부류의 디자이너가 혼재한다. 나는 수십 년 동안 디자인 업무 지침서를 개발하고 창의적인 사람들을 관리해 왔지만, 여전히 온갖 프리랜서들로 가득 찬 온라인 디자이너들과 일하는 것을 쉽게 생각하지 않는다. 그들은 디자인 업무 지침서를 제대로 읽는 경우가 거의 없으며 대부분의 작업은 대학의 디자인학과 1학년생 수준이다. 그들의 결과물에 수정을 가하기 위해 주변 디자이너에게 프로젝트를 또 넘겨줘야 하는 경우가 종종 있다.

대부분의 온라인 공급업체의 함정 중 하나는 자신이 디자이너가 아닌 경우 좋은 디자인과 나쁜 디자인을 구별하기 어렵다는 것이다. 이것은 남성들의 복장에 대한 감각과 비슷하다. 우리는 거울을 보며 "와, 난 아직도 멋져 보인단 말이야!"라는 평가를 할 수 있는 무한한 가능성의 소유자가 아닌가.

사람들은 싸구려 디자인임을 느낄 수 있는 잠재적 능력을 갖고 있다. 그걸 법의학적으로까지 설명할 수는 없지만 위기에 대한 동물적 본능 수준으로 일부 기업을 신뢰할 수 없다는 신호를 감지할 수 있다. 또는 정말로 그 기업들이 작업을 수행할 능력이 없다거나.

디자이너만의 잘못은 아니다. 주된 문제는 온라인 디자이너를 위해 당신이 작성하는 업무 지침서에 있다. 그게 그들이 작업에 참고할 수 있는 전부이기 때문이다. "확실하게 눈에 확 들어오는 것을 부탁합니다! 계속해서 시안을 만들어 보여주다가 원하는 것이 나오면 바로 알아볼 겁니다!"라고 하는 등의 매우 기초적인 업무 지침서로는 남들과 비슷한 진부한 결과물밖에 얻어내지 못하는 건 당연한 일이다.

업무 지침서에는 최소한 브랜드의 입지 설정이 필요하다. 군중 속에서도 눈에 띄는 디자인을 만들어 낼 수 있도록 경쟁사 로고들도 보내줘야 한다. 당신이 좋다고 생각하는 로고들을 모아서. 컴퓨터나 인쇄용처럼 당연한 사용처 외에 그 로고가 사용될 모든 매체의 목록도 작성해서 보내줘야 한다. 동영상, 패키지, 차량, 유니폼, 네온사인 등. 우리 씬체인지에서는 스텐실을 이용해 도로에도 스프레이 페인트로 칠해야 한다. 이 모든 것이 로고에 영향을 미친다.

또한 빨간색 공포증처럼 그들이 작업을 수행하기 전에 알아야 할 특이한 세부 사항까지도.

온라인 디자이너로부터 최상의 결과를 얻기 위해 나는 다음과 같이 한다. 좋아하는 디자이너의 목록을 짧게 만든다. 그런 다음 그곳에서 가장 비싼 디자이너 또는 코딩 전문가를 선택한다.

그렇다. 이것은 비용을 절감해야 하는 스타트업 기업의 모든 상업적 가치관에 어긋나는 행위다. 이런 미친 짓을 제안하는 이유가 뭘까? 왜냐하면 다른 기준에서 보면 그중에서 비싼 디자이너도 터무니없이 저렴한 것이기 때문이다. 이때 당신이 지불하는 추가 비용은 당신의 업무 지침서를 이해하고 체크리스트를 따르며 200개의 메시지를 보낼 필요 없이 빠르게 완료할 수 있는 전문가를 얻을 수 있도록 해주기 때문이다. 이렇게 해서 아낀 시간은 다른 곳에 사용하면 된다.

예를 들어 내 블로그 웹사이트는 79달러짜리 워드프레스 템플릿으로 만들었다. 내 모든 메뉴와 콘텐츠를 입력한 코딩 전문가의 비용은 400달러였다. 그는 나와 같은 시간대에 살고 있었고 초기 업무 지침서와 출시 사이에 약 3개의 메시지가 오고갔으며, 48시간 이내에 사이트를 탑재했다. 100달러 미만의 많은 코딩 전문가 중 하나를 선택했다면 확인하고 설명하는 데 수천 달러어치의 나의 시간을 써야 했을 것이다. 그러고도 2주가 걸렸을 것이다.

웹 사이트에 479달러를 쓸 여유가 없다면 사업을 시작하지 마라.

당신의 도시에서 일하는 훌륭한 디자이너를 대신할 수 있는 것은 아직 없다. 그들은 회사를 방문하여 제품을 살펴보고 당신의 비즈니스를 차별화하는 요소에 대해 심층적으로 이야기할 수 있다. 그들은 당신이 생각하지 못한 세부 사항을 알아낼 것이다. 그들의 디자인은 현지의 취향을 고려할 것이다. 우리가 아무리 디지털 글로벌 사회에 산다고 해도 다른 나라의 슈퍼마켓만 방문해도 그곳의 그래픽 디자인이 얼마나 이질적인지 알 수 있다. 나는 관광에는 젬병이기에 국제적인 공휴일에 하는 게 그런 일이다.

아마도 지역 디자이너가 하는 일 중에서 가장 중요한 것은 연속성을 제공하는 일일 것이다. 온라인 디자이너 한 부대를 이용하게 되면 수많은 사람들이 브랜드를 서로 다른 방향으로 잡아당기게 되는 혼란한 결과물을 얻게 될 것이다. 브랜드를 크게 만드는 제1규칙은 일관성이다. 그 지역의 디자이너는 당신의 비즈니스가 발전함에 따라 모두 동일한 가족의 일부로 유지한 상태로 디자인 자원을 늘릴 수 있다.

예산이 매우 빠듯한 경우 지역 디자이너에게 전반적인 형태를 만들게 한 후 온라인 사람들에게 웹 배너와 같은 따분한 작업을 하도록 하라. 나중에 당신의 사업이 성장한 뒤, 당신이 창업 당시에 만든 조잡한 로고를 바꿔야 한다는 사실을 깨달았을 때 바꾸는 데 드는 끔찍한 비용에 비하면 당신이 처음에 지출하는 돈은 아무것도 아니다. 모든 패키지, 편지 용지, 건물 표지판, 유니폼 및 차량을 다시 만드는 비용은 처음부터 돈을 아끼기 위해 천 달러 대신 5달러를 지불하는 어리석은 결정이 아니었다면 미리 방지할 수 있는 일이다.

동업으로, 아니면 단독으로 시작할 것인가?

새로운 사업을 어떻게 구성할 것인가? 단독 또는 동업으로 할 수 있다. 나의 경우 둘 다 해 봤는데, 동업으로 하는 길이 훨씬 더 즐거웠다. 혼자서는 모든 결정이 막중하다. 갖가지 일로 많은 통화를 해야 한다. 재원, Capex(자본 지출), 마케팅, 계약, 인력 충원, 운영, 가격 결정… 이 모든 분야의 전문가가 아니다. 그건 누구나 마찬가지다. 일론 머스크(Elon Musk, 테슬라의 CEO-옮긴이)라 해도 사업 전체의 중요한 영역에 있어 다음과 같이 생각하게 할 것이다.

"아이고, 차라리 날 죽여주세요."

당신이 믿고 당신의 능력을 보완해주는 동업자를 찾는 것은 행운이다. 나는 마케팅 및 영업 분야에 능통한 사람이다. 운영과 재정 분야도 가능은 하지만 재미도 없고 능숙하지도 않다.

꼭 필요한 세부 사항에 대해 꼼꼼하고 세심한 능력을 가진 나의 동업자들은 이 분야에 능숙하다. 함께라면 사업에 필요한 건 대부분 감당할 수 있다. 더구나 우리는 그 어떤 것에 대해서도 거의 다투는 일이 없다. 아마 2년에 한 번 정도 꼴로는 있을 수 있겠다. 서로 마냥 동의만 하는 것이 꼭 필수적이거나 심지어 바람직한 것만은 아니지만 우리들 사이에서는 긍정적으로 작용한다.

우리는 처음부터 지분을 나눠서 소유하는 동업자 관계를 형성하였다. 씬체인지는 단일 브랜드이지만 우리는 각각의 위치에 별도의 회사를 설립했으며, 각자 운영하는 주주가 별도로 있었다. 그들은 모두 성격이 다르지만, 화려한 카지노를 강탈할 갱단을 구성해야 한다면 꼭 함께하길 원할 만한 부류의 사람들이다.

에너지가 넘쳐나는 사람들이다. 혹여 엉겅퀴 밭 건너편에 장사할 만한 건수가 발견된다면 반바지 차림으로라도 헤집고 뛰어갈 위인들이다. 그런 마음가짐은 직원들에게도 전달돼 본사나 지사의 직원들이 관리하는 회사에서는 결코 얻을 수 없는 활력을 제공한다. 고객들도 그런 활기찬 분위기를 느낄 수 있다. 우리가 지분을 공유하지 않았다면 100% 소유지만 이보다 훨씬 작은 규모의 회사를 소유했을 것이다. 현재 동업자 수준의 사람들이 단지 급여만 받고 합류하지 않았을 것이기 때문이다. 대부분의 영역에서 그들은 나보다 더 예리한 사업 기술을 가지고 있다. 나는 그저 그것에 대해 글 쓰는 것을 좋아하는 사람일 뿐이다.

각 지역의 동업자들이 하는 또 다른 일은 우리 브랜드가 전달하는 것의 균형을 맞추는 것이다. 우리는 꽤 우스꽝스러운 판촉 활동을 한다. 일반적으로 우리 업계에서는 재미를 즐긴다. 그러나 그것이 평범한 결과물을 납품하는 것을 뒷받침하는 마케팅이었다면 그것은 초라한 곁가지 쇼에 불과했을 것이다. 우리는 속임수로 사람들을 텐트 안으로 유인한 후, 결국 실망시켰을 것이다. 사람들은 높은 기대치를 가지고 우리를 찾아온다. 우리의 직원과 동업자들은 그 이상을 제공할 직업윤리와 기술지식을 보유하고 있다. 그래서 깊이가 있는 브랜드인 것이다. 나는 마케팅 전문가로서 이미지 장사만 하는 브랜드는 생각만 해도 정말 소름이 돋는다.

무엇보다도 가장 좋은 것은 패거리를 가지고 있다는 사실이다. 큰 승리를 거두면 그 짜릿한 기분을 진정으로 이해하는 사람들과 공유하고 싶어진다. 그들은 당신과 함께 전체 여정을 같이 했으며, 사업 성공에 모든 것을 걸면서 임했다. 그 과정에서 모든 봉우리와 골짜기를 함께 걸어왔다. 나에게는 이렇게 함께 공유한 매 순간이 사업을 소유하는 가장 큰 이유 중 하나다.

상황이 안 좋아지면 솔직하게 이야기할 수 있는 사람들이 있다. 직원과 가족도 어느 정도는 이해하지만, 부담 주기 어려운 일들이 있는 법이다. 동업자들은 내가 과민반응을 보일 때 알려줄 수 있으며 매사 싸우기보다 어떤 문제는 그냥 그대로 내버려두도록 조언해 주기도 한다. 그들은 새롭게 구상한 큰 규모의 사업 제안을 얼마로 책정해야 할지 결정하는 일을 도와 주고, 사무실을 확장해서 이전할지, 또는 임금이 비싸지만 필요한 회계 담당자를 고용할지 등의 결정을 도와준다. 혼자서만 끙끙거리며 고민했을 것들을 말이다.

혼자라면, 깡통으로 만든 우주선에서 홀로 떠다니는 메이저 톰(Major Tom, 가수 데이빗 보위의 곡 스페이스 오디티에 등장해 홀로 우주로 나가서 연락 두절 상태가 되는 가상의 우주 비행사-옮긴이) 같은 존재일 것이다. 큰 거래를 따냈는가? 단백질 알약 한 알을 더 먹고 스스로 등을 두드리며 칭찬을 한다, 5분 후 우주선을 정비하러 돌아가야 한다, 문제가 발생했나? 홀로 겪으면 문제는 점점 크고 무섭게 느껴진다. 편집증은 점점 심해지고 정신적 장애가 올 수도 있다.

사업이 전부 당신 것이라면 원하는 무엇이든 할 수 있다. 그 권한은 사람을 취하게 만든다. 다른 사람들을 구속시키는 번잡함을 재치고 많은 일을 빨리 마칠 수 있다. 그러나 동일한 상황에서 정부는 어떻게 작동하는지 생각해 보라. 리모형 벤즈(Benz), 메달들이 주렁주렁 달린 재킷을 입고, 따라다니는 비행기들도 있는 독재자라면 정말 좋을 것이다. 그러나 시간이 지남에 따라 반드시 자신도 모르게 미쳐간다. 서구 민주주의 사업 모델인 다른 사람에게 책임을 지우는 규율을 잃게 된 것이다. 아이디어를 통해 생각하고 다른 사람들이 당신의 계획을 지지하도록 설득하는 훈련은 더 나은 결정으로 이어진다. 그리고 더 나은 사람이 된다. 모든 문장을 '나'로 시작하지 않으며 사업의 성공이 모두 당신의 덕이라고 믿지 않는다.

동업자가 있다는 것은 누군가가 당신의 진행 상황을 확인하고 있음을 의미한다. 그래서 일부 혈혈단신의 스타트업 창업자는 집에서 트레이닝복 차림으로 몇 날 며칠을 혼자 일하게 된다. 명함 색상 하나 고르는 데도 몇 주를 보내기 때문이다. 회사의 각종 수치를 신중하게 들여다보고 위험을 감지해 지적해줄 사람이 필요하다. 일 년에 두 번 회사의 오래된 수치를 보는 회계사를 방문하는 것과는 다르게 정기적으로 말이다.

좋은 동업자를 찾는 것은 어려운 일이다. 20대에 사업을 시작하는 것이 두려운 이유 중 하나는 사람들이 장기적으로 어떻게 변하는지에 대한 경험이 제한적이기 때문이다. 인생은 브런치, 약혼 파티 및 자유 시간으로 가득 차 있기 때문이다. 사람은 변하는데, 그럴 만한 이유가 있다. 가정을 이루고 그들이 삶의 방향을 정하고 난 후의 비즈니스 파트너를 찾으면 장기적인 측면에서 좋다. 그러면 그들이 삶의 가치를 재평가한다며 모든 것을 버리고 네팔(Nepal)로 향하여 평생을 천막집에서 지내겠다고 떠나버릴 가능성이 낮아진다. 물론 그럼에도 여전히 이런 일이 발생하지만 경험이 있으면 그런 일들을 예측하고 관리하는 게 더 쉬워진다.

사업 수완은 제쳐 두고, 당신은 그들이 좋은가? 이건 정말 중요한 문제다. 엄청난 수익을 불러올 거란 잠재력 등만을 고려해 동업 관계를 맺을 생각이나, 당신이 그들을 좋아하는지 확신이 서지 않는다면 관둬라. 수동적 형태의 언어로 공격적 성향을 드러내는 이메일로 시작하여 점차 복도에서 서로에게 소리 지르며 싸우는 관계로 확대되고, 나중에는 얼마 남지 않은 자금을 결국 변호사 비용으로 지출하게 될 것이다. 내부의 적과 함께하는 사업은 악몽이다.

각 지사의 운영자를 뽑을 때 가장 기본적인 자질(사업 수완은 있다고 가정하고)은 카리스마다. 시장은 포화 상태이고, 스타성은 헌신적인 고객과 훌륭한 직원을 끌어들인다. 카리스마가 넘치는 동업자는 마피아 두목처럼 끊임없이 호의를 베풀고 종종 그 대가로 호의를 되받는다. 그들은 유용한 정보를 얻을 강력한 소스를 가지고 있으며 요즘 현장에서 무슨 일이 일어나고 있는지 정확히 알고 있다. 관계 유지에 실패한 동업자도 있었다. 사람들이 그들을 싫어해서가 아니었다. 그냥 그들과의 관계가 어떻게 되든 별로 신경 쓰이지 않았던 것뿐이다.

그들의 도덕적 잣대가 매우 중요한 요인이다. "뭐라고? 도덕성? 이안, 뭔 소리야?" 비즈니스는 냉혈하게 자기 이익만을 위한 것이라고, 비즈니스는 비즈니스라고 할 땐 언제고. 아니다, 비즈니스는 주로 사람들에게 사기를 치는 문제에 관한 각종 도덕적 판단을 수반한다. 때때로 가혹한 결정을 해야 할 때도 있지만, 그럴 만한 경우에 한할 때만 해당된다. 우리는 사람들을 속여먹는 것은 안 된다고 믿는다. 동업자 중 한 사람은 고객 및 직원과의 거래에서 매번 마지막 한 푼까지도 빼앗고 싶어 하고, 다른 동업자는 장기적으로 신뢰할 수 있는 평판을 구축하고 싶어 한다면, 이 둘은 헤어지는 길밖엔 없다.

당신의 최종 목표가 무엇인지 서로 공개하는 것이 중요하다. 창업 후 회사를 팔고 나가는 것인지 아니면 장기적으로 수익을 창출하는 사업을 원하는지. 동업자들은 모두 알아야 한다. 동업자 한 명이 네팔의 천막집 생활을 선택할 경우 어떻게 정리할 것인지를 미리 설계하는 튼튼한 주주 동의서가 필요하다.

이것은 사업 초기, 모두가 아직 친구인 상태일 때 해결해 놓아라. 그리고 사업을 적절하게 승계할 계획이 있다면 아예 매각이 필요하지 않을 수도 있다. 그것이 우리의 계획이다. 공동 지분을 소유한 동업자들이 있으면 본인이 그 사업에서 빠져나올 경우라도 사업을 아끼고 돌보는 사람들이 계속 그 사업을 보살피는 가장 좋은 방법이다. 10년이 넘는 시간이 지났어도 우리는 여전히 모든 동업자들을 사적인 친구로 여기는데, 이는 일종의 기적이다.

사업을 시작하기에 가장 좋은 나이

창업하기 가장 좋은 나이는 몇 살인가? 서른 미만이면 자신감이 넘친다. 중간에 회색으로 보이는 것은 존재하지 않기 때문에 훨씬 빠르게 결정을 내릴 수 있다. 그중 일부는 맞는 선택일 것이고, 대부분의 부정확한 선택도 누가 죽을 정도는 아닐 것이다.

IT 기술이 아니라면 한 35세 정도면 어떨까? 나는 주커버그(Zuckerberg)(이 친구 자체를 그렇게 생각하는 것은 아니지만) 같은 젊은 천재들처럼 23세에 사업의 무게를 짊어져야 하는 것이 불쌍해 보인다. 사업체를 소유하는 일에는 엄청난 양의 따분한 책임이 따른다. 금요일 저녁마다 세금 서류를 작성하다 되돌아보면 친구들이 하나도 없음을 깨닫고 싶은가?

사업은 긴 게임이다. 20대 중후반은 열심히 일하고 열심히 파티하는 데 보내라. 이때는 둘 다 감당할 수 있는 나이기 때문이다. 그러면서 자신의 사업을 해치지 않을 정도의 쓸데없는 공부도 해가면서. 내가 스물다섯 살에 범했던 실수들을 생각하면 그걸 기억하는 사람과 마주치게 될까 봐 바로 차를 몰고 깊숙한 숲속으로 들어가 나무껍질을 벗긴 오두막을 짓고 남은 날들을 은둔자로 보내고 싶어진다. 그런 실수는 잃어버린 돈이 그다지 문제가 안 될 만한 큰 회사에서 일할 때 빨리 범하는 게 좋다. 현실에서 인간이 실제로 어떻게 작동하는지 배우게 될 것이다. 이것은 교과서에서는 제대로 안 가르쳐주는 일이기 때문이다. 게다가 그곳에서 미래의 고객도 만날 수 있다.

그러다 보면 큰 결정에 직면하게 된다. 35세에 이르러 직장에서 잘 나가고 있을 것이다. 다 좋은데, 40세가 된 후에도 여전히 상사가 있을 것이고, 아직 학교에 다니는 학생처럼 누군가로부터 무엇을 하라는 지시를 듣는 게 전보다 짜증나게 될 것이다. 언젠간 당신보다 어린 상사가 들어올 것이고, 그 사람은 당신을 '내가 저 뒷방 늙은이를 더 어리고 값싼 사람으로 교체하기까지 얼마나 더 데리고 있어야 하는 걸까?'라는 눈빛으로 바라보게 될 것이다.

예전에는 50은 넘어야 회사에서 폐품으로 치부되었고, 그것도 사실 너무 이르다 생각했었지만, 이제는 어느덧 그 나이가 40대로 내려왔다. 결국 본인과 가족을 부양해야 하는 기간이 3-40년은 남게 된다는 얘긴데, 그때는 심지어 대부분의 기업들은 면접조차 안 봐줄 것이다.

이같이 조마조마하게 불안감에 떨며 다니는 직장 생활을 마무리하고 싶은가? 열심히 일하는 모습으로 보이기 위해 늦게까지 남아가면서? 젠장, 늦게까지 일하는 것이 신나고 늦게 일해야 할 일이 있기 때문에 할 수 있도록 자신의 일을 해야 한다. 그러다 자녀가 학교에서 발표회나 뭔가 중요한 행사가 있다면 이제는 스스로 시간을 통제할 수 있기에 참석이 가능하다. 이런 장점 하나 때문이라도 자신의 사업을 가질 가치가 있다.

아이들뿐만이 아니다. 마흔이 지나면 부모님들이 자식의 도움이 필요할 것이다. 아직 10년 이상 일어나지 않을 수도 있지만, 모든 것을 내려놓고 그들과 시간을 보내야 하는 건강 또는 주택 관련 문제가 발생할 것이다.

전업 직장인이라면 그야말로 그렇게 할 수 있는 방법이 없다. 부모님이 필요하신 일들은 남의 손에 맡겨야 할 것이다. 그리고 그렇게 된다면 혹여 당신의 부모님이 당신을 짜증나게 하는 것을 평생의 업으로 삼았다 하더라도 영원히 후회하게 될 일이다.

지금 당장엔 당신에게 일어나지 않을 일이라고 생각할 수 있다. 그러나 곧 당신에게 일어날 일이다.

그리고 그것은 당신이 선택한 시간에는 일어나지 않을 것이다. 나는 자유로운 상태에서 이러한 일들을 처리하는 경험을 했으며, 모두 아름답고 만족스러웠다.

35살이라는 나이에 너무 집착하지는 말아라. 당신이 지금 45세라면, 지금이 창업하기 가장 좋은 나이이다. 많은 사람들이 그 나이에 성공적으로 창업을 한다. 그러나 아직 당신이 서른이라면 탈출할 계획에 대해 생각할 시간이다.

순수 IT 스타트업은 다르다. 이 분야에 적당한 나이는 25세에 가깝다. 투자할 것도 적다. 적은 생활비로도 살 수 있다. 부양할 가족도 없을 것이다. 그리고 몇 개의 사업을 시작해서 실패로부터 배워야 할 수도 있다. 시간이 걸린다. 가장 좋은 방법은 다른 일을 하면서 밤에 할 수 있는 일을 시작하는 것이다. 부업(숙제라는 단어는 사용하지 않겠다)은 훌륭하다. 그 일을 하면서 많은 것을 배울 수 있다.

최악의 경우, 이렇게 해서 개인 사업을 시작하지 못한다 하더라도 나중에 훨씬 더 나은 직원이 되어 있을 것이다. 창업이란 작업은 두뇌에 대한 고강도 크로스핏(CrossFit, 고강도 복합운동-옮긴이)과 같으며, 제품 개발, 브랜딩, 포장, 가격 책정, 배송, 현금 관리, 세금, 소셜 미디어 활용 등 대부분의 사람들은 할 수 없는 기술을 전문가 수준으로 할 능력을 갖게 한다.

모든 일에 전심을 다하라. 모두 나중에 상당한 성과를 가져다 줄 기술들이니까. 방향을 더 명확하게 제시하게 될 것이고 꼭 필요한 질문을 하게 될 것이며 직원들을 더 잘 이해할 수 있게 될 것이다. 내가 대행사를 차렸을 때 나는 회계일을 모두 직접 했었다. 회계처리용 소프트웨어 사용법을 배웠다. 나는 모든 은행 거래 명세서를 조정하고 고객 지불 내역을 추적하는 데 늦게까지 앉아 있었다. 큰 재미는 없었지만, 공부나 체육관에 가는 것도 마찬가지다. '창의적인 사람'으로 인식되었던 나는 현금을 벌어들이는 실용적인 두뇌 부위를 키우는 운동이 필요했다.

시답지 않게 들리겠지만, 매달 은행계정의 균형을 나타내는 0이 나올 때마다 희열을 느끼곤 하였다. 마치 다섯 살짜리 아이에게 말을 참 잘 그린다고 칭찬하는 수준으로 회계사는 나에게 내가 관리한 수치가 양호하게 잘 관리되고 있다고 칭찬해 주었다.

사업이 성장하면서 그 일을 경리와 회계사에게 맡기게 되었지만 이제 그들이 하는 말을 알아들을 수 있다. 그렇게 할 수 없다면 사업은 끊임없이 위기에 처하게 된다. 웹사이트 사진 편집도 하라. 이메일 데이터베이스를 분류해 두어라. 배송용 물건을 포장하라. 정규직과 임시직에 대한 세금 규정에 대해 공부하라.

나중에 그런 일을 전담하는 직원과 그 분야에 대해 잘 아는 사람처럼 이야기할 수 있다.

"안녕하시게나 젊은이, 자네가 이곳에서 하는 일이 무엇인지 말해주게나."라며 손에 물 한 방울 안 묻히는 필립공(Prince Philip) 스타일의 대표이사가 되지 말아라.

정신없이 바쁜 상황에는 우리 동업자들이 다 같이 참여한다. 자정에 트럭에서 물건을 내리는 것을 도울 것이다. 그리고 그렇게 그들이 직원들과 함께 일하며 나누는 대화는 직원들의 사기 진작과 우리가 그들의 직장생활에 대해 이해하는 데 어마어마하게 중요하다.

이 모든 것의 이면에는 사업이 성장함에 따라 권한과 책임을 위임을 해야 한다는 것도 포함된다. 그렇지 않으면, 누군가가 당신의 소중한 서류 정리 시스템을 엉망으로 만들거나 문구용품 사는 데 추가 비용을 지불할까 두려워하는 늙고 외롭고 편집증적인 사람으로 되어 있을 것이다. 우리는 모두 인생 어느 시점에선가 그런 사람들 하나쯤과 함께 일한 적이 있을 것이다.

PART 4
전략

어딘가로 가라: 그곳이 기회가 있는 곳이다

많은 전문가들 사이에서 업무상 출장은 '죽었다'라는 의견이 많다. 이해가 되는 부분이다. 줌을 통해 사람들과 대화할 수 있는데, 왜 시간, 비용, 번거로움을 감수하겠는가? 그럼에도 불구하고 감수할 이유가 있다. 사람들에게 관심을 갖고 있다는 것을 보여주기 위해서다. 이보다 정당한 이유는 없을 것이다. 먼 훗날을 위해 좋은 업보를 쌓으려는 이유만이 아니고 실제로 돈을 벌기 위해서다.

사업에서 의사결정을 내릴 때 최소의 노력을 하는 게 최선이라고 생각하는 경우가 너무 많다. 주제에서 살짝 벗어나서 한번 생각해 보자. 친구의 생일에 축하 메시지를 보내는 방법에 따른 보상을 분석해 보자. 알림이 내 SNS에 떴다. "롭(Rob)의 생일입니다! 그에게 마음을 전달하는 메시지를 보내십시오!" 구글 번역기를 통해 보낸 것 같은 강한 스팸 느낌이다. 클릭 한 번이면 페이스북에서 미리 작성한 인사말과 풍선 모양의 애니메이션을 보낼 수 있다.

이거 하나면 정말 끝이다. 진심으로 어떤 관계에 있어 이보다 더 적은 노력을 기울일 수 있겠는가?

당신은 자극에 노출된 실험용 쥐처럼 버튼 하나를 눌렀다. 1초의 행동으로 전달되는 측정 가능한 가장 작은 단위의 인사말 하나로 전달 완료. 심지어 "HBD🧁(Happy Birthday의 약어-옮긴이)"를 보내는 게 이보다 5배의 노력은 들어갈 것이다. 생일 주인공 담벼락은 비슷한 내용의 알림으로 가득 채워진다.

내가 항상 롭의 생일에 전화를 거는 것은 아니며, 솔직히 기억조차 잘 못한다. 문자를 보내려다가 페이스북이 제공하는 인사말이 너무 싫어서 예고 없이 직장으로 전화를 걸어 요즘 예절에는 어긋나는 짓을 했다. 우리는 거지같은 생일 축하 인사말에 대해 이야기하며 많이 웃었다. 곧 술이나 한잔 하자고 했다. 기분이 좋았다.

당신이 코딩 전문가라면 평생 동안 모든 생일 축하 메시지에 필요한 내용을 자동화하면 간단할 거라 생각할 게 분명하다. 친구들은 각자의 예상 사망 연령까지 매년 사전에 프로그램화된 생일 애니메이션을 받게 될 것이다. 코딩 전문가의 사고방식으로는 일 년 내내 클릭하는 수고와 시간을 절약할 수 있는 훨씬 더 효율적인 방법이라 생각할 것이다.

만약 누군가와의 관계가 다른 모든 사람들과 똑같은 연간 한 번의 클릭에 불과할 경우, 관계라는 것이 존재하긴 하는 걸까? 인간이 상호작용하는 방식에 대한 지식이 이같이 현저히 부족하다면 왜 코딩 전문가에게 이러한 기능을 설계하게 하는 것일까? 그래서 링크드인 입사 기념일 인사 메시지처럼 아무도 축하하지 않는 기능이 추가되는 것이다. 또는 링크드인의 "대단하십니다!"와 같은 버튼도 말이다. 회의에서 누군가가 새라에게 열광적으로 "대단합니다, 새라!"라고 말하는 것을 상상해 본다. 그리고 모두들 조용해지고 뒤로 서서히 물러선다. 그러곤 '대단'이란 단어가 부끄러운 별명으로 영원히 붙어 다니게 된다.

IT 기술은 사람들에게 꿈을 판다. "우리는 사람들과의 연락을 쉽고 효율적으로 유지해 줍니다!" 그러나 친구나 고객이 받는 메시지는 다음과 같다. '당신은 별로 신경 쓰지 않는다. 당신은 당신이 만든 모든 연락처의 핵심성과지표(KPI) 차트를 제시할 순 있지만, 당신은 아무에게도 감흥을 주지는 못 했다.'

최근 일 년 동안 우리 모두가 사람들의 기분이 좋든 나쁘든 조금 더 깊이 파고드는 법을 배운 한 해가 되지 않았는가? 그것이 바로 관계인 것이다. 한 번의 클릭으로 이루어지는 거래는 이와는 정반대인 것이다. 이걸 만든 코딩 전문가들은 모두 다 물건을 사는 데 짜증나는 암호나 패스워드 없이 편리하게 구입할 수 있게 하는 것처럼 보다 생산적인 일을 하도록 업무 분장을 다시 해야 한다.

고객이나 직원에 대한 줌 통화에도 동일한 노력 대비 감사의 비율이 적용된다. 줌은 기능적인 회의에 적합하다. 사무적인 커뮤니케이션에 필요한 모든 기본적 기능을 갖추고 있지만 결코 영감을 주거나 특별하지는 않다. 공장형 소통을 위한 생산 라인 같은 것이다. 한 시간 동안 소통한다, 시간이 다 됐으니, 이제 다음으로 넘어가자. 남은 직장 생활 동안 하루 종일 반복해 보아라. 줌 통화를 마치고 활력을 느낀 적이 있는가? 아니면 기발한 새로운 아이디어를 얻은 기분을 느낀 적이 있었는가?

당신이 더 많은 노력을 쏟아 부으면, 사람들은 눈치 챈다. 고객은 그냥 그간 서로의 격조함을 달래기 위해 비행기로 날아 온 것에 대해 감사히 여긴다. 그들이 중요하게 여겨진다고 느끼게 만든다. 의

무감을 형성하는 데 이만큼 좋은 방법은 없다. 그런 노력을 하지 않으면 직원들은 '모든 것이 시드니/홍콩/LA 등엔 오지도 않고 어딘가에서 결정되며 지금 이곳이 어떤지 이해하지 못한다.'는 생각을 하게 된다.

우리는 이것을 실험해 봤다. 우리는 5개 도시에 사업체를 갖고 있으며 6주마다 한 번씩 방문한다. 우리는 한 번 그 주기적 방문을 거른 적이 있는데, 바로 방문이 예정되었던 6주 후의 그 시점부터 시작되는 사기 저하를 그래프로 확인할 수 있었다. 어떠한 보고서도, 어떠한 줌도, 어떠한 원격 관찰 방법도 작동하지 않는다. 반드시 몸소 가야 한다.

1박 2일의 방문이 가장 효과적이다. 하루 만에 들락날락하는 것은 마치 언론을 위한 총리의 방문 행사 같아진다. 악수를 하고, 고개를 끄덕이고, 웃고 있는 사람들과 친절하고 깔끔하게 미리 준비된 것들을 보여준다. 이는 모두 알맹이 없는 겉치레에 불과한 것이다. 사무실에서 더 많은 시간을 보내면 사람들은 경계를 늦추게 된다. 자연 다큐멘터리를 찍는 것처럼 직원들은 당신의 존재에 익숙해진다. 덫을 놓으려는 게 아니라, 가식이 아닌 있는 그대로의 모습을 관찰하는 게 더 공정하다. 일을 어떻게 하는지, 서로 대화는 어떻게 하는지, 서열과 존칭 관계는 어떻게 정립되어 있는지 등을 알 수 있게 된다. 현지 매니저와 저녁을 먹으며 긴장을 풀게 해야 한다. 이때야말로 그들이 실제 마음속에 있는 것을 말한다.

사무실의 물리적인 모습도 중요한 단서를 제공한다. 방문하지 않은 기간 중 한 사무실의 수익성이 급격히 하락하는 것을 확인한 적이 있었다. 손익계산서상에서 인건비가 치솟고 있다는 사실을 발견했다. 대체 이유가 뭘까? 방문을 해보니 사방에 커다란 새 책상이 쫙 깔려 있었다. 모니터도 두 개씩, 의자도 편한 것으로 놓여 있었다. 그 이유는 기술팀원들 몇 명이 스스로를 '신기술 연구'와 관련된 운영 관리직, 즉 엉덩이 붙이고 앉아서 인터넷 검색이나 하는 자리로 승진시킨 것이었다.

우리는 이 문제를 돌아오는 비행기 안에서 논의했다. 나는 문신으로 가득한 무시무시한 제거반을 대동해 그 사무실을 예고 없이 방문을 하는 게 어떻겠냐는 제안을 했다. 그들에게 여분의 책상을 들어서 - "형님, 실례합니다. 일어나 보실래요?" - 그리고 성냥개비 크기로 부수고 잔해를 외부 쓰레기통에 버리자는 것이었다. 이런 게 바로 기업에 관한 신화가 만들어지는 그런 종류의 사건이다. 다행스럽게도 피터가 그건 미친 생각이라고 지적했다. 이런 게 바로 동업자가 있는 게 좋은 이유 중 하나이다.

우리는 몇 주 후에 다시 방문을 하여 매우 엄격한 그룹 대화를 했다. 줌으론 불가능한 또 한 가지 예다. 기업의 건전성을 측정하는 데 푹신한 의자는 매우 중요한 척도이다. 모든 사업에는 회계사가 설명할 수 없는 이러한 장부 외 지표들이 있다. 시간이 지나면 문을 열고 들어서는 순간부터 냄새를 맡을 수 있게 된다.

지금 모든 걸 가상으로 하고 있다면 이런 본능적인 감각이 발달되지 못하고 있는 것이다. 당신이 대면 접촉을 중단한 순간의 감각 수준에 머물러 있게 된다. 좋은 사업가와 훌륭한 사업가를 구분하는 요소는 주로 본능에 있다. 수십 년에 걸친 대화, 계산 및 분석이 머리에 박혀 스프레드시트가 필요하지 않게 된다. 그냥 알게 되는 것이다. 그러나 한 번도 안 가면 알 수가 없다.

다시 가고 싶은 마음이 간절하다. 나는 공항을 무척 좋아한다. 무한한 가능성에 대한 느낌을 사랑한다. 그곳은 원하는 곳 어디든 갈 수 있고 새로운 것을 창조할 수 있다는 것을 상기시켜 주는 확실한 장소다. 출발을 알리는 전광판은 이국적인 목적지를 끝없이 스크롤해서 보여준다. 바쁜 사람들의 무리가 활발한 사업적인 활동을 통해 흥미로운 일이 일어나도록 떼를 지어 지나간다. 우리가 무료 음료와 함께 편안한 기내 의자에 실려 이동하고 모험을 하고 거래를 할 수 있는 시대에 태어난 것은 행운이다. 6개월 동안 찻잎을 실은 배에 함께 타고 지평선에 보이는 해적을 무릅쓰며 항해하던 시절에 비하면 말이다.

나는 비행기와 사람들을 보며 에너지를 얻는다. "가서 뭔가 이뤄보자!" 그래서 나는 미국에 가는 것을 좋아한다. 독극물과 같은 커피에도 불구하고, 순전히 그곳의 규모만으로도 내가 성취한 것이 너무나도 작아서 더욱 분발해야 한다는 것을 깨닫게 된다. 나는 내 목표를 점검하고, 더 많은 책을 읽고, 더 나아지려는 다짐을 한다. 모든 출장은 그 자체로 본전이 뽑힌다.

줌 통화로는 이중 어떠한 것도 가능하지 않다. 당신의 지평은 확장되기보다 오히려 좁아진다. 일종의 디지털 녹내장이다. 좋았던 시력은 당신 바로 앞에 있는 것밖에 볼 수 없게 될 때까지 당신이 알아차리지 못할 정도로 서서히 점진적으로 위축시킨다. 그리고 줌은 2020년의 암울한 벙커에서 살아남아야 한다는 절실함의 이미지와 영원히 연관될 것이라 생각된다. 우리의 잠재의식은 줌 화면을 보면 그 암울한 동굴로 들어갈 것이다. 칼을 휘두르며 세계를 정복하는 추진력은 없고 그저 안전한 집만 남는다.

비즈니스란 남들 모두가 하는 것을 하는 게 아니다. 당신의 경쟁자들과는 다른 일을 하는 것이다. 나가서 보는 것이 경쟁력이 된다. 나는 또한 다른 사람들은 모두 떠돌이처럼 입고 다닐 때 옷을 잘 입는 것이 향후 몇 년 동안 사업에서 힘을 키우는 방법이 될 것이라 믿는다. 떠돌이 캐주얼 복장은 당신이 아틀라시안(소프트웨어 개발자들을 타겟으로 하는 전사적 소프트웨어를 만드는 소프트웨어 기업-옮긴이)을 소유하고 있다면 멋진 반전 매력을 뿜을 수는 있겠다. 나머지 사람들은 제발 옷 좀 제대로 차려입고 집 밖으로 나가라.

원격 근무는 피하라

요즘 들어 많은 사람들이 '사무실의 종말?'이라는 사설들을 쓰고 있다. 원격 근무로 대체될 것이라고 미래학자들은 말한다. 아니다, 그렇지 않다. 일주일에 며칠 동안, 그리고 삶의 특정 단계에 있는 일부 사람들에게는 그럴 수 있다. 그러나 모든 사람을 풀타임으로 원격 근무하게 하면 몇 년 안에 위험천만한 기술 블랙홀을 갖게 될 것이다. 나이가 많고 경험이 많으면 그 분야에서 이미 안정을 찾은 위치에 있기에 원격 근무도 상관없다. 서로 대면하던 시절에 세상에서 만났던 사람들의 연락처가 있으니, 조언이나 지원이 필요한 경우 연락을 취하면 된다. 그러나 젊은 직원들은 최선을 다하겠으나 그들이 조언을 구할 대상은 가족, 하우스메이트, 그리고 쿠팡이츠 라이더밖에 없다.

사회생활을 처음으로 시작할 때는 하루 종일 경험이 많은 주변인들로부터 배우는 것이 어마어마하게 많다. 그들은 질문에 답을 해준다. 그들은 당신을 옆으로 데려다 앉혀 놓고 다음 번에는 그런 상황을 더 잘 처리할 수 있는 방법을 제안해준다. 그들이 아무 말을 하지 않더라도 보고 듣는 것만으로도 많은 걸 얻을 수 있다. 그렇다, 줌이 있긴 하다. 그러나 남들이 안 볼 때 사람들이 행동하는 방식이 깊은 교훈을 제공한다. 사람들이 혼란한 상황에 대처하는 방법을 통해 배우게 된다. 그들이 하루 종일 다른 사람들을 대하는 방법, 그들이 회의 중에 발언하고 있지 않을 때 어떻게 행동하는지, 의견 충돌을 다루는 법 등. 어떤 사람이 언쟁을 벌인 후 하루 종일 아무와도 상종하지 않고 뾰로통하고 있는 것을 줌으로는 볼 수 없다. 줌으로 얻을 수 없는 필수적인 갈등 해결을 위한 또 한 가지 교훈이다.

우수한 유망주들에게 제공되는 정보의 루트를 끊으면 어떠한 사업에도 미래는 없으며, 사옥을 보유하는 것은 훌륭한 젊은 직원에게 경쟁력 있는 강점이 될 것이다. 그들은 배우고 싶어 한다. 그들은 재미를 추구한다. 그들은 자신과 비슷한 수준의 다른 사람들과 경쟁하기를 원하고, 퇴근 후 함께 사교의 시간도 갖길 원한다. 컴퓨터를 끄고 돌아서서 소파에 앉아 있는 부모님을 보는 것 대신에 말이다.

재택 근무는 젊은 노동자들에게는 최악의 근무 여건이 될 수 있다. 편안한 여건의 관리자는 모든 직원이 집에 잘 정리된 책장을 배경으로 한 멋진 별도의 업무용 공간이 있다고 생각하는 경향이 있다. 쉐어하우스에 살고 있는 23살짜리 새내기가 여분의 방을 가지려면 방세를 두 배로 내야 한다. 누가 그 비용을 지불하는가? 소음, 산만한 환경 및 게임 하는 하우스메이트와 주파수 경쟁을 견뎌내야 한다. 쉐어하우스 냉장고 안에 붙여진 '내 귀리유를 건드리지 말 것'이라는 메모는 사무실의 그것보다 훨씬 더 공포스럽다.

사업을 시작할 때 사람들을 한 곳에 모으는 것은 문화를 구축하는 데 필수불가결한 역할을 한다. 이때가 바로 당신 브랜드가 갖는 의미의 토대를 구축하는 시기이기도 하다. 공식적인 대화와 회의 사이사이에 일어나는 사적인 대화는 직원 상호간을 하나로 묶어주는 접착제 역할을 한다. 원격으로 일하는 사람들끼리 자신의 가족, 취미, 반려동물 또는 주말에 일어난 웃긴 일에 대해 이야기하기 위해 줌 통화를 하진 않을 것이다. 모든 사람은 2차원 화면 속 이미지로 남아 있다. 그래서 힘든 상황이 발생하더라도 하루 종일 함께 앉아 일하는 직장 동료들처럼 서로를 돌보지 않게 된다.

원격 근무는 장기적으로 사람들의 에너지와 열정을 소모해 버린다. 기업의 설립자와 고위 관리자는 모두가 자신과 같이 생각하고 항상 비즈니스에 집착한다고 믿는 경향이 있다. 대부분의 사람들은 그렇지도 않고 그렇게 하고 싶어 하지도 않는다. 그들은 그들만의 삶이 있다. 집에서 일할 때, 특히 아이들이 있는 경우, 그들은 주의가 산만해지고 낮에 충분히 일을 못한 것에 대해 죄책감을 느끼게 된다. 근무 시간이 지난 후에도 여전히 직장에 있는 것처럼 느껴져 가족과 함께하지 못하는 것에 대해 죄책감을 느낀다. 그래서 대부분의 사람들은 그 두 가지가 분리되는 것을 선호한다. 그게 아니면 정신적 피로가 가중된다. 그런 찝찝함은 그들의 업무에 반영된다. 그들에게도 좋지 않고 사업에도 좋지 않다.

대기업에서 일하는 경우 고려해야 할 또 다른 사항이 있다. 집에서 모든 일을 끝낼 수 있다는 것은 그들이 당신을 저임금 국가의 다른 인력으로 대체할 수 있다는 것을 증명해 주는 것이다. 그들은 지체 없이 바로 그렇게 할 것이란 걸 당신은 알고 있다. 올해는 아니겠지만, 한 2년 후에 컨설팅 회사 보고서가 나오면 당신은 '상대적 비용 불이익'인 존재로 분류될 것이 뻔하다. 회사 내에서 물리적 존재감을 다시 확립할 수 있는 방법을 생각해 보라, 아니면 당신이 표적이 될 것이다.

원격 근무에는 또 다른 단점이 있다(비록 이 책은 관계에 대해 조언하는 책은 아니지만). 예측하건대 풀타임으로 원격 근무하는 사람들로 인해 몇 년 안에 이혼과 별거가 급증할 것이다.

둘 중 하나 또는 둘 다 서로에게 미칠 지경으로 지루함을 느낄 것이기 때문이다. 가사일 외에는 대화 주제가 없다. 새로운 소식이 없다. 놀라움이 없어진다. 온종일 같이 있었기 때문에 상대의 하루에 대해 듣는 일에 관심이 없다. 무슨 일이 있었는지 모두 알고 있다. 여러 번의 줌 통화, 네스프레소 플랫화이트 2잔, 토스트 샌드위치 하나… 하루도 빠짐 없이.

사무실에서 벌어진 정치적 싸움, 사내 연애, 은밀한 음모 등, 직장 세계의 악당과 영웅에 대한 흥미로운 이야기는 없다. 이런 이야기들은 상대가 관련된 사람들을 알지 못한다면 더욱 좋다. 왜냐하면 그들은 과장된 강점과 결함이 있는 만화 캐릭터가 되기 때문이다. 정말 흥미롭다.

뒷담화하는 걸 혐오스럽게 생각한다고 말하지 말라. 이건 셰익스피어의 기본이다. 사람들은 태초부터 이런 걸 즐기며 살아왔다. 여기엔 규칙이 있다. 당신과 당신의 배우자만이 그것에 대해 이야기한다면 그것은 뒷담화가 아니다. 집 밖으로 나가게 되면 뒷담화가 되는 것이다. 특히 사무실 크리스마스 파티에서 밝혀진다면. "아, 당신이 바로 그 사람…" 그럼 둘 다 빨리 도망 나가야 한다.

처음에는 아침마다 늦잠을 잘 수 있고 사무실에서의 스트레스로부터 해방되는 등 재택 근무가 주는 행복이 있었다. 두 사람 모두 줌 인어 복장(상의는 비즈니스, 하의는 여가복) 차림을 했다. 오랜 시간 동안 하도 트레이닝 바지만 입다 보니 나중에는 청바지도 불편하게 느껴지는 지경에 이른다. 사무실 생활과 비하면 얼마나 좋은가? 노력도 훨씬 적게 들고 말이다.

고객과의 관계에서와 마찬가지로 처음부터 그 노력이 매력을 만들어 냈다는 사실을 잊게 된다. 원초적 동물의 왕국이다. 이제 더 이상 신경 쓰지 않는다는 신호의 칙칙한 깃털로 뒤덮게 된다. 어떤 관계는 그래도 괜찮다. 그러나 그것이 영원히 괜찮을지는 절대로 알 수 없다.

조만간 둘 중 한 명이 자극을 갈구하게 될 것이다. 뭐 성인용 클럽에 가거나 애슐리 매디슨(Ashley Madison, 기혼자를 대상으로 한 온라인 데이트 사이트-옮긴이) 계정을 개설할 필요까지도 없다. 누군가와 커피를 마시며 상대방에게 '지금 나누고 있는 이 대화에 관심이 있다'와 같은 느낌으로 쳐다보는 것만으로도 충분할 수 있다. 성적으로 끌리는 화학물질의 반응이 시작되고 삶을 재평가할 시간이 오게 되는 것이다.

지루함만이 문제가 아닐 수도 있다. 갇혀 있다는 느낌도 원인이다. 둘 중 한 명이 집을 나서면 "어디 가?", "언제 올 거야?" 이러한 질문은 자연스러운 반사적인 반응으로 시작된다. 그러다가 한쪽의 기분이 안 좋은 상태라면 감시로 느껴지기 시작하는 것이다. 문제는 거기서부터 계속 쌓이게 된다. 자신만의 것이 하나도 없다.

서로에게 위치 추적기를 사용하는 커플은 서로 친밀한 편리함으로 시작한다. 그러다가 "상점에 있는 것 같은데, 얼마나 더 걸릴 거야?" 그리고 "앤디와 마샤의 집에서 뭐 하고 있었어?"로 발전한다. 모든 것을 공유하는 것과 주 7일, 24시간 동안 통제를 하는 일 사이에는 미묘한 차이가 있어서 둘 중 한 사람을 미치도록 분노하게 만들 것이다.

이 모든 일은 서로와 함께 있는 시간을 줄이고 상대에 대한 약간의 미스터리가 좋은 것임을 이해하면 해결될 수 있다. 매일 하루 종일 같이 있고 싶을 만큼 매력적인 사람은 아무도 없다. 더 늦기 전에, 둘 중 한 명은 다시 출퇴근하라.

공포의 헤어드라이어 쇼

기업이란 안전지대에 갇혀 있는 것의 가장 큰 단점은 당신이 그 기업을 잘 모른다는 것이다. 물론, 종종 당신이 옳을 수도 있다. 그러나 때로는 아닐 수도 있다. '고객이란 나라'의 시민은 당신이 아니기 때문이다. 그들의 삶은 다르다. 당신 같으면 강력한 환각제 없이는 꿈도 꾸지 못했을 일들을 할 것이다.

몇 년 전에 개조된 내 체육관을 생각해 보자. 그곳은 털이 목까지 올라와 있는 은퇴한 축구 선수들로 가득 찬 오래된 구식 스포츠 클럽이었다. 그러다 어느 날 반짝이는 기계, 멋진 트레이너 및 최고급 호텔 스타일의 탈의실을 갖춘 곳으로 업그레이드했다. 그곳 탈의실의 각 세면대 옆 벤치에는 헤어드라이어가 부착되어 있었다.

개조한 지 얼마 되지 않아 거울 앞에서 벌거벗은 채 겨드랑이를 말리는 나이 많은 남성 한 명을 발견했다. 세상에나, 수건으로 닦아도 충분하지 않을까? 상황은 더욱 가관으로 발전하였다. 데드리프트를 하듯 반쯤 웅크린 자세로 서서 드라이어기를 무릎 높이로 떨어뜨리더니 눈을 감고 얼굴엔 희미한 미소를 머금은 채 위를 향해 낡아서 축 처지고 말라빠진 생식기를 말리는 것이었다.

인테리어 건축가가 이 새로운 시설을 설계할 때 이런 식의 사용법을 염두에 둔 것은 아니었을 게 분명하다. 게다가 그 노인만 그런 행동을 하는 게 아니었다. 노인들에게는 면도 후 바르는 땀띠분과 함께 이게 무슨 규칙인 모양이다. 분명히 나이가 들수록 완벽한 건조에 대한 강한 열망이 생기는가 보다. 고령층을 향해 마케팅을 하는 젊은 사람이라면 그들의 이러한 특성을 알아야 할 것이다. 혹여 본인은 샤워 후 몸 곳곳의 틈새에 약간의 습기가 있어도 괜찮은 젊은이라 하더라도 말이다.

대부분의 사람들은 늙어가는 단계를 점진적인 단계라고 생각한다. 젊은 화학물질이 소진되면서 중요 기능이 수십 년 동안 느려지고 일 년 내내 반바지를 입고 오후 6시에 식사할 수 있는 곳으로 이동하려는 충동으로 대체되는 것이라고. 그렇지 않다. '늙음'은 이진법, 예/아니오 상태로 늑대인간이 되는 것과 같이 즉각적으로 변하는 현상이다. 일평생 주변에 흐르는 공기를 '바람', '미풍', '환기'와 유사한 즐거운 단어로 언급해 왔다. "아, 이 상쾌한 바람!"이라고 피부에 닿는 부드러운 공기를 즐기며 생각한다. 그러던 어느 날 갑자기 '외풍'이란 단어를 사용하게 된다. "외풍이 느껴지는가?" 펑! 당신은 그 순간 노인이 된 것이다.

그 순간부터 인생은 외부 세계의 악몽 같은 공기의 흐름을 막는 게 임무가 돼 버린 것이다. "저 빌어먹을 문 좀 닫아!" 이것은 마치 질병은 나쁜 습기에서 나온다는 중세의 믿음과 같다. "감기 걸려 죽을 거야." 노년에 아버지는 일종의 내륙 잠수함 사령관이 되어 아열대 지방에 있는 매우 습하고 평평한 철제 지붕의 집에서 문과 창문을 볼트로 잠그고 악마 같은 외풍과 맞서 싸우셨다.

사업가로서 자신과 다른 관점을 이해하지 못한다면 자신과 같은 대상만을 상대로 장사를 하게 될 것이다. 회의에서 직원들에게 자신의 아이디어를 설득시키는 방식에서도 중요하다. 나는 종종 출산을 경험한 여자가 조그마한 사업적 도전에 대해 '남자다운 용기'를 가지라는 소리를 들었을 때 어떤 느낌인지 궁금하다. 또는 실제로 총 싸움을 해본 경험이 있는 전직 군인의 영업 관리자가 다음과 같이 말하는 것을 들으면 무슨 생각을 할까 싶기도 하다. "밖은 전쟁터야."

같은 친구들 사이 또한 잘못된 길로 이끌 수 있다. 대화 상대들은 모두 비슷한 사람들의 모임이다. 처음엔 당신이 멍청하고 더러운 대중이 아닌 멋진 부류의 일부라는 것을 보여주기 위한 한 마디로 시작될 수 있다. "요새 TV 보는 사람이 어디 있어?"와 같이. 이 말을 상당히 자주 하다 보면 회의에서조차 이 말을 자신의 이야기 대신에 무슨 정식 데이터인 것처럼 말하기 시작한다.

헤어드라이어가 같은 방식으로 사용되는 것을 다섯 번째로 본

후 나는 프런트데스크에 있는 여자에게 이 문제를 어떻게 좀 할 수 있는지 묻지 않을 수 없었다. 내가 그 장면을 묘사하자 그녀의 얼굴에서 핏기가 싹 가시는 것을 볼 수 있었다.

"그 사람들이… 뭘 했다고요?!"

그것은 건강하고 활기찬 20대들로 이루어진 그곳 직원들이 어마어마하게 멀리 떨어져 있는 우주 밖에서나 일어날 법한 얘기를 들으며 반응하게 될 다음 직원회의의 흥미로운 의제 항목으로 채택할 만한 것이었다.

당신의 고객들은 당신이 도저히 이해할 수 없는 일을 한다. 어떤 사람들은 그들이 키우는 소중한 털 달린 동물들이 먹기에 충분히 괜찮은 음식인지 확인하기 위해 반려동물 사료를 직접 맛보기도 한다. 그들은 배우자와 함께 외식할 때 테이블에서 스포츠 내기 앱을 사용한다. 운동 장비 제조업체는 호텔 체육관을 방문해 봐야 한다. 사람들이 기계에 거꾸로 앉아 뽀빠이 만화에서 본 프리웨이트 기술을 사용하는 기이한 서커스 같은 모습을 구경하게 될 것이다.

사무실 밖으로 더 자주 나가서 고객을 관찰할수록 더 놀랍고 유용한 것들을 배우게 될 것이다. 그리고 그들이 사용하는 언어로 말하는 법을 더 많이 배우게 되는데, 이는 그들의 신뢰를 얻는 가장 좋은 방법이기 때문이다. 내가 타이어를 판매하는 고객을 위해 TV 광고 문구를 작성할 때 우리는 대부분 타이어 가게에 혐오감을 느끼는 여성을 타겟으로 하는 것이 전략이었다. 나는 교외 쇼핑몰의 푸드코트에서 한 시간 정도 앉아서 그들의 대화를 듣곤 하였다. 그런 다음 수첩을 꺼내 쓰기 시작한다. 이 과정은 늘 생산적이었다. 이 사람들은 당신의 힙한 광고 카피라이터 말장난에는 관심이 없다. 그들에게는 지불해야 할 청구서가 있고 소리 지르는 아이들을 상대해야 한다. 이 과정을 통해 생각이 명확해지고 그들의 소중한 시간을 낭비하지 않도록 가르쳐준다.

이러한 관찰 기술은 판매에 필수적이다. 고객이 사용하는 단어에 귀를 기울여라. 모든 산업에는 그들만이 사용하는 코드 단어와 약어가 있다. 여행업에 종사하는 사람들은 이렇게 말한다. "고객의 PCO(Professional Conference Organiser)는 MICE(Meetings, Incentives, Conferences & Exhibitions) 그룹에 500 pax(passenger)와 LAX(Los Angeles 공항의 코드명)에서 온 FIT(Foreign Independent Tour) 일부가 있다고 하네요. DMC(Destination Management Company) 담당자가 가족용 ASAP(가능한 빨리) 표를 구할 수 있습니까?" 외부인들은 생각한다. "WTF(What The Fuck)." 고객이 하는 말에 귀를 기울이고 고객의 단어를 사용하여 말하라. 그들은 무의식적으로 생각할 것이다. '마침내 우리 언어를 구사하는 사람이 나타났네.' 그래서 그들은 당신을 신뢰하게 되는 것이다.

반대로, 외부인에게 자신의 업계 전문용어로 말하는 것을 조심하라. 예를 들어 트럭으로 물건을 한 곳에서 다른 곳으로 옮기는 작업을 하는 산업을 생각해 보라. 예전에는 '화물'이라고 불렀다. 모든 사람들은 화물이 무엇인지 알고 있었다. 그러다가 마케팅 담당자들이 개입한 후로는 '물류'가 되었다. 덜 노동계급으로 들렸기 때문이다. 그 후 많은 아이디어 회의를 통해 '통합 물류'로 확장되었다.

다음 아이디어 회의에서 "이거요! 통합 물류 솔루션은 어떻습니까?"라고 날카로운 참석자가 말한다. "금메달 감이네! 화이트보드 사진 찍고, 끝!"

그렇게 해서 우리 동네 슈퍼마켓 밖에 있는 트럭에 통합 물류 솔루션이라 찍혀 있는 것이다. 말이 너무 길어서 약어로 줄이게 된다. 통합물류솔루션(Total Integrated Logistics Solutions)인 TILS는 '틸스'로 발음된다. 이제 회의에 참석한 모든 사람들이 그들 사이에서 'tills'가 정상적으로 들릴 때까지 'tills'라고 말한다. 그들은 그들의 고객들을 대상으로, 그리고 바비큐 파티에서 사람들에게 그 단어를 쓰기 시작한다. 그런 다음 어떤 마케팅 천재가 '스필 없는 틸스'(유출 없는 통합 물류 솔루션의 라임-옮긴이) 같은 슬로건을 만들어 낸다. 마치 이것을 물류업계 밖에 사는 인류도 알아들을 수 있는 말인 것처럼.

이러한 몰지각은 사람들로 하여금 이상한 말을 하도록 만들기도 한다. 한번은 택배회사 영업 사원이 방문을 하였다. 택배회사는 이제 스스로를 '풀필먼트(fulfilment, 고객의 주문 처리 과정/성취, 달성, 이행)'라고 부른다. 이 영업 사원은 강청색의 정장을 하고, 프로축구 선수의 헤어스타일, 그리고 그의 링크드인 연결을 클릭하기만 해도 클라미디아에 걸릴 수 있을 것 같은 자신감 넘치는 영업 사원이었다. 그의 회사는 두 가지 서비스를 제공했다. 일반적인 대량 우편과 수작업을 거쳐야 하는 더 큰 마케팅 패키지를 배달하는 것이었다.

그는 특히 그들의 수작업 서비스 분야를 자랑스러워했다.

'핸드 풀필먼트(손으로 만족시켜 주는 일-옮긴이)가 우리의 특기' 라고 그는 미소를 지으며 말했다. "감사하지만, 사양하겠습니다." 한 발 물러서서 일반 사람에게 당신이 하는 말이 어떻게 들리는지 고려해 보도록 노력하라.

와해성 전쟁: 당신 대 킬러 로봇

수익성 있는 틈새시장에 사업을 구상했으나, 그게 얼마나 오래 지속될 것인가? 5년 안에 쌔고 쌘 분야가 될 것인가? 그들의 엉뚱한 예측이 사실로 확인되기 훨씬 전인 현재에 기조연설로 보수를 받는 비즈니스 분야의 '미래 예측자들'의 수로 볼 때 관측이 쉽지 않은 것 같다.

코로나19로 가장 큰 타격을 입은 일부 산업이 이미 와해성 기술로 인해 무릎을 꿇고 있다는 것은 잔인한 것 같다. 해외 여행이 중단되기 전에 여행사는 이미 흔들리고 있었다. CD가 사라진 후 음악 산업은 이미 대형마트 급에서 동네 구멍가게 수준으로 떨어져 있었다. 그런데 이제는 바이러스가 그들에게는 마지막 현금의 원천인 라이브 음악을 죽이려고 했다.

다음은 누가 잘려나갈 것인가? 당신과 탄소를 기반으로 한 부드러운 당신의 직원을 대체할 AI의 침공을 어떻게 막을 수 있을까? "나는 우리의 새로운 로봇 대군주를 환영합니다!"라는 대사를 외우는 방법밖에는 없는 것일까? 한 가지 해답은 무계획적이고 아날로그적인 인간의 행동에 있다. 지금은 자신의 제품과 너무 가까이할 때가 아니다. 당신이 실제 무엇을 제공하는지 생각해 보라. 제품의 기능 외에 어떤 감정, 위기 감소, 시간 절약, 편의성, 사회적 상호작용 또는 유연성을 제공하는가?

한 가지 사업을 예로 들어보자. 바(bar)와 펍(Pub). 이들이 제공하는 것은 무엇인가? 둘 다 주류인 것은 분명하다. IT 기술로의 전면적인 교체가 답이라면 바에는 직원이 한 명도 없을 것이다. 이미 존재하는 셀프 주문 앱과 음료 추출 로봇 기술만 필요할 뿐이다. 그런데 그러면 그것은 얼마나 개우울한 밤이 될 것인가?

이제야 비로소 바가 공동체 의식을 제공한다는 것을 깨닫게 된다. 칵테일에 대한 지식을 넓혀주고 당신을 기억해 줌으로 당신이 중요하다고 느끼게 해줄 수 있는 직원들. 어떤 사람들에게는 그 직원들만이 그들의 하루가 어땠는지 묻는 유일한 사람들일 수도 있다. 오늘밤 마시는 술이 단순히 술을 들이키는 행위가 아니라 일종의 이벤트가 되지 않을까 하는 기대감도 생긴다. 당신이 특별히 골라서 다니는 바는 당신의 개성을 나타내는 일종의 상징이다. 선택하는 주류도 마찬가지다. 일부 사람들은 푹신한 가구를 즐기는데, 나는 주로 끈적거리는 카펫이 깔린 곳을 즐기는 편이다. 비용 면에서

객관적으로 효율적인 방법이 무엇인지 분석을 한다면 자기 집 소파에 앉아 마시는 것을 권장한다고 할 것이다. 멍청한 금융 분석가적 사고방식으로는 말이다. 논리로 로봇과 싸울 수는 없다.

사업에 대한 전통적이고 여전히 인기 있는 접근 방식은 측정 가능한 무적의 프로세스를 개발하는 것이다. 따라서 직원들은 기계처럼 규정에 맞춰서 준수하도록 관리하면 된다. 변동 사항은 관측하고 기록하면 된다. 오류는 처벌한다. 직원이 기계처럼 행동하도록 설정해둔다면 새로운 경쟁자가 직원을 소프트웨어로 교체할 때 왜 놀라겠는가?

나는 낙관론자이며 우리의 모든 직업을 AI가 대체하리라고 크게 걱정하지 않는다. 새로운 직업이 생길 것이다. 그러나 나는 또한 새로운 기술을 도입하고 악몽 같은 경험을 만드는 대기업의 능력을 절대적으로 믿는다. 대기업은 그 놀라운 비용 절감 기능을 거부할 수 없으니까. 바로 이때가 당신이 로봇 군대에 대항하여 싸울 수 있는 기회인 것이다. 중요하지 않은 부분에서 직원들에게 규칙과 절차를 벗어날 수 있는 자유와 기술을 제공하라. 많은 과정이 가장 낮은 수준의 공통 분모에 맞춰서 작성되어 있기 때문이다. 그러한 과정을 모든 고객에게 동일하게 적용한다면 그들을 향해 다음과 같은 메시지를 전달하는 것과 같다. '당신은 우리의 최악의 바보 같은 고객과 다를 게 하나도 없다.'

한 가지 아이디어가 있다. 중요한 규칙이 아니라면 일선의 직원들이 그것을 어기도록 허락하라. 이것은 호주인들이 원래도 잘하는 일이기에 문화적 이점을 가지고 있다. 탄력적으로 운영되는 작은 사업을 위한 기회이다.

항상 규칙을 어길 수는 없다. 그러면 사업이 완전히 엉망이 되고 결국 돈을 잃게 될 것이다. 그러나 누군가의 눈을 똑바로 쳐다보며 시스템상의 예외를 적용할 수 있는 것은 인간밖에 없다. 업무를 더욱 편리하게 만드는 순간적인 판단이며, 고객을 인격체로 느낄 수 있게 해주는 일이다. 비 오는 날 칭얼대는 아이들과 고군분투하는 어머니를 바라보며 다음과 같이 말하는 사람들을 고용하라. "제가 도와 드리겠습니다." 그녀는 다른 사람들에게 소문을 낼 것이다.

당신의 직원들은 고객 서비스라는 법원에서 경험이 풍부한 판사가 되어 관대해져야 하는 때가 언제인지를 알고, 반대로 사기꾼에게는 무관용으로 대해야 한다는 것을 아는 지혜를 갖게 된다. 비용 절감에 혈안이 된 경쟁자는 미국의 공항 검색대처럼 예외란 절대 없도록 강화된 기술로 고객의 정신을 점점 더 파괴하는 방향으로 변하는 것에 비해서 말이다.

더 큰 주제는 사업에서 책임의 감소다. 사람과 대면하여 대화를 하게 되면 그 사람에 대해 일종의 책임을 지게 된다. 그들은 약속을 어길 가능성이 적어지고 책임을 지게 된다.

책임은 해마다 줄어들게 된다. 지금 대기업 웹사이트의 연락처 페이지로 들어가 보라. 전화번호를 찾는 게 하늘의 별 따기다. 이를 위해서는 다크웹 브라우저가 필요하다. 대기업이 인적 접촉을 완전히 대체하지는 않더라도 더 이상의 서비스를 추가하지는 않을 것이다. 그들의 비용 절감은 한 방향으로만 진행된다. 인력 감축, 책임 감소. 2020년 말, 콴타스(Qantas) 항공사는 공항 서비스 카운터를 없애고 수하물 분실에 대한 '셀프 서비스'를 제공한다고 발표했다. "네가 잃어버린 가방은 네가 찾아라." 누군가 피곤한 고객을 화나게 하기 위해 시스템을 맞춤 설계하려고 시도했다면 이것만큼 성공적일 순 없을 것이다.

모두가 애플의 멋진 제품 디자인과 브랜딩이 그들의 성공 비결이라고 한다. 그러나 그들이 제공하는 엄청난 이점 중 과소평가된 것은 제품이 제대로 작동하지 않을 때 항상 관심을 갖고 문제를 해결하기 위해 최선을 다하는 사람과 이야기할 수 있다는 것이다.

누군가가 '직원과 지사 비용을 절감하는 고급 소프트웨어'로 수수료를 낮게 유지하는 '와해적' 재무 계획 서비스를 제안한다는 말을 들었다. 해석하면, '이제 당신은 사람의 도움을 요청하는 것을 차단하도록 설계된 AI 미로에 갇히게 될 것'이란 뜻이다. 이것은 티셔츠를 하나 구입하는 일이 아니다. 이것은 당신이 평생 동안 모아온 돈을 관리하는 일인데 그것을 처음부터 끝까지 기계에게 맡기라는 의미다. 불가피하게 문제가 발생하면 당신의 이야기를 들어줄 사람이 아무도 없다. "'삐' 소리 후 활성화된 챗봇씨에게 고객께서 겪으신 악몽 같은 서비스에 대해 세 번째 말씀해 주시기 바랍니다."

그 자문 회사가 재정난에 빠지면 어떻게 해야 하는가? 누구에게 전화를 해야 하는가? 사무실도 없고, 당장엔 점잖은 사람들이라 하더라도, 나중에 알고 보면 전문적인 러시아 해커 사기였다는 것을 어떻게 알 수 있을까?

우리의 디지털 캠페인을 하는 친구의 한 고객은 그의 디지털 상점이 '우리 프로그램 정책을 준수하지 않기 때문에'라는 이유로 구글에 의해 폐쇄되었다. 그는 디지털에 관해서 슈퍼맨 급이었지만 그 이유를 알 수 없었다. 구글에서 보내온 정형화된 이메일은 다음과 같이 계속되었다.

"본 집행은 본질적으로 완전히 자동으로 이루어진 것이므로 우리 또는 전문가 팀조차도 계정의 정지를 초래한 정확한 정책 이유를 찾아낼 수 없습니다."

그런 다음 정책 방침이 담긴 어마어마한 기록 보관소의 링크로 이어진다. 무책임한 AI가 당신의 사업을 폐쇄하는 것에 대해 어떻게 생각하는가? 이에 대해 AI를 소유한 인간의 반응이 "이봐요, (어깨를 으쓱하며 모르겠다는 제스처를 하며) 우리로서는 통제 불가입니다"라고 하면?

많은 사람들이 이같이 반이상향의 반서비스적인 미래를 피하기 위해 생각보다 많은 비용을 지불할 준비가 되어 있다. 시간은 돈이다. 워킹맘에게는 시간이 머나먼 기억이다. 사람들이 몇 시간 동안 괴롭힘을 당하는 것을 막을 수만 있다면 관심을 갖게 되어 있다. 직원이 고객과의 대화와 약속을 기억하고 이행하는 것이 그 어느 때보다 중요해졌다.

디지털 체험 디자이너들은 고객 서비스 아바타 등을 사용하여 실제 인간인 것처럼 속이는 데 점점 더 능숙해지고 있지만 사람들은 여전히 본능적으로 코드인 것을 알고 있으니, 그러나 괜찮다. 고객은 일상적인 거래를 위한 코드는 문제 삼지 않고 잘 사용한다. 비일상적인 상황에 맞춰서 당신 사업만의 이점을 구축해서 로봇이 처리할 수 없는 틈을 찾아라. 그런 구석은 항상 존재할 것이다.

미용사 증후군을 잊지 말라. 많은 사람들이 자기가 다니던 단골 미용실을 버리면 언젠가는 거리에서 미용사와 마주치고 왜 더 이상 거기에 가지 않는지 설명해야 할 것이 두려운 나머지 지저분한 머리를 하고 살고 있다.

감성적인 관점에서 보면 최전선에 있는 사람과의 접촉을 자동화로 대체하면, 당신은 그저 자판기에 불과한 것이다. 디지털이 흥미롭긴 하지만 유일한 것은 아니다. 누군가와의 포옹, 발을 감싸고 찰랑거리는 따뜻한 물, 아기의 냄새, 아무도 나에게 무엇을 하라고 할 수 없는 휴일 오전 8시 공항의 출국 라운지에서 샴페인을 마시는 멋진 감각의 세계 등 손으로 만질 수 있는 세상의 가치를 놓치지 않는 것이 중요하다.

영원히 간직하고 싶은 순간들, 친구들에게 해주고 싶은 이야기들. 이런 것들이 사람들을 기분 좋게 만드는 것들이다. 소셜 미디어가 방대하긴 하지만, 실제로 삶을 사는 시간을 채울 경험이 없다면, 그저 이웃에 새로 생길 무슬림 사원에 대한 삼촌의 인종 차별적 밈에 불과하다.

사람들을 위해 현실을 조금 더 좋게 만들기 위해 당신의 사업은 무엇을 할 것인가? 로봇을 궁지에 몰아넣기 위해 어떠한 방식으로 인간적인 접근을 할 계획인가? 디지털로 전환하여 비용을 절감하고 서비스에 영향을 미치지 않는 과정을 간소화하되, 직원의 존재로 차별화할 수 있는 곳에는 더 많은 인력을 배치하라.

당연히, 당신의 흥미로운 아이디어가 '앱'이라면 이 모든 사랑과 포옹 따위는 무시할 수 있다. 친구 한 명은 자신의 프로젝트 관리 앱을 대기업에 판매하며 대놓고 다음과 같이 말한다. "이 앱을 사용하면 많은 사람들이 실직당할 것입니다." 이 이야기를 들은 사람들의 안색이 환해진다. 지금 당신이 그 사람들 밑에서 일하고 있는지 모를 일이다.

서비스 사업의 비밀: 호감은 전문성을 능가한다

평생 마케팅 담당자인 나는 마케팅이 서비스 사업을 구축하는 최고의 비결이라 말하고 싶다. 자존심은 상하지만 슬프게도 그것은 아니다. 추천과 입소문이 그 무엇보다 더 중요하다. 검색어 캠페인은 비교하는 쇼핑객을 끌어들이는데, 이는 유용하지만 힘든 일이다. 소규모 비즈니스 예산의 경우, 광고는 대부분… 별 효과가 없다. 새로운 업체를 알리는 영업 전화는 끝없이 고된 일이다.

추천은 당신이 할 수 없는 일을 한다. 우리가 훌륭하다고 한다.

자신의 마케팅에서 "우리는 훌륭합니다!"라고 말하면 다른 모든 경쟁사들과 똑같이 자랑하는 말 속에 묻히게 되는 것이다. 고객은 어쨌든 그것을 거짓말로 간주한다. 그러나 당신을 추천받은 사람들이 찾아왔을 때는 벌써 기존의 고객에 의해 당신이 최고라는 기대를 하고 왔기에 별도의 마케팅이 필요 없다.

그럼 추천은 어떻게 받은 것일까? 당신이 최고이기 때문에? 그건 아니다. 자신의 구매 습관에 대해 생각해 보라. 좋은 자동차 정비사나 회계사를 추천해 줄 것인가, 아니면 이전에 같은 서비스로 추천했던 사람을 추천할 것인가? 예를 들어 당신의 회계사라 가정해 보자. 그 회계사가 최신 퇴직 세법의 변경 사항에 대해 얼마나 알고 있는가? 또는 집과 사무실의 감가상각에 대해서는? 엑셀 실력은?

당신은 사실 잘 모른다. 당신의 자동차 정비사, 회계사 또는 치과의사가 얼마나 잘 하는지 잘 모른다. 당신이 그들을 필요로 하는 이유는 모두 그들이 하는 일을 이해하지 못하기 때문이다. 온 동네 정비공 전체를 놓고 당신 정비공의 기술 순위를 정확하게 매길 수는 없다. 따라서 서비스 공급업체를 선택하는 것은 2단계 과정을 거치게 된다.

1단계: 그들은 기본적인 능력이 있는가?

그들이 최고인지는 모르지만 능력은 충분하다는 것을 알고 있다. 그들은 자격증을 가지고 있다. 그들은 당신이 그들의 능력을 의심하게 한 적이 없다. 그들은 일반적으로 제 시간에 일을 끝냈고, 그것이 그들의 기술을 평가할 유일한 객관적인 척도인 경우가 많다.

그러면 2단계로 진행하기에 충분하다. 그들이 전문성 개발을 통해 자신의 기술을 47% 더 향상시킬 수 있지만 당신은 눈치 채지 못할 것이다. 능력이 충분한 것은 그냥 충분한 것이다. 그러나 최종 테스트를 통과하지 못하면 추천받지는 못 한다.

2단계: 당신이 그들을 좋아하는가?

그들이 당신을 이해한다고 느껴지는가? 기분 좋게 함께 일할 수 있는 사람들인가? 그들은 당신에 대한 작은 세부 사항을 기억하는가? 그들은 당신이 무엇을 원하는지에 관심이 있는가? 무언가 늦어지거나 잘못되고 있는 경우 지속적으로 알려주는가? 그들이 무슨 실수를 했을 경우(사람은 누구나 실수를 한다) 자신의 실수를 빠르고 정직하게 인정하는가?

위 내용은 호감도를 쌓아가는 초석들이다. 호감이 가면 훌륭한 회계사인 것이다. 그래서 영원히 기용할 것이다. 그리고 친구들에게도 추천할 것이다.

이것이 모든 서비스 사업을 구축하는 방법이다. 대개의 경우 고객을 더 잘 알아가는 데 쓰는 한 시간이 업무 기술을 늘리기 위해 한 시간을 쓰는 것보다 더 생산적이다. 질문을 하라. 들어라. 기억하라. 그들의 말을 끊지 마라.

지금은 호감도가 더 중요한 시기다. 고객은 SNS에서 당신을 찾아내 당신에 대해 알아낼 수 있으므로 비밀이 없다. 30세 미만이라면 회사의 나와 개인의 나를 구분하는 스마트폰 이전 방화벽을 상상하기 힘들 것이다. 개인의 나는 비밀리에 보관해야 했다. 고용주는 회사의 나를 보다 사무적으로 만들기 위해 많은 노력을 기울였다. 그것은 자료 사진의 세계(스커트와 넥타이, 두꺼운 회색 노트북이 있는 회의실 테이블 주위에서의 악수)에 사는 것과 같았다.

몇몇 친구들은 불운의 글로벌 기업인 아서 앤더슨(Arthur Andersen)에서 첫 회계 업무를 시작했었다. 아서(Arthur)라는 이름에서 예상할 수 있듯, 꽤 답답한 곳이었다. 회사는 신입 사원들에게 옷 입는 법 강좌에 보내 강의를 듣도록 했다. 주말에도 여전히 회사를 대표하고 있는 거라 주장하며 청바지와 반바지 대신 '면바지에 콤비 상의'를 입으라고 주문했다. 여직원들에게는 무엇을 입으라고 했는지 모르겠지만, 일반적으로 골프 클럽의 젊은 고루한 복장을 추천하는 것이었다. 가장 황당한 것은 남성의 평일 출근 복장이었는데, 넥타이는 줄무늬를 착용해야 하는데, 줄무늬는 '상승 그래프'를 연상시킬 수 있도록 항상 왼쪽에서 오른쪽으로 올라가는 것을 착용하도록 권장했다. 그 친구들은 모두 회계사 직업을 그만뒀는데, 별로 놀랄 일은 아니다.

호감을 준다는 것의 반은 비호감을 주지 않는다는 것을 의미한다는 것을 기억하라. 모두가 당신과 같다고 간주하지 말라. 우리 공급업체의 사장은 우리가 모두 사업가이기 때문에 같은 정치적 성향을 갖고 있다고 생각하여 반대편 당을 모욕하는 내용으로 거의 모든 대화를 시작한다. 그럴 수도 있고 안 그럴 수도 있다. 상대방이 나의 정치적 성향을 알 필요도 없다고 생각하지만, 대충 인구의 반

정도가 반대의 성향을 갖고 있다는 사실만 보더라도 모두가 같은 성향을 가지고 있다고 가정하는 것은 매우 위험하다.

균형이 필요하다. 기술 향상을 위해 노력하지 말라는 것은 아니다. 당신의 전문가로서의 자부심이 스스로를 계속 발전시키도록 독려할 것이다. 기술이 없는 호감은 어느 시점에 이르러 무너질 사상누각을 짓는 일이다. 다만 고객이 당신의 천재적인 기술의 세세한 부분까지 알아차리지 못한다고 해서 너무 실망할 필요는 없다. 왜냐하면 그들에게는 그것이 보이지 않기 때문이니까. 이것이 기술팀의 전문가들이 영업팀원들에게 다음과 같이 말하는 이유이다. "우리는 고객들을 교육시켜야 합니다." 이 말은 '우리는 모두가 우리의 광적인 집착을 공유하기를 바란다.'는 의미일 것이다. 그러나 그런 일은 일어나지 않을 것이며, 그래도 아무 문제가 없다.

사람들의 이름을 기억하는 것으로 사업을 더 크게 구축할 수 있다. 사람들이 당신을 좋아하게 만드는 방법은 동굴에 살던 시대 이후 바뀐 게 거의 없다. 그것은 1936년 데일 카네기(Dale Carnegie)의 『인간 관계론』에서 정의된 바대로이다. 그 이후로 대부분의 비즈니스 서적은 그의 작업을 재탕한 것에 불과하다. 이 책은 오늘날의 책보다 더 장황하고 남성 중심적이긴 하지만, 비즈니스에 관한 진리의 일부는 시대를 초월한다는 것을 스스로에게 상기시키기 위해 읽을 가치가 있다.

두더지 잡기 비즈니스의 기술

사업에서는 미친 낙관주의와 실용적인 비관주의가 결합된 극적인 사고방식이 필요하다. 둘 다 없으면 사업은 망할 것이다. 사업을 지속하려면 낙관주의가 필요하다. 초기부터 나는 우리 사업이 잘될 것이라고 1000분의 1도 의심을 해본 적이 없으며 그것은 자신을 충족시키는 결과를 낳았다. 그러나 두더지 잡기 게임에서처럼 엄청난 빈도로 나타나는 나쁜 일에 대비해야 하므로 비관주의도 필요하다.

어떤 사업가들은 그 두더지를 보고 놀라워하는 듯하다. 중국이 호주에 화가 나서 호주산 와인 수입을 금지시켜 호주 와인 제조업체들의 수입이 크게 감소했다는 라디오 인터뷰를 들었다.

와인업자는 이게 다 '정부 탓이다', '우리에게 새로운 시장을 찾아주는 것이 그들의 책임이다'라며 화를 낸다. 공산주의 정부와 영원토록 완벽한 관계를 전제로 그에 전적으로 의존하는 사업을 하고 '모든 것이 괜찮을 것'이라 생각했다고 상상해 보라. 홍콩의 혼란, 미중 무역 전쟁, 코로나19의 기원 조사를 둘러싼 글로벌 외교 전쟁에도 불구하고 말이다. 그게 아니면 그들은 와인 생산 작업에 너무 깊이 빠져서 자신의 가장 큰 고객이 무엇을 하는지 확인하는 데 신경을 쓰지 않았을지 모른다. 저녁 뉴스에서 편리하게 제공되는 내용임에도 불구하고 말이다. 어느 쪽이든 그들은 별다른 행동을 취할 필요가 없다며, 혹시 상황이 나빠지면 정부가 나서서 우리의 수출 영업부서가 되어야 한다고 생각했을 것이다.

그들의 와인이 어느 전설적인 지역에서 왔는지 맞춰볼까? 그렇다, 골드 코스트이다.

광대라도 예측할 수 있을 위험에 대처할 수 없다면, 맛있는 천산갑(동남아시아 열대지역에서 서식하는 야행성 포유동물-옮긴이) 저녁 식사로 인해 전 세계를 마비시키는 바이러스가 생겨나면 어떻게 대처할 수 있을 것인가? 우리 사업은 2019년에 비관적이었던 관계로 코로나19에 대처할 수 있었다. 우리는 약 10년마다 발생하는 경기 침체를 예상하고 있었다. 과대평가된 주식시장과 집값과 같은 모든 지표가 그것을 나타내고 있었다. 우리는 사업에서 모든 이익을 빼내는 대신 소득을 창출할 수 있는 곳에 재투자했다. 경기 침체가 왔을 때 우리는 극복할 준비가 되어 있는 반면 다른 회사들의 현금 흐름은 곤두박질쳤다.

우리는 큰 고객 하나를 잃어도 죽지 않도록 고객 기반을 다양화해 놓았었다. 바로 이런 것이 수많은 기업에게 큰 위험이 되는 경우다. 고객의 변화는 현실이다. 세상에서 일을 제일 잘하고도 통제할 수 없는 이유로 고객을 잃을 수도 있다. 담당자가 이직을 하거나 회사에서 승진해 담당 업무에서 배제될 수도 있다. 더 이상 당신의 서비스가 필요하지 않게 되거나 그들 사업이 매각될 수 있다. 큰 고객사 한두 곳에만 의존해서 사업을 진행하면 위험한 구역에 놓이게 되는 것이다.

이제는 고전적인 동기부여 이야기를 쓰레기통에 버려야 할 시간이다. 군대가 후퇴 가능성을 배제하기 위해 해안에서 배를 태우는 이야기가 그것이다. 알렉산더 대왕(Alexander the Great)도, 에르난 코르테스(Hernan Cortes)도 그랬다. 손자병법에도 배수의 진을 친다 하였다.

기조 연설자는 “이런 것을 보고 헌신이라 합니다!”라고 말한다. “편리한 후퇴 방법이 있었다면 그 땅을 정복했을까요? 아닙니다! 이것이야 말로 진정한 리더가 헌신하는 방식입니다!”

그렇다, 이 용감한 대화야말로 헌신이다. 그것은 또한 해안에서 태워진 배처럼 당신의 사업을 파괴할 사람들의 끔찍한 위기관리 방법이다. 당신은 현실에서 진짜 전쟁을 하고 있지 않다. 당신은 분명히 앉은 자리에서 노트북을 두드리고 있을 가능성이 높으며 이는 창 또는 총에 맞는 것과는 차원이 다르다.

엔바토(Envato)가 순수한 온라인 마켓인 플래시덴(FlashDen)으로 시작했던 것을 기억하는가? 콜리스는 블로그 테마와 음악 트랙으로 몇 가지 사이드 프로젝트를 시작했었다. 사람들은 그것이 본업을 방해하는 요소라고 조언했다.

사이언은 “사람들은 ‘플래시는 완전 금광이다. 플래시 경쟁자를 이기는 일에만 집중하라.’라고 말했다.”고 한다.

그러던 중 스티브 잡스(Steve Jobs)가 플래시에 대한 전쟁을 선포하고 애플 모바일 장치에서 플래시를 금지시켰다. 그 순간부터 플래시는 바로 수장되었다. 엔바토는 여분의 배를 타고 광명을 향해 항해했다.

먼저 주변의 모든 일들을 차단해야만 어느 프로젝트에 집중할 동기부여가 되는 사람이라면, 사업은 당신에게 맞지 않다. 나는 이 영웅적 행동을 좋아하는 몇 사람을 알고 있다. "내가 보여주고야 말겠어!", "이제야 알겠지!" 등등. 장기적으로 볼 때 그런 사람들은 뭔가 불태우는 것은 잘한다. 그러나 부, 행복 또는 그 밖의 많은 것을 지속적으로 구축하는 데는 별로다.

대차대조표는 얼마나 많은 충격을 견딜 수 있는지에 대한 가장 명확한 척도이다(이 내용은 나중에 더 자세히 설명할 예정이다). 우리가 살아남은 이유이기도 하다. 2020년에 바이러스가 도래했고 우리의 수입은 3개월 동안 0으로 떨어졌다

전년에 구입한 TV 카메라가 우리를 구했다. 우리는 칙칙한 집에 차려진 사무실에서 줌 통화를 하는 것보다 더 나은 장소를 원하는 고객을 위해 지금은 놀고 있는 창고 공간에 가상 TV 스튜디오를 구축했다. 기존 웹사이트 전체를 없애고 2주 만에 새로운 웹사이트를 만들어 스튜디오 사업으로 전환하였다. 청중이 없는 환경에서 카메라 앞에 서는 임원들을 돕기 위해 교육 프로그램을 만들었다. 스튜디오가 바쁘게 돌아가는 와중인데도 연말까지 우리는 여전히 정상적인 월 수익의 40%에 머물러 있었다. 코로나19는 우리의 최대 고객사 하나를 죽였다.

그러나 우리는 우리의 편집증적이고 생존주의적인 사고방식 덕분에 살아남을 것이다. 항상 나쁜 일을 기대하라. 그러다 나쁜 일이 일어나지 않는다면, 그냥 행복한 날의 연속인 것이다.

PART 5

판매 및 영업

성인용 색칠 책

신규 사업을 하나의 브랜드로 키우려면 초기부터 준비해야 한다. 브랜드란 나중에 추가할 수 있는 액세서리가 아니다. 브랜드를 만들기 위해 시간과 돈을 투자한다는 것은 어쩌면 당신의 합리적 사업 본능에 반하는 일일 수도 있다. 이는 부족 간의 충돌과 약간 비슷하다. 한편으로 브랜드 전도사들은 성인(聖人)의 경지에 오른 스티브 잡스를 인용하여 반짝이는 창의성의 경이로움만이 회색의 비즈니스 세계에서 경쟁력을 확보할 수 있는 유일한 방법이라 강변한다.

다른 한편, 사업가들은 창의적 마케팅이란 어른용 색칠 책 같은 것이며, 이는 가식적인 괴짜들이 "만드릴 오렌지색(Mandrill Orange)이야말로 요즘 유행하는 색상, 올해의 별색이야."라고 떠벌리는 것 정도로 치부한다. 대부분의 크리에이티브 디렉터는 이 마법 같은 색상이나 그들의 최신 유행 툴박스에 있는 어떤 것이 실질적으로 회사에 돈을 벌어다 주는 것인지 설명하지 못한다.

나는 두 팀 모두에 있어 봤는데 둘 다 옳고, 둘 다 틀리다. 씬체인지가 생기게 된 이유 중 하나도 나의 훌륭한 마케팅 아이디어가 매우 신중한 고객에 의해 퇴짜 받아본 좌절감 때문이기도 하다. 그다지 포용적이지 못했을지는 모르지만 분명히 좋은 아이디어들이었다. 모두 다 엄격한 상업적 목표를 충족하도록 디자인되었으나 선택

되기까지는 어려웠다. 수많은 컨설턴트들이 대기업에 창의적이라고 믿는 디자인을 들이대며 더할 나위 없이 훌륭하다고 주장하는 것을 볼 수 있다. 그러나 '혁신으로 무장!'이란 그들의 미션 선포에도 불구하고 창의는 대부분의 대기업들에 의해 가장 큰 두려움과 박해의 대상이다. 그들이 정말 원하는 것은 관리가 가능한 관습에 맞는 아이디어다.

"아이디어가 정말 훌륭하네요, 정말…. 창의적이네요! 다만 지금은 적절한 시기가 아닌 거 같아요."

그들이 '창의적'이라 함은, "당신의 아이디어는 우리를 불편하게 합니다. 우리 상사들이 싫어할 게 뻔하고, 괜히 추천해서 불똥이 튀어 우리의 자리를 위협하는 걸 원치 않습니다."라는 정도일 것이다.

씬체인지는 내가 지난 10여 년간 안락사시켜 온 모든 아이디어들의 일종의 실험장이 되었다. 나와 내 동업자들은 이 미친 아이디어들을 성사시키기 위해 우리들의 집, 자동차, 심지어 반려동물까지 모두 걸었다. 만약 이런 우리의 시도들이 고객의 마음을 사로잡지 못했더라면 우리는 아마 지금쯤 길거리에서 홍보용 어깨띠를 매고 일수 전단지나 뿌리며 살고 있을 것이다.

공책에 무작위로 갈겨쓴 낙서를 현금화하는 실험에 관한 한 정말 좋은 결과를 낳았다. 때로는 내가 피터에게 좋은 생각이 떠올랐다고 말하면, 그는 "뭔지 말하지 말고 그냥 결과물로 나를 놀라게 해줘."라곤 했다. 우리는 그냥 판촉 연습용으로 자체 맥주와 사이다 브랜드를 출시한 적도 있었다. 또 전용 비행기에 투자해 해밀턴 섬

(Hamilton Island) 컨퍼런스에서 섬의 공항 활주로에 주차시켜 업계의 모든 사람들이 그 전용기 옆을 걸어서 지나가도록 한 일은 재미를 유발하는 엄청난 입소문으로 이어지게 하였다.

한번은 경쟁사들을 모아 컨퍼런스 뒤풀이 파티에서, 업계 밴드인 AV/DC(1972년에 결성된 호주의 락밴드인 AC/DC를 모방-옮긴이)와 함께 공연하도록 초청하였다. 브랜드 경험으로서 어두운 바에서 대부분 우리가 나누어 준 '무대 뒤에 검은 옷차림으로(At the back, in black, 락그룹 AC/DC의 곡 Back in Black의 응용, in black은 흑자인 상태를 의미하기도 함-옮긴이)'이라 쓰여진 밴드 티셔츠를 입고 흥이 오른 350명의 대표단을 위해 연주하는 일은 무척 즐거운 일이었다. 그저 '명함을 놓고 가시면 추첨하여 아이패드를 드립니다.'라는 평범한 방식보다 훨씬 더 효력을 발휘했다. 5년이 지난 지금까지도 언제 또 그런 걸 할 거냐고 물어온다. 우리가 그렇게 연주를 잘했던 건 아니지만 재미있었던 경험은 기억에 남는다.

이렇게 튀는 행사들이 항상 성공할 줄 미리 알고 하는 것인가? 그런 건 아니다. 어떤 것들은 불발될 수도 있다. 그렇지만 우린 그다지 신경 쓰지 않았다. 어떤 캠페인은 우리가 상상했던 것보다 큰 효과를 얻으므로, 따지고 보면 평균 수준은 유지하는 것이다. 만약 누군가가 당신에게 마케팅 기획이 효과가 있을지 정확하게 예측할 수 있다고 말한다면, 그것은 새빨간 거짓말일 것이다. 그저 꾸준히 회사 성격에 맞는 일을 하고, 그렇게 시간이 흐르다 보면 그 누적되는 효과를 누구도 막을 수 없게 된다. 이것이 중소기업이 타고난 다윈식 이점이다. 원하는 건 무엇이든 할 수 있으니까. 직원들과 고객들은 이러한 쾌감에 끌리게 되어 있다.

직접 내 사업을 갖는 것의 또 다른 좋은 점은 나의 아이디어를 '홍보'라는 좁은 범위에 가둬두지 않은 채 내가 하는 모든 일에 두루두루 적용할 수 있다는 점이다. 나는 고객 캠페인을 하면서 고객의 허름한 가게나 담배냄새나 풍기는 무관심한 직원들을 보면서 막막한 벽에 부딪힌 듯 엄청난 좌절감을 느끼곤 했었다. 내가 소유한 공간에서는 내가 만든 이미지에 맞도록 모든 것을 맞출 수 있다. 어떻게 하면 고객과의 모든 상호작용을 고객이 나를 선택하도록 하는 '광고'로 만들 수 있을까?

'마케팅 투자의 절반은 기존 고객이 자신이 올바른 선택을 했다는 확신을 주기 위한 것이다.' 라는 이론이 있다. 동의하는 바이지만 나는 여기에서 한 발짝 더 나아가야 한다고 본다. 만약 이러한 마케팅을 통해 신규 고객을 전혀 확보하지 못한다 하더라도 우리 직원들이 좋아하기 때문에 계속했을 것이다. 이것은 직원들이 다른 직장보다 훨씬 흥미로운 일에 참여하고 있다는 자부심을 느끼게 한다. 직원들은 이를 자랑스러워하고, 그 사실은 하는 일에서 드러나며, 사업은 저절로 번창하게 되어 있다.

그렇지만 나는 경영주들이 왜 브랜드 컨설턴트들에게 좌절하는지도 이해한다. 브랜드 컨설턴트들도 당신의 사업을 성공시키려는 목적은 공유하나, 때때로 사업에 실무적 경험이 부족한 것이 드러난다. 인터넷 검색창에 "성공적인 브랜드 만드는 법"을 검색하거나,

또는 같은 주제의 컨퍼런스를 참석해 보면 소위 말하는 '브랜드 천재'들이 백이면 백 다 최고의 브랜드를 따라하라고 충고한다. 애플(Apple). 그들의 아름다운 제품들! 그들의 멋진 상점! 그들의 포장! 그들의 광고!

훌륭한 말이긴 하지만 당신 회사는 애플이 아니며 앞으로도 절대로 그렇게 될 수 없을 것이라는 것에 함정이 있다. 애플은 지구상에서 가장 부유한 회사이며, 죠니 아이브(Jony Ive)와 같은 디자인 마법사 같은 창의적 천재들을 고용하고 있다. 당신은 그렇게 할 수가 없지 않은가. 세미나를 마치며 더욱 애플다워지기로 결심하고 돌아온다면 엄청난 압박감 때문에 결국 아무것도 못하게 될 것이다. "좀 더 애플다워져 봐."라고 하는 것은 논쟁에서 상대방을 '히틀러'라고 매도한 순간과 비슷하다.

애플은 그들의 무한한 자금줄을 이용하여 이런 컨퍼런스의 연구사례가 되는 브랜드 마술을 부릴 수 있기 때문이다. 그러나 대부분의 마케팅 담당자들은 '브랜드 가치'에 대한 이야기나 회사를 '멋지게' 만드는 것에 전혀 관심이 없는 금융 담당자들에게 돈을 구걸해야 하는 게 현실이다. 차라리 10대 자녀들과 노령연금에 대해 논의하는 게 이보단 더 쉬울 수 있다.

그러므로 냉철하게 이기적인 관점에서 봤을 때 브랜드가 필요한 이유는 다음과 같다. 브랜드는 입찰에 참여한 6개 업체의 견적 중 가장 저렴할 필요가 없게 해주는 전부다. 왜 그럴까? 브랜드는 상대에게 안심과 낮은 위험 부담을 느끼게 해주기 때문이다. 고객의 신뢰란 약간의 놀라움이나 갑작스러운 움직임에도 쉽게 겁을 먹는 아기 사슴과도 같다. 브랜드는 위에 언급했던 '변화에 대한 공포'의 해독제가 된다.

이는 B2B 회사들에게는 특히 더 해당되는 얘기다. 고객의 입장에서 생각해 보라. 담당자가 만약 회사 프로젝트에서 남다른 성취를 이뤘다면 잘했다는 칭찬과 함께 어쩌면 '이 달의 직원상'도 받을 수 있을 것이다. 그러나 한 번 사업을 망쳤을 때 받을 무서운 처벌과 대조해 보라. 특히 공공기관 고객일 경우 그 차이는 두 배 이상으로 느끼게 될 것이다. 실패의 처벌이 성공의 보상보다 크면 클수록 브랜드는 고객들에게 괜찮을 거라는 안심을 제공하는 역할을 한다. 당신 회사를 고용한 여러 고객사들 가운데 있는 것으로 안정감을 느끼게 되는 것이다.

브랜드가 없다면 가진 건 가격 경쟁밖에 없다. 그래서 항상 어렵다. 사업하는 사람들 중 "이렇게 힘든 세상은 처음 봐."라고 하는 사람들을 아는가? 내가 사업하는 내내 그 말은 늘 같은 사람들이 해왔다.

"언제와 비교해서 그렇다는 것이죠?" 나는 묻는다. "십년 전에는 이것보다는 훨씬 나았지."라고들 답한다. 단언컨대 그들은 10년 전에도 똑같은 불평을 늘어놓으면서 그로부터 다시 10년 전에 좋았던 시절을 그리워했었다. 내내 공통적인 요인은 바로 '그들'이다. '라떼는…'이란 사고방식 자체가 문제인 것이다.

어려운 시기에 기업인들이 첫 번째로 생각하는 것은 비용을 절감하는 것이고, 이는 당연한 것이기도 하다. 그리고 첫 번째 삭감 대상은 감정을 다루는 무형의 마케팅 예산일 것이다. 그래서 마진율이 더 줄어드는 것이다. 이는 투자 결정을 늦추게 하고 직원들의 사기를 떨어뜨리고 결국 직원들로 하여금 더 좋은 일자리를 찾아 나서도록 하는 것이다. 좋은 직원들을 잃게 되고, 고객도 잃게 된다. 결국 비용을 더 삭감하게 되고, 악순환은 계속되며, 결국 비즈니스 지옥으로 곤두박질치게 된다.

만약 튼튼한 브랜드가 있다면 정반대의 결과를 가져올 것이다. 높은 마진율을 유지함으로 결국 더 많은 이익을 창출할 것이다. 그러면 더욱 많은 투자를 감행할 여유가 있다. 회사가 성장할 것이며, 직원들의 경력도 함께 성장하게 될 것이다. 직원들은 그들이 제대로 된 방향으로 일을 진행하고 있으며, 매일매일 직장생활에 만족해할 것이다. 또한 성과가 좋은 직원에게는 더 많은 보상을 줄 수 있는 여유가 생긴다. 이런 추진력을 키우며 보상을 받는 느낌은 사람을 들뜨게 한다.

하지만 여기서 끝이 아니다. 순이익의 관점에서 생각해 보자. 대부분의 회사들은 직원에게 지출하는 비용이 회사 전체 지출에서 가장 큰 비중을 차지한다. 강력한 브랜드가 있다면 좋은 사람들이 그 회사에 와서 일하고 싶어 할 것이다. 그래서 거지같은 경쟁사들이 정말 열심히 일하는 직원에게 평균적으로 주는 급여 정도만으로도 사람들을 채용할 수 있다. 좋은 직원들이 비슷한 사람들을 끌어들이기 때문에 이는 저절로 지속 가능한 상황이 된다.

우리는 마케팅 비용으로 수익의 2% 이하를 쓴다. 꽤 적은 금액이다. 대부분의 기업들은 직원 이직으로 인한 채용비, 교육비, 신규 직원 적응비 및 이로 인한 생산성 저하로 인한 비용에 훨씬 더 많은 지출이 일어난다. 우리 회사는 창립 이후 2020년도를 제외하면, 연간 이직율이 3% 미만이었다. 우리와 직접적인 경쟁사로 이적한 직원은 단 한 명도 없다. 이는 우리가 가장 자랑스럽게 여기는 핵심성과지표이다. 덕분에 돈도 엄청 많이 절약할 수 있었고 훌륭한 직원들을 계속 유지할 수 있었다.

따라서 브랜딩을 기업의 운영 및 자금 등 진짜 업무에 비해서 무슨 공예 프로젝트 정도로 치부해선 안 되는 일이다. 예산을 책정하는 브랜드 회의론자들을 포함하여 모든 직원들의 임금을 지불하며 이윤을 창출하는 사업의 필수적인 원칙인 것이다.

모든 조직원들이 동참하지 않는 이상 브랜드는 그 영향을 발휘하지 못한다. 마케팅이 단지 하나의 부서로 치부되는 이상, 브랜드란 있을 수 없다. 멋진 브랜드 비전을 만들었으나 그것을 만든 소수만이 그 내용을 믿고 있다고 가정해 보자. 나머지 직원들은 그냥 "그래, 그래서 어쩌라고?"라는 식으로 생각할 것이다.

판매 사원들의 지식을 과소평가하면 안 된다. 전통적으로 마케팅과 판매 사원 사이에 마찰은 늘 있어 왔다. 마케팅 담당자들은 판매 및 서비스 담당자들을 무시하는 경향이 있는데, 그 이유는 그들의 부족한 학벌, 유행에 뒤떨어지게 입는 옷과 유치한 수준의 디자인 감각 때문이다. 하루 종일 물건을 파는 사람들은 고객들의 구매

패턴에 대한 본능적인 지식을 흡수하기 때문에 판매 사원들을 과소평가하는 것은 큰 실수다. 좋은 판매 사원들은 거의 초능력적인 본능을 가지고 있다.

나는 상점에 숨어서 판매 사원들이 내가 광고하고 있는 제품을 판매하는 것을 많은 시간 동안 지켜본 적이 있다. 숙련된 판매 사원들은 고객이 도착하는 것을 지켜보며 고객이 무엇을 찾고 있는지, 무엇을 말하고 싶은지, 구매 여부를 정확히 예측하고 있었다. 고객은 아직 한 마디도 하기 전인데 말이다. 그리고 대개의 경우엔 그들의 판단이 맞아떨어진다. 경험이 많은 사원들은 그들의 수년간 판매에 성공과 실패를 거듭해온 경험을 통해 얻은 감각으로 고객들에게서 표현되는 비언어적 신호만을 보고도 판단할 수 있는 것이다.

그들은 제품에 대한 고객 만족도 설문조사를 실시할 필요도 없다. 왜냐하면 수많은 불만족한 고객들이 이미 그들의 면전에 대고 불평불만을 털어놓았기 때문이다. 판매 사원들은 상상을 초월할 만큼 다각도로 제품에 대한 성능 테스트의 결과를 경험하게 된다. 그것도 자기 신발 끈 하나 제대로 못 맬 것 같은 소비자들로부터 말이다. 게다가 끊임없이 웃는 얼굴로.

일선에서 일하는 좋은 판매 사원이야말로 브랜드를 긍정적으로 만드는 본질이다. 대부분의 사업에서 고객들은 어느 광고나 웹사이트보다 영업 및 서비스 직원에게서 더 많은 정보를 얻게 된다. 그리고 그런 판매 및 서비스 담당자들은 보통 마케팅 담당자들을 현실과 단절된 자빽들이라 생각한다.

판매 사원들은 책임감에 대해 잘 알고 있다. 마케팅 담당자들은 '브랜드 자산'이란 무형의 호감도를 향상시키는 업무를 담당하기에 측정 가능한 수익률이 0인 프로젝트에서도 책임을 질 필요가 없다. 현실이 이렇고 이익 창출의 합리적 단계일 수 있다 하더라도, 판매 사원이 한 달 동안 매출이 하나도 없이 이를 단지 고객과의 '관계 형성 구축'이라는 명목으로 정당화할 수 있는지 한번 생각해 보라.

브랜드에 관해 모든 직원들이 똑같은 유대감을 갖게 하는 것은 작은 기적과도 같다. 하지만 가치가 있는 일이기도 하다. 내가 브랜드를 개발하는 일을 할 때는 판매 사원, 엔지니어, 프로젝트 매니저 등과 함께 전체의 절반에 해당하는 시간을 할애하여 그들이 불러서 편안할 수 있는 입지의 브랜드를 찾으려고 노력했었다. 만약 그러기에 불편하다면 그들은 그 이름을 입 밖으로 내뱉지 않을 것이다. 절대로.

전 직원이 모두 함께 믿고 지지하지 않는 브랜드는 냉장고에 붙이는 자석과도 같은 존재다. 알록달록하고 화려한 겉껍데기로 그 안의 내용이 바뀌는 것은 아니다. 만약 브랜드의 메시지가 대다수의 직원에게 진정성 있게 들린다면, 고객들에게도 좋은 반응을 불러일으킬 가능성이 크다. 그리고 아마도 가장 근본적인 문제의 해결책이 될 수도 있을 것이다. 사업주도 브랜드에 대한 믿음을 갖고 있기에 직원들을 상대로 진정성을 갖고 이야기할 수 있다는 뜻이다. 궁극적으로는 그 믿음이 위대함을 창출해낼 욕구에 대한 전사적인 추진력을 만들어 낸다.

가격 정책: 없어지지 않으려면 가격을 더 올려라

어떻게 하면 가격을 더 올릴 수 있을지만을 생각하는 배불뚝이 사장이 되라는 말은 아니지만 더 높은 가격을 요구할 방법은 항상 염두에 두어야 한다. 디지털 발전으로 인한 훼방, 남이 거절한 일을 주워 먹는 부류, 연명만 가능하다면 기꺼이 일하겠다는 신생 경쟁업체 등 가격을 내려야 한다는 압박은 항상 존재한다. 하지만 직원들은 임금 삭감을 기대하며 회사를 다니는 것은 아닐 것이다. 당신의 건물주 또한 매년 임대료 인하 계획을 짜놓고 있는 것도 아닐 것이다. 가격을 어떻게 올릴지 끊임없이 고민하지 않고 있다면 길을 거꾸로 가고 있는 것이다.

공시가격을 알려야 하는 업체가 아니라면 당신의 견적을 누가 내고 있는지 자세히 살펴봐야 한다. 거기에서 돈을 벌 것인지 잃을 것인지가 판가름 나기 때문이다. 그 이후에는 오직 실행하는 일만 남기에 여기서는 크게 달라질 게 없다. 견적 내는 일을 마음이 너무 약하거나 착한 사람이 하고 있다면, 그들에 의한 할인으로 인해 회사의 목이 조여지게 되는 것이다. 그들은 10% 할인을 해주면 이익에서 10%만 차감하면 된다고 생각할 수 있다. 그러나 마진에 따라 50%가 될 수도 있고 그 이상이 될 수도 있다. 그래서 그 거래가 없을 때보다 두 배나 많은 일을 해야 하는 경우가 허다하다. 너무나 많은 노력에 중독된 사업주들은 그저 주먹을 불끈 쥐고 이런 미친 짓을 받아들인다.

모든 산업에는 정통적인 가격 구조가 있다. 영감을 얻기 위해 다른 산업과도 비교해 보라. 왜 사람들은 당신의 제품이 어디에서나 항상 같은 가격일 거라고 기대할까? 항공사나 호텔에 일 년 내내 비수기 가격에 맞춰 달라고 요청해 봐라. 그들은 수요에 가격을 맞추는 일에는 도사들이다. 당신은 왜 그것이 불가능한가?

카메라 소매업이라는 도깨비 같은 시장을 한번 상상해 보라. 스마트폰이 시장을 완전히 갉아먹기 이전부터 이 시장은 고객들이 며칠씩 비교 쇼핑부터 하고 오는 전쟁터였다. 현재 이베이(eBay)는 가짜 현지 판매업체로 가장한 국제 판매단들이 제로 마진의 대량 살상 전쟁터로 탈바꿈돼 있다. 일부 소매상들은 구매를 하면 환불해 주는 판매원 상담비를 청구하기도 한다.

그럼에도 불구하고 사람들은 단 15분 거리에 있는 국제공항에서는 시내에서보다 훨씬 비싼 가격으로 카메라, 시계 및 기타 전자 쓰레기들을 마치 지구상 마지막 상점인 듯 쓸어 담고 있다. 이는 순전히 '집단 기억'에서 비롯된 행동이다. 오래 전, 카메라나 전자 기기들이 국내보다 해외에서 더 저렴했던 약 1982년경에 해외의 의심스러운 상점에서 흥정하며 사는 것보다 세금을 면제한 저렴한 가격으로 면세점에서 구매가 가능했던 시기가 있었기 때문이다. 그 이후 세제 개편이 이루어졌고, 더 이상 가격 혜택은 없다. 그러나 사람들의 마음은 휴가로 들떠 있는 상태인데다 두 시간 일찍 체크인을 해야 했기에 지루한 상태다. 마치 혹등고래들이 겨울이 되면 아무런 논리적 근거도 없이 북쪽으로 헤엄쳐가는 것처럼 그냥 아무 생각 없이 하는 행동들이다. 해외 여행객들은 새로운 시계나 카메라를 원한다. '어서 사, 스스로에게 대한 포상이야.'라고 생각한다.

어떻게 하면 이와 같이 정당한 이유 없이 고객들의 주머니를 열 수 있는 주문을 걸 수 있을까? 고객들을 분석하라. 항공사들은 성수기와 비수기 동안만 가격을 조정하는 것이 아니다. 부유한 고객들이 가난한 고객 근처에 앉는 것을 피할 수 있게 하는 대가로 4배의 요금을 부과한다. 어떻게 하면 더 가진 사람들로부터 더 많은 것을 얻어낼 수 있을까?

고객은 물건을 얼마나 빨리 받기 원할까? 좀 더 빨리 받기 원하는 고객에겐 그 대가로 금액을 추가로 요구할 수 있을까? 사람들이 싫어하는 위험 요소에 대해 생각해 보라. 어떻게 하면 경쟁사 제품보다 나의 제품이 더 안전하다고 믿게 만들 수 있을까? (특히 어린이나 반려동물과 관련된 경우)

가격 책정에 반영될 요소는 셀 수 없이 많다. 품질을 나타내는 가격의 역할을 이해해야 한다. 품질을 결정하는 한 가지 방법을 선택해야 한다면, 그것은 가격이다. 높은 가격은 높은 품질을 의미한다. 어떻게 하면 좀 더 적은 양을 더 비싸게 팔 수 있을까?

T2라는 홍차 판매점은 일상적인 제품을 가지고 마약왕 파블로 에스코바르도 울고 가게 할 천재적인 가격 전략을 사용했다. 울워스(Woolworths) 수퍼마켓에서 킬로당 17달러에 판매하는 고급 잉글리쉬브랙파스트 차를 T2에서는 킬로당 120달러에 판매한다. T2 고

객들은 이 우아한 상점으로 몰려가 아름답게 포장된 이 홍차를 행여 품절될까 하는 걱정을 하며 사들인다. 수퍼마켓에서 파는 차는 사려 깊은 선물이 될 수 없다면서. 여섯 배나 더 높은 가격을 받음으로써 당신의 할 일이 얼마나 줄어들지 상상해 보길 바란다. 운송료, 임대료, 거래 비용, 그리고 기타 비용에서 얼마나 많은 돈을 절약하고 있는지 말이다. 물론 마케팅과 포장 비용이 더 들긴 하겠지만, 6배나 더 드는 것은 아니다.

가격이 높다는 것은 단순히 느낌에서 비롯된 것일 경우도 있다. TV를 사러 가면, 절대로 팔리지 않는 초고가 제품이 항상 진열되어 있다. 판매 사원은 그 물건에 대한 장점을 열심히 설명하지만, 그들은 당신이 "정말 좋아 보이지만, 이것보다 한 단계 아래 모델로 할게요."라고 말할 것을 알고 있다. 여전히 비싼 TV를 사지만, 판매자들이 구매자의 비교 대상을 바꿔 놓으므로 싸게 산 느낌을 받는 것이다. 이것은 레스토랑 메뉴판에 있는 가장 싼 와인과 같지만 정반대의 원리이다. 데이트 상대나 손님이 당신을 짠돌이로 볼까 봐 절대로 주문하지 않는다.

창업 직후 아무런 판매 실적도 없을 경우에는 가격으로 승부하는 것이 괜찮을 수 있다. 만약 당신이 제공하는 서비스가 진심으로 더 낫다고 믿는다면, 그것을 새로운 고객들에게 처음으로 경험하게 하는 좋은 방법이다. 할인 혜택을 주는 대신 판매원들의 서비스도 정가에 구매하는 고객들보다 형편없는 상태로 제공하는 것이 대표적으로 저지를 수 있는 잘못이다. 최선을 다한다면 고객을 얻을 수 있을 것이다. 하지만 이 최저가 기준선에서 가격을 끌어올리기 위해서는 끊임없는 노력이 필요할 것이다. 만약 한 가지 상품만을 판다면 어려울 수 있으나, 액세서리, 프리미엄 배송, 보험 등 사람들이 지불할 추가적인 편의적 요소를 생각해 보라. 이것은 우리가 나중에 살펴보게 될 사기성 티켓 할증료와 사실 차이는 그다지 크지 않으나, 합리적인 비용은 부담시켜도 마땅하다.

가격은 아주 조금씩 더 자주 올려라. 어쩌면 당연한 것 같아 보이지만, 많은 기업들이 2년에 한 번쯤 이 문제를 다뤄 한꺼번에 너무 많은 인상을 하여 고객들로 하여금 입찰을 다시 하게끔 만든다. 고객을 놀라게 하는 건 금물이다. 인질극 상황처럼 처리해야 한다. 갑작스러운 움직임 없이 점진적인 변화로 다뤄야 한다.

가격을 깎아보려는 별의별 종류의 고객들을 상대하게 될 것이다. 나중에 얼마나 많은 거래를 할 것인지 떠벌리는 사람들 같은 부류 말이다. 우리 업계에선 이런 일이 정말 많이 일어난다. "우린 이런 행사를 1년에 한 10번은 합니다. 이번에 반값에 해 주시면, 나머지 행사도 모두 이곳에 맡기겠습니다." 이런 거짓말 같은 일은 절대 없다. 이런 말을 하는 사람들치고 후려친 가격에 진행한 일 이상의 더 많은 일감을 주는 경우는 없다. 나는 항상 이렇게 말한다. "좋습니다. 10회를 모두 계약하시면 마지막 행사는 무료로 해드릴게요." 그렇게 한 경우는 한 번도 없었다. 그래도 괜찮다.

기업 고객의 경우, 그들의 상업적 목적을 알아내는 것이 단가를 책정하는 데 도움이 된다. 우리 업계의 경우, 보통 신규 고객들은 자기들이 기술 장비를 더 싸게 구할 수 있다고 한다. 만약 그들의 행사가 직원 교육용이라면, 단가가 싼 장비도 문제가 없을 수 있다. 하지만 그들의 대표가 무대에 오르는 행사라면, 일이 잘못됐을 때 감당할 위험 부담은 얼마나 큰 것일까? 대표의 발표가 실패로 돌아간다면 무슨 봉변을 당하게 될까? 대부분의 업계 판매 사원들은 우리가 기술 산업에 종사하고 있다고 말할 것이다. 이보다 현명한 사원들은 우리는 대표의 분노 최소화 산업에 종사하고 있다는 것을 안다. 이런 산업은 단가는 높아질 수밖에 없지만, 또 그만한 가치도 있다.

은메달을 향하여!

다른 분야에서 성공한 브랜드 포지셔닝 아이디어를 찾아보라. 원조 매드맨(Mad Man), 도일 덴 번박(DDB, Doyle Dane Bernbach)사의 천재적인 선구자인 빌 번박(Bill Bernbach)에 대해 알아보자. 번박 이전에 미국 광고들이란 다음과 같은 울트라 슈퍼 플러스한 거창한 광고들뿐이었다. "새롭게 장착한 비단같이 부드러운 극강의 안락함을 자랑하는 서스펜션으로 사모님의 머리카락이 흔들림 없도록 만든 신형 크라운 앰배서더 세단의 최고급 럭셔리함을 시승해 보세요."

번박은 현실 속 친구처럼 대화하는 광고를 만든 최초의 인물이었다. 1960년대 초, 그의 VW 비틀(Beetle) 차 광고는, 당시로는, 분명히 외계인이 쓴 것처럼 보였을 것이다. 광고는 흰색 바탕에 '레몬(Lemon)'이라는 제목의, 작은 차량의 사진이었다. 그리고 그 광고의 카피는 다음과 같았다. "못생겼으나 목적지에는 도달하게 해줍니다." 그 폭스바겐 광고들은 오늘날에도 여전히 단순화된 인간미를 선구적으로 표현한 걸작으로 추앙받고 있다. 애플은 그로부터 영향을 많이 받았다.

번박이 유명세를 타고 있을 즈음 자동차 렌트 회사인 에이비스(Avis)는 라이벌인 허츠(Hertz)에 고전을 면치 못하고 있었다. 고민 끝에, 에이비스 사장은 번박에게 연락해 DDB사의 마법으로 자사 브랜드를 구해줄 수 있는지 문의했다. 불행하게도, 예산은 많지 않았다. 번박이 도움을 줄 수 있을까? 번박은 고민을 했다. 모든 광고 대행사들의 가장 큰 비용은 직원들의 시간당 임금이다. 고객사의 중간 관리자들은 긴 회의와 모든 광고 시안에 대한 자잘한 수정 요구로 그 비싼 시간을 낭비하길 즐긴다. 번박은 에이비스 예산에 맞춰 일을 하되 에이비스가 DDB사의 제안에 자잘한 개입을 하지 않는다는 조건을 제시했다. 다행히도 에이비스 사장은 이에 동의했다.

DDB사는 "2등이라서 더 노력합니다"[4]라는 엄청나게 효과적인 캠페인을 들고 나왔다. 광고는 에이비스가 고객들을 당연하게 대하지 못하는 이유를 설명하고 있었다. 1등이 아니라 우승의 영광을 즐길 수 없기 때문에 더 노력해야 한다는 것이다. 천재적이었다. 모든 시장은 시장을 지배하는 1위 업체가 있고 일부의 사람들은 이를 탐탁치 않게 생각한다. '더 노력합니다' 캠페인은 1963년에 출시되었다. VW 캠페인과 같이 신선한 겸손함으로 업계에서 튀는 데 성공했다. 어쩌면 자만심 넘치는 시대적 분위기에 맞서고 싶어 하는 폴라 그린(Paula Green)이라는 여성이 만든 작품이기 때문이었을지도 모를 일이다. 당시의 기업문화로 볼 때 여성으로서 더 노력해야 살아남는다는 것을 그 누구보다도 더 잘 알고 있었을 것이다. "에이비스는 친절하지 않을 여유가 없습니다.", "에이비스는 고객을 기다리게 할 여유가 없습니다.", "에이비스는 더러운 재떨이를 그대로 놔둘 여유가 없습니다."

매년 320만 달러의 손실을 보고 있던 에이비스는 1년 안에 120만 달러의 순익을 기록했는데, 이는 10여 년 만에 처음으로 만든 이익이었다. 몇 년 안에는 2등이라는 메시지를 중단해야만 했는데, 왜냐하면 이제 그들이… 1등이었기 때문이다. 그러나 '더 노력합니다' 캠페인은 계속되어, 50년 동안 유지되었다. 이것이야말로 정말 확실하게 최고의 포지셔닝 전략이 아닌가.

우리가 특별히 좋아했던 광고가 하나 있다. 그 표제어는 '2등주의' 에이비스 선언문이다. 타이어 잭과 기계공의 망치로 만든 망치와 낫(구소련 국기와 공산당의 심벌로 쓰인 산업 노동자와 농민을 상징하는 도구-옮긴이)으로, 소련 핵의 그늘 아래 살았던 시대의 미국 광고로서는 배짱 있는 이미지였다. 이는 에이비스 신조를 규정해 주었다.

제1자세는, "잘못된 일은 하지 마라. 실수만 하지 않는다면 괜찮다."

제2자세는, "올바른 일을 하라. 새로운 방법을 찾아보라. 더 노력하라."

그리고 다음과 같은 초대로 마무리되었다. "에이비스는 2등주의의 창시자가 아니다. 누구나 자유롭게 사용할 수 있다. 세계의 2위들이여, 일어나라!"

'누구나 자유롭게 사용할 수 있다'. 우리는 훨씬 더 큰 경쟁자들과 마주하고 있었다. 그 광고야말로 우리가 필요로 하는 초대장이었다. 비즈니스 창의성은 종종 기존의 아이디어를 가져다 그냥 다른 산업에 접목시키는 일이다. 우리는 에이비스의 50년 된 초대장을 받아들였다. 우리는 자랑스러운 넘버 2가 될 것이다. 한 가지 사소한 문제가 있었는데, 그 당시 우리는 매출액으로 약 12위 정도였다. 하지만 누가 매출 2위가 되어야 한다고 했는가? 물론, 그것을 암시할 수도 있었다. 하지만 자세일 수도 있다. 또는 수익성으로일 수도. 어쨌든 우리는 그것을 채택하기로 했다.

우리는 모든 직원들이 손가락으로 윈스턴 처칠(Winston Churchill)의 역사적인 상징인 제2차 세계대전 '빅토리의 V' 사인이기도 한 전 세계적으로 통용되는 2등 사인을 하고 있는 단체 사진을 찍었다. 우리 웹사이트는 2등 복음을 전파하였다. 더 열심히 해야 된다. 더 나은 가격 책정, 더 좋은 장비 구축, 고객을 당연시 여기면 안 된다. 전화벨이 울리면, 흥분된다. 우리 회사 광고는 시청각 기술자들의 올림픽에서 시상대에 올라가 금메달 선수들은 가만히 서 있는데, 은메달 수상자들은 미치광이들처럼 흥분하여 날뛰는 것을 묘사한 것이었다.

마케팅 효과는 차치하고, 우리 직원들에게는 행동에 대한 청사진을 제공하였다. 2등이라는 자리에는 많은 의미가 담겨 있다. 이는 직원들에게 올바른 방향을 가리키는 지속적인 나침반 역할을 하였다. 우리는 그들에게 더 노력하라고, 더 열정적으로 하라는 말을 할 필요가 없었다. 가장 좋은 점은 고객이 다음과 같은 말을 할 때다. "여러분의 겸손은 정말 신선하게 느껴집니다. 자신이 2등이라는 것을 인정하면서도 그 사실을 자랑스러워하고요."

짧은 구절을 약 백만 번 반복하는 것은 피곤할 수 있지만 효과는 있다. 목표하는 시장이 질리기 훨씬 이전에 직원들이 질리게 된다. 5년 후, 우리가 2등 메시지를 폐기했을 때, 우리가 바로 그 2등 브랜드가 되어 있었다. 무슨 말을 충분히 반복하다 보면 현실이 된다.

중요한 것은 일관성을 유지하는 것이다. 대부분의 사업체들은 2년마다 마케팅 부장이 새로 임명되고 그들은 자신만의 업적을 남기려고 노력한다. 그들은 광고, 포지셔닝 및 대행사를 바꾼다. 이는 다중인격 장애를 가진 브랜드를 만들곤 한다. 다중인격은 사람들을 불안하게 만든다. 고객들은 무엇을 기대해야 할지 모르기 때문에 다른 업체를 찾게 된다.

에이비스가 50년간 하나의 포지셔닝을 지키는 일에 성공했다면, 당신은 적어도 5년은 지킬 수 있을 것이다.

모든 마케팅 요구에 부응하라

마케팅은 오즈의 마법사(Wizard of Oz)가 벌이는 행위와 흡사하다. 우리는 모두 자신들의 사업이 실제보다 크게 보이게 하려고 노력하고, 실은 작은 노인이 커튼 뒤에서 제품을 만들고 있다는 것을 아무도 알아차리지 않길 바란다.

당신은 카페와 도서관 등에서 모든 것을 혼자서 운영하는 1인 사업자일 수도 있다. 하지만 고객들은 당신의 광고, 웹사이트, 판매용 멘트를 보면, 그들은 당신의 사무실이 얼마나 큰지, 얼마나 많은 직원이 있는지 모른다. 그들은 단지 회사가 풍기는 느낌만을 판단할 뿐이다. 우리는 신생 기업을 글로벌 강자처럼 만들어 줄 수 있는 가상적인 허세의 황금시대에 살고 있다.

불행하게도, 사업체들은 자기 딴에는 최고 수준의 자랑이라고 생각하는 허세의 마케팅 멘트가 실제로는 이동식 강아지 목욕업체보다 크게 나을 것 없이 들리게 하는 경우가 허다하다. 이와 비슷한 위반적인 사례들을 몇 개 살펴보자.

"우리 팀은 통합 85년의 업계 경험을 보유하고 있습니다!"

도대체 이게 무슨 의미인가? 예전에 벌써 은퇴했어야 할 45년 경력의 사람 한 명과 각각 2년 경력의 직원 20명을 의미하는 것인가? 경력을 합한 통계는 해당 팀의 낡고 혼란스러운 이미지만 주게 된다.

"XXX 주식회사"

소기업들은 주식회사라는 것이 무슨 명성의 상징이자 거대한 회사의 증거인 것처럼 추가하는 것을 좋아한다. 이것은 오직 회계사들에게만 중요하다.

"그야말로 최고!"

호주 고속도로를 운전해본 사람이라면 누구나 파이 가게는 '호주에서 최고'와 '세계적으로 유명한' 단 두 종류만 있다는 것을 안다. 이들 파이를 직접 경험한 사람들은 이러한 주장들이 어처구니없는 과장과 노골적인 거짓말 중 하나라는 사실을 알게 될 것이다. 최고는 절대 자신이 최고라고 하지 않는다. 권투선수 무하마드 알리(Muhammad Ali)를 빼고는 말이다. 게다가 우리 중 어느 누구도 알리가 아니다. 이와 비슷한 주장 중에는 '나머지를 시도해 봤으니, 이젠 최고를 이용해 보세요!', 또는 '그야말로 최고!' 등이 싸구려 80년대식 동기부여 멘트를 대표하는 대상 수상자들이다. 이런 멘트를 날리면 고객들은 더 이상 들을 생각을 안 할 것이다. 왜냐하면 그 옛날 귀에 거슬리는 1인 색소폰 음악 이미지를 심어줘 그들을 몰아내 버렸기 때문이다.

"고객의 모든 잔디 관리를 위하여!"

외진 지역의 팬션에 놀러가면 아주 오래된 마케팅 시절로 돌아가는 기분이다. 인터넷도 안 되므로 지역 방송이나 영웅본색 시절의

DVD 중에서 선택해야 한다. 지역 방송의 광고는 모두 지역 채널이 한 명의 작가/감독/카메라맨이 자체 제작한다. 그는 여유 시간이 많지 않아서 광고를 정해진 틀에 맞춰서 제작한다.

광고는 그 지역 산업단지의 한 기업 앞으로 승합차량 한 대가 들어와서 정차하는 것으로 시작한다. 그리고 끝은 언제나 "당신이 필요한 모든 직물을 위하여!" 및 "당신이 필요한 모든 새모이를 위하여!" 또 뭔들을 위하여… 이런 틀에 박힌 광고에서 벗어나야만 한다.

"느낌표!!!"

아마도 중소기업 광고들이 주장하는 내용에 자주 등장하는 것이 있다는 것을 알아챘을 것이다. 느낌표. 이것만큼 묵직한 대형견 같은 대기업 사이에서 마구 짖어대는 치와와처럼 보이게 하는 것도 없을 것이다. "관심이 절실히 필요해!", "어이, 나 좀 봐주라고!!", "세상에, 바이러스처럼 증식하고 있네!!!", "그리고 13살짜리 소녀라는 인상을 남기고 싶으면 이것을 계속 사용하렴!!!!"

"어지러운 그래픽과 거대한 로고"

'자연은 진공(眞空)을 혐오한다'는 옛 속담은 중소기업 마케팅에 가장 적합한 말이다. 소규모 사업가들은 비용의 효용성을 최대로 하고 싶어 하기에 빈 공간을 혐오한다. 그래서 그들은 모든 공간을 채우기 위해 로고를 확대하여, 꽉 채워 최선을 다한 듯한 모습으로 보이도록 노력한다. 그러나 우아함과 확신감은 그래픽이 숨 쉴 수 있는 공간을 주는 것에서 나온다.

또한 마케팅 업계에게 사랑받는 진부한 상투적 문구는 기업의 규모와 상관없이 쓰인다.

"우리 직원들은 우리 회사의 가장 큰 자산입니다!"

이 말은 '이것이 우리의 품질과 우리의 서비스입니다!'와 비슷한 사고방식의 말이다.

"우리 대기업에서는…"

광고, 제안서 또는 기타 문서에서 회사명으로 시작하는 것은 매력 없는 습관이다. 이는 '나에 대한 얘기는 이제 그만하고, 당신은 나에 대해 어떻게 생각하는지 말해보세요.'와 같은 사고방식의 마케팅 수법이다. 이것으로 고객의 관심을 끌 수 있겠는가? 아니다. 그들의 흥미를 유발하는 요소가 있는가? 아니다. 그냥 당신의 이름만 계속해서 반복하고 있는 꼴이다. 상투적 문구에 더한 보너스로는 다음과 같이 쓴다. "우리 대기업에서는 열정적으로…"

"XX 이상의 (그 무엇)"

이렇게 주장하는 브랜드들은 경쟁사들과 똑같은 것을 제공하며, 그 이상은 못한다. 이는 어린애들이 '무한대 더하기 일'이라고 주장하는 것과 다를 바 없다. 내가 개인적으로 최고로 생각하는 예는 최근 문을 닫은 난(naan) 브랜드의 "그냥 난만이 아닙니다"이다. 물론 난을 포장하는 비닐 포장지도 포함하고 있었지만 궁극적으론 그저 '난'만 있었다. 이와 비슷한 문구로는 '차별화된 경험을 해 보세요'가 있다. 이 게으른 문구가 들어 있으면 아무런 차이가 없다는 보증서로 받아들이면 된다.

"말장난"

마케팅은 웃음을 통해 사람들의 관심을 끌어야 한다는 속설이 있다. 이건 사실이 아니다. 마케팅 메시지는 가능한 한 적은 단어로 당신의 제품만이 당시의 문제를 어떻게 해결할 수 있는지를 전달해야 한다. 유머가 그것을 할 수 있다면 그렇게 해라. 하지만 이는 보기보다 어려운 일이다. 사람들을 웃긴다는 것은 수십 년 동안 잔인하게 무관심한 관객들을 상대로 기술을 다듬어온 프로 개그맨들에게도 힘든 일이다. 신생 사업가에게는 거의 불가능한 일이다. 그러나 어떤 어둠의 본능인지는 몰라도 그들은 그중 가장 유치한 유머 도구인 말장난을 사용하려 하는 경향을 보인다.

내가 본 예를 무작위로 들자면, 버스 정류장에 붙어 있던 국제적인 샌드위치 가게 브랜드의 커피 홍보 광고였다. 쌓인 커피 콩더미에 놓인 일반 테이크아웃 커피 한 잔 사진의 제목은 다음과 같았다. "모두가 '콩' 찍어서 주문하는 커피". 이건 그냥 아빠가 읽어주는 아재 개그를 광고로 만든 것과 같다. '콩'이란 단어를 강조해서 표기한 것은 상황을 더 악화시킬 뿐이다. 정말이지 만화에서나 나오는 '뿅'

효과음을 듣고 있는 것만 같다. 재치가 있는 것도 아니고, 재미도 없으며, 당신의 커피도 팔리게 하지 않는다.

마케팅에 말장난이 필요한 때와 장소는 그 언제라도, 그 어디에도 없다.

이미 성공한 대형 브랜드들을 연구하고 그 스타일을 적용해 보라. 스타일을 갖는 것만으로도 대부분의 다른 브랜드보다 앞서게 된다. 그리고 그것을 강조하라. 브랜드는 다년간의 시각적 일관성을 기반으로 구축된다.

구식이긴 하지만, 유선 전화번호와 실제 사무실 주소를 갖춰라. 물론, 유선전화는 당신의 모바일로 착신해 놓을 것이고 사무실은 실제로 방문조차 하지 않는 서비스용 사무실이더라도 실체가 있어 보인다. 이렇듯 구체적인 요소들이 없다면, 고객들은 당신을 문제가 생기면 언제 없어질지도 모르는 불안한 1인 회사라고 느낄 것이다.

혼자서 다 할 수는 없다. 비즈니스 작가와 그래픽 디자이너를 고용하라. 유료 미디어의 붕괴로 인해 적은 금액으로 일할 훌륭한 작가들과 디자이너들이 넘쳐나게 되었다. 그들은 회계사들보다 훨씬 싸게 먹히고, 회계사들이 할 수 있는 일은 "당신의 수익이 너무 적어요."라고 말하는 것뿐이지만, 커뮤니케이션 전문가들은 수익이 적은 그 상황을 극복할 수 있게 해줄 수도 있다.

마케팅: 정직하라

모든 회사들이 자기들은 모든 것에 완벽하다고 주장하기 때문에 마케팅으로 승부를 보는 것은 어려운 일이다. 마케팅은 그야말로 백색소음이다. 따라서 정직함은 급진적이고 눈에 띄는 방침이다.

'우리는 그렇게 하지 않는다'는 말에는 힘이 있다. 이것은 당신이 주장하는 전문성을 더욱 믿을 수 있게 만들어준다. 세간에는 원스톱 서비스를 주창하는 신드롬이 널려 있어서, 죄다 고객이 필요한 모든 요구사항을 한 곳에서 처리해 준다고 주장을 하지만 대부분은 그 모든 분야를 그저 그런 수준으로 처리할 따름이다. 그래서 포장 인쇄 회사는 '토털 커뮤니케이션 솔루션'을 제공하기 위해 실력이 형편없는 크리에이티브 부서를 추가하게 되는 것이고, 욕실용품 가게는 더 많은 수도꼭지와 세면대를 판매하기 위해 욕실 디자인도 해준다고 한다. 그들은 자신 회사의 전문 분야도 아닌 디자인팀을 설치해 당신이 결과물을 보고 실망을 하게 만든다.

크리에이티브 디렉터로서 나는 매번 같은 일이 반복되었기에 라디오 캠페인 일은 그만두었다. 나는 다양한 미디어를 사용하여 광고 캠페인을 계획한다. 라디오 방송국 영업 담당자를 만나 광고 시간을 잡는다. 라디오, TV, 인쇄물 및 디지털 매체 전반에 걸쳐 일관성이 느껴지는 광고를 만든다. 그러나 나는 라디오 방송국 영업 담당자들은 해충 같은 존재라는 사실을 깜박한 것이다.

캠페인이 끝날 때마다 그들은 내 고객에게 직접 전화를 거는 것이다. "그 쓸모없는 크리에이티브 에이전시에 추가로 돈을 쓸 필요가 없습니다. 우리는 원스톱 숍입니다! 우리가 자체적으로 비용 없이 광고를 작성하고 제작해 드리면 광고 비용만 지불하면 됩니다!"

하루에 30개의 광고를 만들어 내야 하는 라디오 방송국 소속의 사내 작가들은 매번 똑같은 공식을 사용해서 광고를 찍어내는데, 이 책의 한 챕터를 할애해 그렇게 만들어 낸 끔찍한 광고에 대해 얘기할 수도 있다. 성우가 광고 대본을 반쯤 읽다 말고 광고 내용에 나오는 미치게 싼 가격에 물건을 구하러 달려간 경우 등. 라디오 방송국 영업 담당자에게는 광고가 브랜드 구축을 위한 황금 코미디처럼 보이나 보다. 자신의 원스톱 숍 능력에 취해 버리면 자신이 만들어 내는 광고가 쓰레기라는 사실을 잊어버리고 실제로 그들에게 비즈니스를 가져다주는 회사를 짓밟는 행위라는 것을 명심해야 한다.

자신의 약점을 인정하면 강점은 더 커 보인다. 대부분의 브랜드가 그러하듯 완벽한 척을 할 필요는 없다. 아무도 완벽한 사람을 진정으로 좋아하진 않는다. 결함은 흥미롭고 때로는 사랑스럽다. 국내 가전제품 제조사 고객은 어머니날 캠페인 기획회의에 나를 초대한 적이 있다. 모든 어머니날 광고는 거의 다 비슷하기 때문에 그들이 제안한 광고를 대충 상상할 수 있으리라 짐작한다. 이상적인 백인 부부가 소파에 앉아 바닥에 앉아 있는 사랑스러운 아들과 딸과 함께 있다. 엄마는 고객 회사의 제품을 행복한 미소를 지으면 펼쳐보고 있다. 거기에는 어머니날이 지정된 이후 여태껏 바뀌지 않은 통상적 제목이 달려 있었다. "올해 어머니날에는 행복을 선물하세요!"

하품이 나온다. 정말로? 내가 엄마는 아니지만 아마도 어머니날에 그들이 주방용 가전제품이나 다른 가사용 노예 도구를 원하지 않을 것이라는 건 상식일 것이다. '충전식 진공청소기로 어머니날에 대청소를 시키는 것'으로 어머니날의 그 '행복'을 망치지나 않으면 다행이다.

그래서 나는 수십 년 동안 자기중심적이고 완전히 잘못된 어머니날 선물에 대한 그 회사의 죄를 고백할 때라고 제안했다. 우리는 어머니들이 식구들을 위해 추가적인 노동에 필요한 도구가 아닌 새로운 개념의 선물을 추천해 줄 수 있는 '더 이상의 토스터는 필요 없어!'라는 홈페이지를 개설하자는 제안을 했다. 거기서는 아빠와 아이들이 실제로 엄마가 좋아할 만한 가전제품을 추천해 주도록 한 것이다. 예를 들어 에스프레소 메이커, 아니면 칵테일 블렌더와 같은 것들.

엄마를 위해 꽃을 사는 방법과 같은 다른 편리한 팁도 포함시켰다. '안개꽃이 있는 꽃다발은 무조건 집에 오는 길에 편의점에서 산 것처럼 보인다.' 그리고 지난 수년간 다리미, 주전자 및 진공청소기 같은 선물만 받도록 한 일에 대한 정식 사과가 포함되었다.

이는 고객에 직접 대항하는 일이었다. 자신의 제품들이 항상 훌륭하다는 믿음은 쉽사리 가라앉지 않는다. 약 20회의 회의가 필요했지만 결국, 만세, 고객은 승낙했다. 우리는 어머니들이 자신이 받은 최악의 어머니날 선물에 대한 이야기를 라디오 방송국에 전화하도록 독려하는 광고와 함께 캠페인을 출시하였다.

홈페이지의 중심에는 엄마들이 충격적인 선물을 게시할 수 있는 '수치의 전당'이 있었다. 맙소사, 이렇게까지 뇌관을 건드리는 일이 되다니. 전국 각지에서 어머니날의 공포를 공유하는 엄마들의 목소리가 쏟아졌다. 사진이 쏟아져 들어왔다. 가축우리, 합금 자동차 바퀴, 위아래가 서로 일치하지 않는 판매대 출신의 저렴한 란제리, 폴댄스 강습증, CB 라디오(Citizens' Band, 27MHz 밴드 내의 단거리 통신용 라디오-옮긴이), 나머지 할부금은 엄마의 몫으로 남겨진 첫 달치만 계산된 24개월 할부 세탁기… 나의 최애 사연은 동성애 남자로부터 온 것이었다. "엄마에게 라이온 킹(The Lion King) 표 두 장을 샀는데, 나를 위해 산 가죽 댄스파티 표 두 장을 실수로 넣었어요. 왜 그리 안색이 안 좋으셨는지 이해가 안 가더라고요."

그리고 우리 고객이 지난 수십 년간 저지른 선물 폭행에 대해 사과를 하는 입장이었음에도 불구하고 전반적인 고객 반응은 '늦었지만 결국 인정하는 데 대해 고맙다'는 것이었다. 이 캠페인은 전국 판매 효율성 상을 수상했다. 통쾌하게 하는 정직한 고백이 표준화된 입발림보다 훨씬 더 많은 가전제품의 판매를 가능하게 했다. 그리고 그 과정에서 그 브랜드의 평판도 훨씬 더 나아졌다.

고객의 입장이 되도록 하라. 그들에게 좋은 점과 나쁜 점에 대해 정직하게 이야기하라. 우리 업계에서는 아무도 '아니다'라고 말하지 않는다. 일은 일이기 때문에 마지막 순간까지 계속 주문을 받는다.

우리는 거절하는 것을 싫어하지만 때로는 선을 그어야 할 때가 있다. 몇 년 동안 거래하려고 노력해온 고객에게서 전화가 온다. 마침내 같이할 사업이 생겼다는 것이다. 그러나 하필 다른 많은 큰 프로젝트가 있는 날이다.

이럴 경우, 우리는 할 수 없이 다음과 같이 솔직하게 말해야 했었다. "우리가 맡을 수는 있지만 현재 A급 직원들과 장비들이 이미 기존 고객에 모두 예약이 되어 있어서 만약 우리가 이번 프로젝트를 맡게 되면 B 또는 C급 프리랜서들을 투입해야 할 겁니다. 이럴 경우엔 처음으로 맡게 되는 귀하의 이벤트에서 완전히 잘못된 인상을 줄 수 있을 겁니다. 죄송하지만 이번은 거절해야 하겠습니다."

이럴 경우, 고객들은 백이면 백 다 다른 업체들은 언제나 할 수 있다고만 했지 우리처럼 정직한 경우는 처음이라 감명을 받았다고 했다. 이는 훗날 더 많은 작업 의뢰로 이어지는데, 이는 우리 회사가 솔직한 회사로 정평이 나기 때문이다.

모른다는 것을 인정하라

나는 모든 판매 사원들이 거짓말쟁이들이라는 인식에 대해 항상 마음이 편치 않은데, 이는 고객들 자체가 스스로 엄청난 거짓말쟁이기 때문이다. 반품대에서 조금만 시간을 보내다 보면 도널드 트럼프(Donald Trump)도 당황하게 할 거짓말을 듣게 될 것이다. 사업에 몸담게 되면 납품 회사의 영업 사원을 상대하게 되는데, 이는 영감과 살의 사이를 오가는 경험이다. 그나마 괜찮은 사람들은 질문을 한다. 수준 미달인 사람들은 줄을 당기면 저장된 말을 내뱉는 인형과 같이 말한다. (줄을 잡아당긴다) "완벽한 토탈 솔루션!"

어떤 사람들이 당신을 실망시킬지 어떻게 알 수 있을까? 무조건 들어보라. 사람들이 사용하는 단어에 많은 단서가 있다. 내가 종사하는 업종은 다행이도 대부분의 영업 사원들이 꽤 도의적이다. 그러나 나의 뇌에 장착된 거짓말 탐지기가 바로 '새빨간 거짓말이다'라며 울릴 만한 가장 천박한 거짓말을 하는 영업 사원들도 있다. 나의 모든 본능은 이번 구매 결정이 마치 배우나 가수와 결혼할 때 지나치게 행복에 겨워하는 사람만큼이나 잘못된 것이라는 것을 알려주고 있다.

그중 가장 강력한 거짓말 후보들은 '턴키 방식의 솔루션', '지성의 선구자', '110퍼센트 완벽'과 같은 것들이다. 한 번쯤 들어봤을 법한 이런 자신감에 가득 찬 비열한 사람들의 주장은 눈 깜박할 사이에 좌절로 바뀐다. 그러나 뭐니뭐니해도 헛소리 예술가의 최고는 '결점 없는 완벽함'이라는 말을 하는 작자일 것이다. 인생의 모든 것엔 결점이 있다. '결점 없는 완벽함'을 약속하는 판매 사원은 그것을 전달할 길이 없다. 마치 공연용으로 훈련된 동물처럼 이런 마술과도 같은 말을 하면 누군가 보상을 해줄 거라 믿도록 훈련되어 있듯이 말이다. 하지만 말하기는 쉽고, 그런 말을 하는 영업 사원들은 무한히 많기 때문에 그다지 설득력이 없다.

사람들의 말과 행동의 차이를 관찰하는 일은 흥미롭다. 그리고 그들의 실제 모습을 관찰하는 일도. 실제로 멋진 사람들은 자신이나 자신의 회사가 멋지다고 표현하지 않는다. 정직한 사람이 '나를 믿어라'라는 말을 하는 경우는 거의 없다. 그리고 '관계'라는 게 있다. "당신과 관계를 맺고 싶다."라는 말로 의미 있는 관계를 맺은 경험이 있는가? 없을 것이다. 스토커나 사용할 만큼 이상한 말이기 때문이다. 나는 은행 여러 지점의 '고객관리(관계) 담당자'에게서 받은 수십 장의 명함을 가지고 있다. '고객관리 담당자'는 본인이 앞으로 할 일에서 형성되는 것이 아니라 지금 하는 일에서 비롯된다는 것을 전혀 모르는 사람들이 만든 언어다. 게다가 실제로 내가 뭔가를 필요로 할 때는 그들이 항상 다른 지점으로 옮겨가 있었다.

어떤 이유에서인지 '상식'이라는 단어를 쓰는 마케팅 담당자는 해당 직업에서 가장 무능한 부류로 분류된다. '전문가'라는 단어를 듣는 순간 차라리 권총을 빼들어야 한다. '기발한', '활기찬' 또는 '감동 요인'과 같은 단어를 사용하는 사람들은 항상 그저 그런 작업을 만들어 낸다.

한번은 고객이 TV용 광고 시안을 돌려보내면서 더욱 기발하고 역동적인 것을 요구하면서 'quirky(기발한)'란 단어를 마치 고양이가 가로로 자판을 누른 것처럼 'qwerky'라고 써 보낸 적도 있었다.

창의적인 사람들은 절대로 스스로에 대해 '창의적'이라는 단어를 사용하지 않는다. 그들은 완벽하게 창의적인 결과물을 만들어 내느라 너무 바빠서 이런 말을 할 시간조차 없다. 창의성이 부족한 사람들일수록 자신을 꾸미는 방법은 더욱 유치찬란하다. 목에 두른 스카프, 고전 책표지 모양의 아이패드 커버, 팬톤 컬러의 커피 머그 등, 전반적으로 내뿜는 진정한 천재적 창의성은 실존적 고통에서 나오는 자신의 창의성을 알리는 데 덜 숙련돼 있으므로 고객들은 그들을 알아볼 수 없는 것이다. 장 폴 사르트르(Jean-Paul Sartre, 프랑스의 사상가로 실존주의 철학자-옮긴이)씨, 감사합니다만, 당신을 위한 예산은 배정할 수 없겠네요.

또한, 판매 사원이 내부적으로 사용하는 단어들이 있다. '사과'라는 단어가 나온다면 절대로 훌륭한 판매 사원이 아니다. 형편없는 판매 사원은 판매에 실패하면 경쟁업체가 나쁜 제품을 더 낮은 가격에 고객들이 구매하도록 속였다고 확신한다.

나는 그들에게 항상 이렇게 말한다. "우리는 사과를 사과와 비교하는 게 아닙니다."

이는 사과를 그 무엇보다도 사랑하는 사과 재배자들의 사고방식이다. 이것은 사과가 모든 고객의 요구에 대한 답이라고 확신하는 사람들의 마음가짐이다. 어쩌면 고객은 사과 없이도 충분히 행복할 수도 있을 것이다. 이렇게 한 제품에 집착하는 판매 사원들은 빨리 과일 재교육 캠프에 보내 고객 요구에 대한 이해를 넓히도록 해야지 아니면 사과에 대한 무한한 집착으로 계속 매출이 떨어질 것이다.

내가 가장 함께 일하고 싶은 사람들이 누구인지 아는가? "모르겠습니다."라고 편하게 말할 수 있는 사람들이다. 너무 많은 사람들이 모든 주제에 대해 할 말이 있어야 한다고 생각한다. 그리고 객관적인 지식이나 경험이 없을 때는 예측하기를 좋아한다. 그래서 수많은 신규 비즈니스 아이디어가 '연구 조사'되는 것이다.

"실제 연구 결과, 사람들에게서 그다지 좋은 반응을 얻지 못했습니다."

"알았어요. 혹시 그 사람들이란 게 당신 회사 비서였나요, 아니면 당신 처남이었나요?"

"어… 네. 하지만 그들은 상당히 객관적인 사람들입니다."

이 사람들은 그다지도 중요하게 생각하는 사회생활 대학교에서 '나의 예상'이란 학위의 소유자들이다. 그들에게 무언가를 묻는다면, 아무리 '아무말 대잔치'라도 그것에 대한 의견이 있어야 한다고 믿는다. 이것은 자기중심적인 관리자의 문제이기도 하다. 모든 상황에서 신과 같은 전지전능한 지식을 전수하지 않으면 명성을 잃을 것이라고 믿는 고위 간부들로 인해 많은 문제들이 야기된다.

나는 "저는 논평할 만큼 그 주제에 대해 충분한 지식이 없습니다. 아는 분에게 물어보십시오."라고 하는 사람들과 "그건 제 전문 분야가 아닌데요, 어떻게 했으면 좋겠습니까?"와 같이 말하는 관리자들에 대해 진정으로 존경심을 갖는다. 리더십에 있어서 자신감은 중요하지만 기회가 있을 때마다 자신이 얼마나 훌륭한지 잘난 척하는 것과는 다르다. 때로는 자신이 모른다는 것을 인정하고 도움을 요청하는 것에 더 큰 힘이 있다.

일반적으로 너무 화려하게 이야기를 하는 것은 역효과를 낳는다. 비즈니스 프로젝트의 라이프 사이클을 고려해 보라. 흥미로운 아이디어, 긍정적이며 적극적 계획, 팀원 구성, 제품의 출시… 결국 출시는 하였지만 모든 사람들이 원하던 대로 잘 진행되지는 않는다. 새로운 제품이나 계획이 기대한 것보다 더 잘 되는 경우는 드물다. 그러니 목표의 70%에 도달하는 것은 어떠한 프로젝트에서도 훌륭한 결과일 것이다.

따라서 사업의 기술은 희망과 꿈을 이루지 못하고 실패하는 것을 최소화하는 일이다. 그 희망과 꿈이 이루어지지 않는 이유는 직원들과 공급업체들이 그것이 얼마나 '결점 없고' '보장된' 것인지를 너무 화려하게 꾸며대서 이야기했기 때문이다. 목표와 기대는 광적인 환상으로 부풀려진다. 나는 차라리 다음과 같이 말하는 사람들과 일하길 원한다. "우리는 좋은 결과를 위해 열심히 하겠습니다." 현실적으로 말하는 사람들은 일반적으로 실제적인 결과를 제공한다. 이것이 바로 제품 배송의 실무 경험이 있는 영업 사원이 성공할 확률이 높은 이유다. 왜냐하면 그들은 근거 없는 '예상'을 안 하고, 고객들과 이 사실을 알아차릴 수 있기 때문이다.

우리 사업에서는 기본적으로 공연 기술자들을 영업 사원으로 사용할 경우 훨씬 더 많은 이윤을 남기게 되는데, 이는 사람들을 상대로 사실만을 말하고 모든 요구에 "예"라고 하지 않기 때문이다. 벽을 마주하는 듯한 그런 부정적인 방식이 아니라 실질적인 것을 긍정적인 방식으로 말한다. 화려하기만 하고 작동하지도 않는 디자인이 아니라 작동이 되는 실용적인 디자인을 판매하는 방식으로 말이다. 모든 것에 "예"라고 대답하면 납품 과정에 무리를 초래하게 되고 사람들에게 비현실적인 기대를 하게 하여 실패를 가져오게 한다.

로또와 같은 결과는 기대하지 마라

누구나 자신의 사업이 팟캐스트에 나오는 성공 사례가 되는 꿈을 꾼다. 그들은 마케팅 캠페인을 시작한 다음 폭풍처럼 밀려올 주문을 기다리며, 그것이 편안한 삶으로 이어지는 거대한 비즈니스를 꿈꾼다. 카일리 제너(Kylie Jenner) 게시물로 인해 백만장자가 된 치아 미백제를 만든 두 사람처럼. 그들은 참 좋겠지만, 이런 일은 매우 드물다. 그러나 그래도 괜찮다. 기본에 충실하면 결국은 이런 성취를 이룰 수 있게 된다. 성공은 쌓이는 동안 거의 알아차리지 못하도록 점진적이고 밀물과 썰물과 같은 변화로 이루어지는 것이다.

일관성은 필수불가결하다. 특히 사람들이 당신을 알아가는 데 오랜 시간이 걸리는 서비스 사업에서는 말이다. 금붕어처럼 3년을 참을성 있게, 같은 사람들에게 같은 메시지를 반복해서 들려줘야 할 것이다. 그들은 다음엔 꼭 당신에게 일을 맡겨 보겠다고 약속하고는 뒤 돌아서면 당신의 존재조차 바로 잊어버릴 것이다.

이 모든 것을 통해 마케팅 노출을 계속 유지하고 메시지를 일관되게 보내야 한다. 인쇄물 광고가 주를 이루던 시절에, 고객들은 주말 신문 전면 광고를 매우 좋은 가격에 할 수 있게 됐다며 주로 목요일 오후에 연락을 해왔다. 예약된 광고가 취소되어 3만 달러짜리 광고를 1만 달러에 게재할 수 있게 되었다는 것이다. 2시간 안에 광고를 준비할 수 있냐는 것이다. 그들은 이것을 놓고 마치 자신의 제품을 엄청나게 노출시켜서 매출을 다음 단계로 올려놓을 수 있는 핵폭탄 같은 기회라고 생각한다. 그러나 고객들의 반응은 기본적으로 싸늘하다.

아날로그든 디지털이든, 광고 캠페인은 이런 식으로 작동하지 않는다. 대부분의 사람들은 그날 하루에 이뤄지는 블록버스터 급의 캠페인 하나로 인해 당신의 제품을 구매하지 않는다. 그들이 레이더망에 걸려들지 않는 것이다. 이보다는 작지만 일관된 광고를 장기적으로 운영하는 것이 훨씬 낫다. 바이럴 마케팅으로 이어질 것이란 생각은 버려라. 온라인 비디오가 처음 등장했을 때 모든 고객들의 소원이었다. 바이럴 마케팅이 된다는 것은 본인이 선택하는 것이 아니다. 그것은 16살짜리 소년이 슈퍼모델로부터 데이트 신청을 바라는 것과 다르지 않은 확률을 가진, 바랄 수도 없고 마케팅으로 기획될 수도 없는 요행인 것이다.

당신의 동영상이 갑자기 전 세계 조회 수 3천만 회에 이르렀다고 상상해 보자. 두 가지 중 한 가지 일이 발생할 것이다. 가장 가능성이 높은 것은 별다른 변화가 없을 거란 것인데, 이는 조회 수가 많은 비디오가 항상 제품의 구매로 이어지는 것은 아니기 때문이다. 게다가 대부분의 시청자는 당신 제품이 존재하지 않는 곳에 있을 것이다. 만에 하나 엄청난 구매로 이어지더라도 다운로드하는 제품이 아니라면 당신은 그 엄청나게 급증한 주문량을 처리할 재고, 직원 또는 시스템이 없을 확률이 높다. 따라서 고객들은 오히려 불만스러운 경험을 할 것이다. 그렇다면 당신은 결정을 해야 한다. 일회성일 수 있음을 알고도 가능할 수 있는 매출 급증에 대처할 준비를 해야 할 것인가? 그건 정말 위험한 행위일 것이다. 이것은 사업에 대해 꾸는 꿈과는 거리가 좀 있는 일이다.

마케팅 캠페인에 매달려 있는 기대는 너무 크다. 나는 항상 사람들이 '폭발적 이메일'을 쏘는 것에 대해 이야기하는 것을 즐긴다. 왜냐하면 로켓처럼 쏘아올린 그 모든 폭발적 이메일은 모두가 존재도 알지 못하는 외로운 스팸메일함 무덤에서 쓸쓸히 사라져갈 것이기 때문이다. 항상 토끼보다 거북이처럼 가는 게 더 나은 방식이다. 나는 이 고전적 대항을 정말 거북이의 주인으로 지켜봤다. 어린 시절을 함께해 온 사랑하는 거북이 알버트(Albert)가 최근에 세상을 떠났다. 거북이들은 정말 놀라울 정도로 빠르게 움직이며 항상 같은 방향으로 간다. 여러분을 위해 거북이와 비즈니스를 비유하는 챕터는 생략하도록 하겠다. 다만 겸손하지만 지속적인 마케팅만이 당신이 감당 가능한 속도로 사업을 성장시키는 데 도움이 될 거란 것은 분명하다.

나는 무슨 범죄영화에서나 나올 법한 모든 것을 바꿔 놓을 대박 판매에 대해 이야기하는 사람들에 대해 회의적이다. "내 주택 담보 빚을 한 방에 다 갚게 해줄 거야.", "끝난 거야, 관리자 한 명만 더 승인하면 되는데, 그건 형식적인 거야." 몇 개월 후, 어떻게 되었는지 물어보면 주문이 처리되기 직전에 거래를 망친 불행한 사건에 대해 이야기를 한다. 나는 곧 발표될 큰 거래 건에 대해 사람들에게 알리는 것에 정말 미신적이다. 사람들에게 알리게 되면 오히려 잘못될 확률이 그만큼 커지고, 실망감에 당혹감까지 더하게 되는 것이다.

사업을 하다 보면 예상외의 큰 고객을 얻게 될 것이고, 기분은 참 좋겠지만, 그것만 믿고 따라가면 안 된다. 그보다 작은 고객 여럿을 얻다 보면 점차 대어들도 낚게 되는 것이다. 또한 대어만 낚으려는 승부욕은 마케팅 프로그램의 지연으로 이어질 수 있다. 거대한 광고 캠페인은 출항할 기회만 엿보고 활주로에서 대기만 하게 되는데, 이는 모든 게 완벽하게 되기만을 기다리기 때문이다. 그동안 직원들은 아무것도 하지 못한다. 조금 부족할지언정 조그마한 것으로 바로 출항시키는 게 훨씬 좋다.

나는 이 책에서 구체적인 캠페인에 대한 조언은 하지 않겠다. 캠페인이란 게 이 책이 출판되면 10분 만에 구식으로 변할 게 분명하기 때문이다. 그러나 전반적인 법칙은 있다. 디지털 미디어를 운영할 아웃소싱 전문가를 구하라. 페이스북, 인스타그램, 구글 등의 최신 업데이트와 분위기 변화를 놓치지 않고 따라가려 하는 것은 큰 문어를 작은 양동이에 담으려고 노력하는 것과 같다. 그렇게 할 수 있는 알고리즘은 너무 복잡하다. 하나를 완벽히 통제하고 나면 다른 것의 방향이 완전히 바뀌어 있을 것이다. 이들 프로그램의 데이터 접근 방식은 끊임없이 변화하는 옵션의 지옥이다. 전념을 해야만 이들을 직접 지속적으로 따라서 유지할 수 있는 일이라 그럴 시간이 없다. 대부분의 플랫폼은 간소화된 캠페인을 직접 설정할 수 있도록 제공한다. 이들은 별 효과도 없이 돈만 빨아들이는 진공청소기다. 다른 사업주에게 디지털 에이전시나 프리랜서를 추천해 줄 수 있는지 문의하라.

1만 5천 달러짜리 커피와 고객을 쫓아버리는 다양한 방법들

요즘 시대에서 '고객 경험'은 타기업과 차별화할 수 있는 남아 있는 몇 안 되는 방법 중 하나다. 원래 크리에이티브 디렉터였던 나로서는 마케팅이 지금만큼이나 보편적인 적이 없었다는 점이 마음을 아프게 한다. 모든 중소기업의 홈페이지는 스톡 사진으로 가득 찬 표준 템플릿으로 만든 것이며 모두 똑같아 보인다. 거지같은 팝업 광고도 모두 동일하게 보인다. 페이스북과 인스타그램은 더 더욱 그렇다. 모든 브랜드가 동일하게 느껴지도록 할 목적으로 특별히 제작되었다. 경쟁 우위가 없다는 것은 끝없는 클릭/가격 경쟁을 의

미하며, 우승자는 오직 마크 주커버그(Mark Zuckerberg)뿐이다.

따라서 고객으로부터 연락이 오면 그것이야말로 자신의 회사를 차별화하여 해당 고객을 확실히 붙잡을 수 있는 큰 기회인 것이다. 그들의 첫 구매는 함께할 행복한 미래를 위한 오디션인 것이다. 우리들 대부분은 매일 출근하면서 일을 잘하고 고객을 화나지 않도록 하는 것을 목표로 하루를 시작한다. 그러나 때때로 우리는 고객들이 우리의 의도와는 반대로 받아들이게끔 하는 경우가 있다. '시작은 그렇게 좋았는데 지금은 어떻게 이렇게 실망을 시킬 수 있나요? 이게 어찌 된 일인가요?' 이것은 대부분의 회의가 회사 내부의 업무처리 절차에 맞춰서 진행되면서 시작되는 일이다.

사내 재무 담당자의 권고로 이렇게 맞춰서 진행되는 절차를 고객들이 이해하고 이에 의한 불편을 개의치 않을 것이라 믿게 된다. 더구나 담당 재무팀은 손익을 높일 수 있는 몇 가지 흥미롭고 새로운 아이디어를 가지고 있다. 문제는 여기서부터 시작되는 것이다.

나는 예전에 라디오 광고와 사운드트랙 작업을 위해 오디오 스튜디오를 대여해 사용했었다. 그들은 꽤 일을 잘했고 함께 일하기에도 괜찮은 사람들이었다. 스튜디오를 1년에 약 15회 정도 사용하고, 한 번 사용할 때마다 약 천 달러를 지불했었다. 한번은 1월의 어느 날 아침에 작업 차 갔을 때의 일이다. 스튜디오 매니저가 나타났다.

"좋은 아침이에요, 이안. 우린 커피 한 잔 사다 마실까 하는데, 한 잔 하실래요?"

"그러죠, 감사합니다."

일주일 후 나는 그들의 청구서를 받았다.

'스튜디오 사용 4시간 880달러, 커피 3달러 80센트'

나는 그들이 실수한 것이라 생각하고 전화를 걸었다.

"어… 청구서에 나오는 커피 값은 대체 뭐죠?"

그녀는 갑자기 평상적인 대화 어조에서 학교 교사의 사무적 어투로 변하면서 말했다. 이럴 때 가장 먼저 나오는 말은 언제나 '저기'이다.

"저기… 음…. 저희 회사에서 회사 발전을 위한 전략회의가 있었는데요, 결론은 고객들은 가장 저렴한 시간당 요금을 요구하고 부가 서비스는 별도로 청구하는 것을 선호한다고 판단되었어요. 우리가 부가 비용에 대한 보충이 있어야 한다는 점을 고객들도 이해해 줄 것이라고 생각합니다."

중요한 것은 '보충'은 고객들이 듣고 싶어 하는 단어가 아니다. 보충이란 단어가 좋게 사용되는 문맥은 없다. 그리고 "우리 고객은 우리가 더 저렴한 서비스를 제공하기를 원합니다."라니? 바보 아닌가? 그럼 고객에게 물으면 뭐라고 답할 거라 생각했는데?

"알겠습니다. 하지만 나에게 그런 얘기를 미리 하지 않았고, 그때 나에게 그냥 커피를 권했고, 결국 당신들은 내 사회생활을 통틀어서 카페가 아닌 곳에서 나에게 커피 값을 청구한 최초의 사업체가 되었네요."

"아~ 근데 저기, 다른 고객들 누구도 그것에 대해 불만을 제기하지 않았습니다."

난 다시는 그곳을 사용하지 않았다. 정말 너무 기분이… 더러웠다. 커피 한 잔을 권하는 것은 인간관계에 있어서 가장 기본적인 환대의 의미이다. 마치 악수나 명함에 대해 요금을 청구하는 것과 같은 느낌이었다. 그들은 3달러 80센트를 '보충'받고, 연간 1만 5천 달러의 수익을 날린 셈이다. 효율성이 별로인 장사다. 이 내용은 다음 전략회의에 포스트잇 노트에 메모해 놓길 바란다.

이런 조치는 마술사들의 움직임과 비슷하지만 매우 부정적인 방향으로 그렇다. 마술사들은 "아, 저길 좀 보세요!"라고 소리치고 그 사이에 손놀림을 통해 즐거움을 위한 속임수를 펼친다.

청구서에 적힌 커피는 오히려 "여기요, 이것 좀 보세요!"라고 외치는 것과 같다. 물론, 우리는 880달러 가치의 완벽하게 훌륭한 일을 했지만 그것은 "무시하세요! 바로 여기, 명시된 금액보다 천 배나 더 당신을 짜증나게 할 부당한 청구서가 있습니다."의 느낌이다.

청구서에 적힌 항목은 고객이 당신과의 최종 거래와 관련된 경험의 마지막 기억을 포함하고 있기에 경우에 따라서는 고객들의 짜증을 증폭시킬 수 있는 매우 민감한 사항이다. 고객은 당신이 하는 모든 일의 가격을 일일이 이해하지는 못 하지만 누구나 커피 한 잔은 이해한다. 예를 들어 당신이 변호사라면, 당신의 시간당 급료는 당신의 기술, 경험 및 평판의 신비스러운 종합체인 것이다. 그러나 누구나 서류 한 장 복사하는 가격은 알고 있다. 직업 이익을 극대화하기 위해 뻔한 일상용품의 가격을 부풀린다면, 다른 모든 작업도 동일한 수준으로 부풀려졌을 것이라 판단하게 되는 것이다. 이는 사람들이 당신의 브랜드가 얼마나 사악한 것인지에 대해 두고두고 이야기할 거리를 제공하는 것이다.

이 외에도 빤히 알면서도 구매가 마무리되는 순간에 고객들에게 바가지를 씌우는 경우도 있다. 원래도 이미 비싼 영화표를 구매한다. 게시된 가격에 동의하고 클릭한다. 그리고 마지막으로 3달러의 '거래' 수수료가 추가로 부과된다. 그것도 빌어먹을 표 한 장당 수수료다. 그곳에서 나의 돈으로 그들과 거래하는 '특권' 때문에… 영화표 한 장을 발행하기 위해 그들의 컴퓨터 서버가 4배 더 많은 작업을 수행해야 한다는 듯 말이다. 차라리 넷플릭스를 봐야겠다.

우리 솔직해지자. '관리비', '편의비', '거래 수수료' 또는 기타 어느 이름을 붙이건 이는 고객을 우롱하는 것 외에 다른 용도가 없다. 우리는 거래에 이미 동의를 했고 막 지불을 하려는 순간 갑자기 비용을 더 달라고 하는 것이다. 왜? 그냥.

영화 티켓 웹사이트보다 훨씬 더 많은 운영비가 드는 슈퍼마켓 계산대에서 식료품 값에 15%의 추가 부담을 계산대 사용료로 받는다고 생각해 보라. 분노한 군중의 폭동이 있을 것이다. 수십 년간 신용카드 수수료를 10%나 받아온 택시 회사들처럼, 수년 동안 우리를 괴롭혀 온 산업에 혼란을 야기하는 요소들이 등장한다 해도 동정심을 느끼기는 어려운 일이다. 그들이 불타 없어지는 것을 축하하는 의미로 시가를 피우며 지켜보고 있을 것이다.

PART 6

사람

비즈니스는 생각만큼 복잡하지 않다

숨겨진 비밀 하나는 많은 기업들이 관리자를 지나치게 많이 두고 있다는 것이다. 사업에서 돈을 버는 것은 관리자 때문이 아니다. 그러나 관리자들은 마치 그들로 인해 돈이 벌리는 것처럼 느끼게 하는 일에는 엄청 뛰어나다. 그렇게 그들은 스스로의 제국을 만들어 놓고 회의와 보고서 작성을 통해 생산적인 사람들의 시간을 끝없이 낭비시키고 있다.

관리자는 그들만의 비밀 언어를 통해 그런 환상을 만든다. 작동 방식은 다음과 같다. '사람들은 우리 제품을 살까?'와 같은 간단하면서도 훌륭한 질문을 '불만사항의 문제점을 해소하고 매력적인 가치 제안을 전달하기 위해 지정 가능한 시장 내의 수직적 목표물에 필요한 제품 시장 적합도는 어느 정도입니까?'로 번역한다.

이런 내용의 질문과 함께 아무도 확인하지 않을 방대한 스프레드시트와 아무도 이해하지 못하는 플로우 차트를 제시한다. 이제 이 일을 할 수 있는 사람은 당신뿐이다. 예전에 양반들이 평민이 이해하기 쉬운 훈민정음에 그토록 반대했던 것과 별로 다르지 않다. 신비주의는 힘을 만들어 낸다. 당신은 관리자가 말하는 내용을 이해할 수 없으므로 그들이 당신보다 더 똑똑하고 더 많은 교육을 받은 것으로 생각하게 된다. 그들이 앞장서서 책임 있는 자리에 있는 것은 당연한 일이라 생각한다. 항상 그런 것은 아니다.

최전선에 있는 직원들은 회사가 무엇을 해야 하고 고객이 생각하는 바를 이해하는 데 더 나은 위치에 있는 경우가 많다. 왜냐하면 그들은 실제로 고객들을 만나봤기 때문이다. 내가 경영의 전반적인 이론을 18자로 정의한다면?

"최전선에 최고의 인력을, 관리자 수는 최소로."

물론 너무 짧고 이해하기 쉬우므로 MBA 출신들에겐 안 먹힐 게 뻔하다. 그러나 수익 면에선 확실하게 먹힌다. 훌륭한 일선 직원은 그 조직의 심장이자 영혼이다. 수입을 창출하고 고객을 돌아오게 만드는 존재가 바로 그들이다.

일반적으로 관리자들은 자가증식형으로, 자신들의 가식과 입장을 위해 로비하고, 싸우고, 번식한다. 우리 안에 갇힌 침팬지들을 밖에서 떨어져 관찰하는 시점으로만 바라본다면 흥미로울 수 있다. 그러나 그들에게 월급을 주는 입장이라면 답답하고 비용도 어마어마하게 드는 일이다.

코로나19 동안 일어난 일을 보자. 상시 관리 감독 하에 일하던 사람들이 하루아침에 모두 집에서 각자 알아서 일하는 방식으로 바뀌었다. 그런데 대체적으로… 문제가 없었다. 모두 일을 문제없이 해냈다. 물론 미래에 100% 원격 근무가 되지는 않을 것이다. 그러나 과학적 실험의 관점으로 봤을 때, 사람들은 관리자가 생각하는 것보다 훨씬 더 적은 관리로도 충분히 잘 지낼 수 있다는 것을 보여주는 분명한 증거가 되었다.

관리자와 리더는 다르다. 이렇게 스트레스가 많은 시기에는 그 어느 때보다 리더들이 필요하다. 관리직이 아닌 일반 사람들은 자신이 인정을 받고 최선을 다할 수 있는 자유와 권한이 주어진다고 느낀다면 자신을 놀라운 경지로 끌어올릴 수 있다. 좋은 리더가 있는 그룹은 그 안에서 또 다른 사람들이 두각을 나타내서 그룹 내 리더가 된다. 선순환이 일어나는 것이다. 내 경험에 따르면 리더십 자질과 공식적인 경영자 자격 사이에는 상관관계가 전혀 없다.

우리가 사업을 시작할 때, 나는 비행기 안에서 직관적으로 요약한 씬체인지의 십계명을 작성하였다.

1. 직원들을 잘 지켜라.
2. 우리에게 수익을 가져다 줄 수 있는 것이라면 당장 구매하라.
3. 규모가 아니라 수익성을 추구하라. 우리가 모든 곳에 있을 필요는 없다.
4. '아니오'라는 말을 편하게 할 수 있도록 하라.
5. 우리는 장기적으로 수입을 얻기 위함이 목적이지 상장, 또는 욕심쟁이 투자자들에게 팔아넘기기 위함이 아니다.
6. 간접비용을 최소화하라.
7. 모든 것을 이메일로 처리하기보다 사람들과 직접 대화하라.
8. 보고서는 한 달에 한 번의 짧은 보고서면 충분하다.
9. 좋은 사람들이 "'저기서' 일하고 싶다."고 생각하게 하라.
10. 빌어먹을 블랙베리 폰은 절대 사절이다.

만약 위에 있는 목록에서 답을 못 찾았다면, 2단계는 '사모펀드가 하는 것과 반대로만 하라.'였다.

위의 십계명은 단 한 가지만을 제외하면 그 당시와 마찬가지로 오늘날에도 적용된다. 블랙베리폰과 관련해서 나는 바로 그해 말에 아이폰이 나오게 돼 모두가 24시간 연결되어 있게 될지는 몰랐다. 당시에는 본사에서 즉각적인 답변을 요구하며 저녁 내내 핑핑거리는 회사에서 나눠주는 블랙베리 폰에 시달리던 환경에서 지내온 터였다. 우리 회사에서는 그런 분위기를 만들기 싫었다.

십계명이 효과가 있었나? 그렇다. 곤도 마리에(Kondo Marie, 일본의 정리 전문 컨설턴트-옮긴이)조차도 우리가 해마다 이룬 깔끔한 성장 그래프에 '참 잘했어요' 도장을 찍어줄 수준이었다. 매년 성장 자본적 지출과 배당금을 지불할 수 있을 정도로 수익성도 좋았다.

대부분의 사업을 운영하는 데 대단한 절차가 필요한 것은 아니다. 왜냐하면, 놀라지 마시라, 사람들은 설명서를 읽지 않는다. 일론 머스크(Elon Musk)가 말했듯 "사용하는 데 매뉴얼이 필요한 제품은 고장 난 것과 다름이 없다." 직원들이 더 많은 생각을 스스로 할 수 있고, 더 많은 생각을 할 수 있도록 허용해 준다면 당신의 사업은 더욱 발전하게 되어 있다.

사람은 변하지 않는다

수십 년 동안 일과 삶의 경험을 축적하는 과정에서 흥미로운 부분은 여드름투성이의 10대 때부터 알던 사람들이 얼마나 변했는지 보는 일이다. 그들은 조금도 변하지 않았다. 성격, 에너지, 새로운 아이디어에 대한 개방성, 일을 끝마치려는 책임감, 다른 사람들을 대하는 방식 등, 모두 그대로이다. 우선순위는 직업과 가족의 여러 단계와 과정에 맞춰 일부 조정되지만 본질적인 특성은 고정되어 있다.

그들은 어린 시절부터 변한 것이 정말 없고, 그것에 대해 할 수 있는 것은 아무것도 없었다. 다들 아무리 벗어나기 위해 발버둥쳐도 각자의 부모로 진화하는 운명에 갇혀 벗어나지 못한다. 아이들의 생일 파티를 열어주기 시작하다 보면 분명해진다. 항상 눈에 띄는 이기적이고 공포스러운 아이가 한두 명 정도는 있다. 그런 애들의 부모가 누군인지 확인해 보면, 고급 SUV 차량으로 모두의 길목을 막아 주차해 놓고, 아이들의 수건 돌리기 놀이에서 자기의 아이가 큰 상을 탈 수 있게 하려고 게임에 개입한 사람들이다. 20년 후쯤에 그 아이는 직장에서 다른 사람들의 아이디어를 가로채고 더 큰 책상을 요구하게 될 것이다.

사람들이 근본적으로 변할 수 있다는 생각은 잘못된 것이다. 당신이 그들을 바꿀 수 있다는 생각은 착각이다. 많은 여성들은 "내가 변할게."라고 말하는 남성들에 익숙할 것이다. 이렇게 말하는 남성은 자신의 성격의 극히 작은 일부분을 바꾸기보다 차라리 지구 온난화 문제를 해결할 가능성이 더 크다. 따라서 직원의 성격을 바꿀 수 있다는 생각은 그만 하라. 여기서 말하는 건 기술이 아니다. 그런 건 가르칠 수 있다. 당신이 바꿀 수 없는 것은 그들의 본질이다. 그들이 거짓말쟁이라면 계속 거짓말을 할 것이다. 게으르면 죽을 때까지 게으를 것이다. 사람들의 핵심 성격에 대해서는 어떤 개입도 할 수 없고 그것을 개조하기 위해 보낼 수 있는 세미나도 없다. 이것은 상추를 먹지 않게 하는 코스에 토끼를 보내는 것과 같다. 그들의 시간과 당신 돈의 낭비일 뿐이다. 몇 개월 후 직원에 대한 당신의 직감은 정확하다. 조치를 취해라. "한 번 더 경고합니다!"는 결코 통하지 않는다.

당신이 아는 누군가가 진정으로 변화한 경험에 대해 나에게 편지를 쓰는 건 사양한다. 세상에는 많은 사람들이 있고 이론적으로는 가능하다. 다만 그런 일은 정말 가능성이 희박하고 당신의 시간은 소중하다. 실적이 저조한 사람들을 걱정하고 더 잘할 수 있는 방법에 대해 가르치려고 보냈던 시간을 생각해 보라. 그 노력의 결과가 결국 얼마나 생산적이었던지 생각해 보라. 진심으로.

당신은 사람을 절대로 해고할 수 없다는 고집스런 믿음도 있다. 그러나 당연히 해고할 수 있다. 비용이 든다고 해도 결국엔 가장 가치 있는 투자가 될 것이다. 비용이 얼마가 들던 간에 회사에 원하지 않는 사람을 두는 것은 떨어져나간 고객과 화난 동료들에게 훨씬 더 많은 비용을 지급하게 될 것이다. 당신이 어떤 팀을 원하는지 생각해 보라. 하루 종일 불평하고 지속적으로 동료를 실망시키는 사람들을 계속 둘 수는 없는 일이다. 단지 우리 회사의 A팀의 규칙을 무시한다는 이유가, 타 기업에서는 수년간 살아남을 수 있지만 안에서는 좀먹는 직원을, 조직에서 과감하게 제거하는 것은 매우 강력한 메시지를 주는 일이다. 나머지 직원들은 당신에게 감사할 것이다. 부수적인 효과로, 그 잘려나간 사람이 경쟁 회사에서 일하게 될 것이다. 바로 이런 것을 두고 일석이조, 일타쌍피라고 하는 것이다.

반대로 훌륭한 사람들을 만났는데 현재 빈자리가 없다면 고용해서 일단 할 수 있는 일을 찾아 줘라. 그 사람의 역할이 양쪽 모두에게 보상이 되는 무언가를 만들어 낼 것이다. 좋은 사람이라는 근본도 바뀌지 않으므로 결국은 모두에게 보람 있는 관계로 발전될 것이다. 열정, 혁신, 활력 등 당신을 끄는 그 사람의 성향은 멈추거나 숨길 수 없는 일이니까. 이런 식으로 사람을 찾을 때마다 느끼는 것은 이력서 더미에서 신규 사원을 찾아내는 것보다 훨씬 더 가치가 있다는 것을 알게 된다. 이러한 방법은 우리가 회사를 훨씬 더 빨리 성장시키는 데 도움이 되었고, 이에 더한 부수적인 효과로 좋은 사람들을 계속해서 더 끌어 모으는 눈덩이 효과도 보고 있다.

사업을 오래 하니 사람들의 성격이 장기적으로 어떻게 경력을 쌓는 일로 이어지는지 지켜볼 수 있어서 좋다. 나는 멘토링을 열렬히 지지한다. 잘만 하면 양쪽 모두에게 정말로 유익하다. 그러나 커리어를 쌓아갈 때 나는 또 다른 유형의 멘토링을 추천하고 싶다. 바로 반면교사 멘토링이다. 내가 지어낸 이름이기 때문에 아마도 못

들어봤을 것이나, 그 작동 방법은 다음과 같다.

회의 및 업계 모임에서 사람들을 관찰하라. 가능한 한 많은 사람들과 이야기를 나눠라. 그러다 보면 곧 그중에 별다른 실적을 올리지 못한 사람을 발견하게 될 것이다. 경력은 꽤 되었으나 아직도 삼류 브랜드의 경리 과장에 머물러 있는 사람들이다. 그들은 이직을 자주 한다. 그들은 전달해줄 가십거리도 많을 것이다. 그들은 다른 이들이 계약을 따낸 진짜 이유와 업계가 어떤 식으로 타락해 있는지 등 비난하는 내용을 소곤소곤 전달할 것이다. 또한 자신이 잃어버린 기회와 잘나가고 있는 전 직장 동료들에 대해서도 비통한 마음이 있다는 것을 느낄 수 있을 것이다.

성공한 사람들은 부정적인 유형과 섞이면 안 된다는 생각 때문에 이런 사람들은 피해야 한다고 생각하는 경향이 있다. 그러나 이것은 얕고 유치한 생각이다. 이 사람들을 연구하고 그들의 경력과 그들만의 방식 등에 대해 관찰해 보라. 하지 말아야 할 것과 하면 안 되는 생각을 배우게 될 것이다. 그러곤 회의에서 괜히 방해가 될 비꼬는 말을 하고 싶은 순간 그 반면교사 멘토들이 떠오를 것이다. "어서 해! 우리라면 그렇게 할 거야!"라며. 그들은 당신이 바른 길로 가도록 정신이 번쩍 들게 하는 존재가 되어 있을 것이다.

당연하지만 그곳에 있는 좋은 사람들도 찾아보아라. 그러나 다들 대화를 나누느라 바쁘다면 무엇이든 듣고 열심히 빨아들여라. 이상하거나, 나쁘거나, 무엇이 됐든 가능한 한 모든 경험담을 흡수해라. 전부 좋은 경험으로 반면교사 멘토를 알아볼 수 있는 육감도 개발할 수 있게 될 것이며, 훗날 그런 부류의 사람들을 고용하는 것을 피할 수 있게 될 것이다.

나는 반면교사 멘토링의 덕을 많이 봤다. 내가 마케팅 대행사를 차렸을 때 다른 대행사 및 컨설턴트와의 고객 미팅에 참석했었다. 그곳에서 나는 회색 꽁지머리를 만났다. 내가 뭔가 대책을 세우지 않는 한 나의 미래 모습이 될 것 같은 느낌을 주는 그런 존재. 회색 꽁지머리는 한 개인이 아니다. 같은 외모와 습관을 가진 한 무리의 사람들이다.

회색 꽁지머리는 1980년대 CM송을 만드는 대형 광고 대행사에서 일했었다. 서서히 은퇴로 직행하는 내리막길에서 그는 삼류 대행사의 크리에이티브 디렉터가 됐다. 그의 빨간 코는 점심 시간에 가서 죽때리는 수년간의 술집생활을 증명해주는 상징과도 같았다. 그는 독창성을 나타내기 위한 꽃무늬 셔츠를 입고 있었으며, 자주 감지 않는 꽁지머리에서 떨어지는 비듬이 살짝 흩날리고 있었다. 그의 저속한 농담, 제작 방법에 대한 빈정대는 어투의 설명, 회의실에서 쩍벌남으로 장황하게 늘어놓는 이야기들은 젊은 여성 브랜드 매니저들을 소름 돋게 했다. 그는 곧 지나갈 그 유치찬란한 유행인 인터넷에 관심을 쏟을 여유가 없다고 하였다.

그는 "창의성들 좀 질질 흘리란 말이야!"라는 역겨운 구호만 계속 외쳐댔다. 난 그 말을 들을 때마다 속으로 생각했다. "이보쇼, 제발 당신 것이나 좀 질질 흘리지 말아주쇼." 그는 내가 제대로 정신 차리지 않으면 맞이하게 될 나의 끔찍한 미래를 보여주는 끝판왕이었다. 말하자면 찰스 디킨스(Charles Dickens)의 소설 크리스마스 캐럴(Christmas Carol)의 잘못된 나의 미래 귀신을 보는 것만 같았다.

나는 마케팅 크리에이티브 담당자들이 일정한 나이가 지나면 더 이상 귀엽지 않다는 사실을 깨달았다. 그저 슬프고 무력한 존재였다. 그때 나는 30대였다. 45살이 되어 나보다 20살 어린 고객들을 향해 내 아이디어가 '딱 들어맞다'며 제안을 하고 싶은가? 아니다. 절대로 아니다. 비록 내가 대행사를 창업한 지 얼마 안 됐을 때이지만, 나는 나의 고유 브랜드를 만들어서 나 자신이 빨리 고객이 되어 회색 꽁지머리로 늙는 공포스런 미래를 막아야겠다는 생각뿐이었다.

이것을 실천하기까지 3년이 걸렸지만, 세부 사항을 검토하는 시간이 중요하다. 고객들이 "미안하지만 당신의 아이디어는 요새 우리 구매자들에게는 좀 구식인 거 같아서 공급업체를 교체하려 합니다."라는 말을 들을 정도로 문제가 심각해진다면 출구 전략을 찾기엔 이미 늦은 것이다.

그러므로 나는 이 자리를 빌려서 그 당시 부지불식간에 반면교사 멘토링을 제공해준 회색 꽁지머리들에게 감사하는 의미의 잔을 든다. 그대들이 아직도 바에서 맥주 한두 잔은 즐기고 있길 바라며, 복고풍으로 요새 아이들 사이에서 그 꽃무늬 셔츠를 다시 입게 된 것을 대신해서 기쁘게 생각한다. 당신들 셔츠가 이제 값이 좀 나가겠는걸.

업무 습관: 아침형 인간들은 그 사실을 무척 알리고 싶어 한다

링크드인(LinkedIn)에 가입한 모든 사용자들은 '아침 파워 일정'에 대해 알고 있을 것이다. IT 또는 금융 전문가가 매일 자신이 하루를 어떻게 시작하는지를 전 세계에 업데이트해서 알린다. '컴퓨터 신경망 인사 담당자'인 마크는 다음과 같은 게시를 한다[5].

오전 5시 30분 : 기상, 트레이닝복 착용, 도보로 체육관으로 이동
오전 5시 45분 : 체육관 도착
오전 6시 45분 : 도보로 체육관에서 집으로 이동
오전 7시 : 고온수로 샤워 후 최후 30초간 냉수마찰
오전 7시 20분 : 익힌 달걀 흰자 4개에 비건 단백질 투하한 스무디 제조
오전 7시 45분 : 명상용 HeadSpace와 언어 학습용 Duolinguo에 교차 접속
오전 8시 5분 : 물 1리터 음용
오전 8시 15분 : 사무실 출근 후 오늘의 목표 달성하기 시작
아래에 당신이 가장 좋아하는 아침 일과를 댓글로 달아주세요. 동료 링크드인 슈퍼스타들이 어떻게 하루를 시작하는지 기대됩니다.

"고마워, 마크. 만약 나에게 아침에 이렇게 많은 시간이 있다면 남의 애정과 인정을 갈망하는 이 게시물이 자네에 대해 무엇을 말해주는지 숙고하는 데 사용할 것 같네. 자네의 '링크드인 슈퍼스타들'도 마찬가지고."

아주 어렸을 때 어른들은 내가 방금 한 일에 대해 말하면 열광적으로 들어주었다. 어른이 된다는 것은 한편으론 사실상 어른들은 그것에 그리 관심이 없어도 관심이 있는 척을 해주고 있다는 것을 깨닫는 일이다. "뭐야, 물을 1리터를 다 마셨어? 정말 잘했어!" 아침 일정 게시물들은 사람들이 어젯밤에 꾼 재미있는 꿈에 대해 이야기하는 것과 같다.

또 다른 사람들은 이름만 들어도 섬뜩한 해군 씰(SEAL, 미 해군 특수부대-옮긴이) 출신의 조코 윌링크(Jocko Willink)가 기업들에게 제시한 4시 반 도전에 참가한다. 사람들은 매일 아침 그 꼭두새벽에 일어나 자신의 시계를 사진으로 찍어 마치 인질들이 생존 인증샷을 올리듯 게시한다. '팔굽혀펴기 50개, 실시!' 하루를 일찍 시작하는 것은 예전부터 전해오는 성공의 복음이었다. 그것은 개신교의 직업 윤리에서 비롯된 것이다. 기업인들의 잠재의식에는 쾌락은 밤에 일어난다. 이것은 업무 성과를 낮추도록 주의를 분산시키는 비윤리적이고 불건전한 행동인 것이다. 그러니 그러한 충동을 억제하는 것이 좋은 것이라는 것이다.

우리는 모두 다음과 같은 격언을 알고 있다. '일찍 자고 일찍 일어나는 것이 사람을 건강하고 부유하고 지혜롭게 만든다.' 이는

1639년 존 클라크(John Clarke)의 「Paroemiologia Anglo-Latina」에 처음 등장한 말이다. 자본주의가 막 시작되던 시기에 대장장이나 채소 재배자들을 위해서는 좋은 조언이었다. 그러나 지금은 그때만큼 맞는 조언은 아니다. 모든 직업의 더 많은 부분이 소프트웨어에 의해 대체됨에 따라 사람이 가질 수 있는 몇 가지 상업적 이점 중 하나는 남보다 더 나은 아이디어를 갖는 것이다. 평균적으로 흥미롭고 새로운 아이디어를 가진 사람들은 현상을 유지하는 사람들보다 늦은 시각까지 일하는 경향이 있다.

당신이 혹시 아침 일정을 게시할 정도로 반복되는 일을 너무 좋아하는 사람이라면 기억하라. 반복되는 일이 코드로 대체되기 가장 쉬운 일이다.

살면서 나도 성공 습관이라고 하는 모든 것을 한 번쯤은 시도해 보았다. 다 효과적이면 좋겠고 그중 여럿은 실제로 그렇기도 하다. 세세한 내용을 여기에는 언급하지 않으려 한다. 너무 지루하고, 또 개인에 따라 다르고, 이미 시중에 무한할 정도로 수없이 많은 조언들이 있기 때문이다. 그중에서 나와는 맞지 않았던 습관 중 하나는 새벽 5시에 하루를 시작하는 것이었다. '영구적으로 습관의 변화를 가져오기 위해' 3주 동안 시행해 봤다. 그 3주간이 나는 너무 고통스러웠다. 입천장에 들러붙은 혀를 숟가락으로 떼어내야 할 것만 같았다. 운동을 하고, 해야 할 일의 목록을 작성하고, 오전 6시 30분에는 책상에 앉을 수 있었다. 이른 시간에 몇 가지 업무를 해치우는 기분은 괜찮았지만 대부분 하찮은 단순 업무였다. 그 자체가 일처럼 느껴졌다. 섬광처럼 떠오르는 영감 같은 건 전혀 없었다. 정말로 싫은 경험이었다.

평상시 나는 오전 10시쯤부터 일에 대한 열정이 느껴지기 시작한다. 나는 밤에 일하는 것을 좋아한다. 텔레비전 보는 것보다 낫고 보통 그 시간쯤에 뇌가 충분히 예열되는 느낌이 든다. 그러나 나 같은 밤의 추종자들은 그 누구도 '#일때리는중', '#야근중', '#부엉이의 힘'이라는 게시물을 올리지 않는다. 왜냐하면 아무도 신경 쓰지 않기 때문이다. 그리고 우리가 아침형 인간보다 낫다고 생각하지 않기 때문이다. 그저 우리에겐 이게 맞고, 모두가 각자의 작업 습관이 있는 것뿐이다.

아침형 인간들은 아침이 가장 좋다는 것을 적극적으로 알리려고 한다. 이른 시간일수록 그 권위가 높아진다. 항상 홍보에 열을 올리며 삶을 완전히 바꿔준다고 주장한다. 당신이 잠자는 사이에 그들이 이미 얼마나 많은 것을 성취했을까? 걱정하지 말라, 어차피 곧 게시할 거니까. 아침 시간이 그들에게 맞아서 다행이라 생각하지만 모두가 같다고 생각하는 것은 사업에 있어서 엄청나게 위험스러운 생각이다. 직원과 고객을 이해하지 못하게 된다. 사람들에게 더 자기 자신과 같아지라고 말하는 것은 설득력도, 애정도 없는 짓이다.

아침형 인간들은 삶에 있어서 두어 가지 중요한 요소를 무시하고 있다. 그중 하나는 잠이다. 수면이 사람에게 좋다는 사실은 점점 더 과학적으로 증명되고 있다. 수면의 열렬한 팬으로서 이는 매우 반가운 일이다. 충분한 수면을 취하지 않았다면 모든 새벽 운동과 명상이 당신의 전반적인 생산성에 있어서 아무 소용이 없을 수도 있다. 둘째는 자녀들이다. 아이들은 우리의 보잘것없는 계획을 파괴하기 위해 만들어진 특수 제작물이다. 물론 그들의 광기가 시작되기 전에 두뇌를 깨워놓기 위해 그들보다 먼저 일어나는 것은 좋은 생각이다. 그러나 아이들이 밤새도록 못 자게 괴롭혔다면 생존에 필요한 모든 수면을 취하는 게 우선이다. 자녀가 있는 사람이 자녀가 없는 사람한테 시간 관리에 대한 조언을 받는 것은 티라노사우루스에게 턱걸이를 배우는 것과 같다.

나는 내가 정말 좋아하는 주요 팟캐스트 듣는 일을 그만둬야 했다. 왜냐하면 항상 첫 15분 동안을 아침 일정에 대해 할애했기 때문이다. 게다가 마치 그것이 커다란 성취를 이루기 위해 유일하게 중요한 요소인 것처럼 표현하면서 말이다. 게다가 단순히 "좋은 아침입니다. 하루를 어떻게 시작합니까?" 정도가 아니라, 마치 식품공학자처럼 특정한 아침 식사에 대해 끊임없이 세부 사항을 주절댔다.

"나는 매일 아침 6시 45분에 스틸컷 귀리와 블루베리 6개를 귀리 우유와 함께 한 그릇 먹습니다."

그러곤 스틸컷 귀리가 일반 귀리에 비해 어떻게 당신의 삶을 더 성공적으로 유지할 수 있게 해주는지에 대해 5분간 진지한 설명을 한다. 그러면 10,000명의 팟캐스트 추종자들이 어떤 종류의 귀리가 좋은지에 대해 무슨 뽀빠이의 시금치나 되는 것처럼 서로 간에 게시를 한다. 더 중요하고 큰 문제는 제쳐둔 상태로. 아침 식사의 중요성에 대해 꾸며낸 헛소리는 오랜 역사를 가지고 있다.

모든 어머니들은 아침 식사가 하루 중 가장 중요한 식사라고 말했을 것이다. 우리 엄마는 오늘날까지도 그렇게 말씀하신다. 누가 이 영양과학의 진리를 발견했을까? 세계보건기구? 예일대 신진대사 연구팀? 아니다, 1944년 사람들에게 제네럴 푸드(General Foods) 사가 아침 식사용으로 만든 '그레이프넛츠(Grape Nuts)' 시리얼을 먹게 하기 위해 광고 대행사의 카피라이터들이 만들어 낸 이야기다. 이것이 수세대에 걸쳐 떨쳐버릴 수 없도록 우리 두뇌에 박혀 진리가 되어 버린 것이다.

천재성과 최고의 성과는 아침 식사에서 나오는 것이 아니다. 설탕 코팅된 시리얼 좀 그만 먹어라. 윈스턴 처칠(Winston Churchill)은 1908년과 1965년 사이에 매일 샴페인 두 병씩을 마셨는데도 꽤 괜찮은 리더십을 발휘했다. (데이터 제공은 처칠 사망 후 그가 선호했던 샴페인 제조사인 Pol Roger가 모든 청구서를 계산하여 발표한 것이다.)

성공한 사업에 대해 몇 걸음 뒤로 물러나서 맨눈으로 보면 더 잘 보일 것을 자꾸 삶의 구석구석을 현미경으로 들여다보게 한다. 성공을 위해 어떤 종류의 운동이 필요한지 알고 싶은가? 그냥 아무 운동이나 해라. 케틀벨을 이용한 근육운동을 하느냐, 탄수화물을 파괴하는 무산소 호흡 운동을 하느냐, 또는 반려견과 함께 20분간 조깅을 하느냐가 중요한 게 아니다. 그냥 운동을 조금이라도 하느냐가 문제다. 대부분의 사람들은 격한 운동으로 시작하다 차차 아무것도 하지 않는 쪽으로 흘러간다. 어쨌든 바로 시작하라. 그러나 비즈니스와 운동을 동시에 잘한다는 것은 정말 어렵다는 것을 기억하라. 당신의 재능이 어디에 있는지 현실적으로 생각해서 도전할 대상을 골라라. 시간은 제한돼 있다.

아침형 인간 증후군은 사람들에게 당신이 얼마나 바쁜지 끊임없이 알려줘야 한다는 생각과 같은 곳에서 유래한다. 밤을 선호하는 사람들은 더 여유롭고 다른 사람들이 자기에 대해 무슨 생각을 하든지 별 신경을 안 쓴다. 최근에 나는 대형 광고 대행사 오길비(Ogilvy)사의 부회장인 소비자 심리학자 로리 서더랜드(Rory Sutherland)와 공동 인터뷰를 진행했었다. 그는 상냥한 웨일스 사람으로 나에게는 비즈니스의 세상에서 예수님 같은 분이다. 그의 책 『잘 팔리는 마법은 어떻게 일어날까?(Alchemy)』는 소비자의 비합리적인 본성을 분석하고 오늘날 스프레드시트로 비즈니스를 통제하는 사람들의 정확성으로 위조한 예측을 해부해 놓았다. 그 책을 읽지 않는다면, 고객과 사람들은 전반적으로 혼란스럽게 신비한 존재로 남게 될 것이다.

전화 회담은 시드니 시간으로 오후 5시, 로리의 영국 시골집 기준으론 오전 9시로 예약돼 있었다. 오후 5시가 되었다. 로리는 안 나타났다. 그래도 괜찮다. 매우 바쁘신 분이니 곧 나타날 것이다. 프로듀서는 로리의 비서에게 전화를 걸었다. 응답이 없었다. 오후 6시 9분, Zoom 회의 전 잡담으로 세계 기록을 세운 후, 우리들은 모두 인터뷰를 포기하는 데 동의했다. 회의 나가기 버튼을 누르려고 손을 뻗는 순간 우리의 인터뷰 대상자가 모비딕처럼 Zoom 대기실에 나타났다.

"정말 죄송합니다." 로리가 말했다. "인터뷰를 하려고 깼다가 다시 잠이 들었어요."

나는 이 비아침형 인간의 솔직함에 스스로 고개가 숙여졌다. 혹시 "죄송합니다, 홍콩 고객사 대표가 급하게 통화를 원해서요."라는 변명으로 빠져나갈 수 있는 사람이 있다면, 바로 그였을 것이다. 아침형 인간은 분명히 변명을 늘어놨을 것이다. 로리는 전자담배에 불을 붙이고는 95분 동안 흥미진진한 그의 식견을 숨도 한 번 안 쉬고 토해내었다. 그것은 내가 참여한 그 어느 조찬 모임과는 정반대되는 내용이었다.

로리는 어떻게 모든 일의 세계가 외향적인 사람들을 선호하게끔 설계되었는지에 대해 말했다. 사무실은 직원들이 하루 종일 사람들과 얼굴이 마주치도록 설계되었다. 회의도 회의실을 선점하며 나서는 스타일의 사람들의 필요에 맞춰서 설정되어 있다. 내향적인 사람들은 그저 그것을 참고 견뎌내야만 한다. 하지만 신체시계가 다른 사람들에 대해선 어떤가?

이제 모든 작업 습관을 완전히 재설정하고 하루 중 매시간 사람들을 감독할 필요가 없다는 것을 깨달았기 때문에 비즈니스와 도시 전체가 근무 시간을 재고함으로써 혜택을 볼 수 있을 것이다.

내가 아는 도심의 바와 레스토랑 주인이 좋은 제안을 했다. 2교대 근무 시간으로 오전 7시~오후 3시, 오전 9시~오후 5시, 또는 오전 11시부터 오후 7시까지. 자신에게 맞는 시간을 선택하라. 근로자들은 일하는 시간을 자신에 맞게끔 할애해 주면 더 행복해 한다. 도로 및 대중교통 혼잡이 절반으로 줄어든다. 도심의 바와 레스토랑은 90분짜리 혼잡한 점심 시간에 맞춰서 직원을 증원할 필요가 없다. 하루 두 번의 점심 식사 시간과 덜 혼잡한 저녁 시간으로 장사하기가 훨씬 수월해진다. 그 기업들도 생존해야만 도시가 다시 살아날 수 있을 것이다.

무엇을 선호하던 열린 마음을 유지하는 것이 중요하다. 모든 사람이 항상 옳은 것은 아니다. 오전 4시 30분 챌린지 게시물에 대한 짜증 때문에 나는 조코(Jocko) 중령의 책을 읽게 되었다. 그렇다. 생김새는 지나치게 화내는 어투로 말할 것처럼 보인다. 그러나 고위급의 군인답게 고정관념과는 달리 훨씬 더 사려가 깊다. 대부분의 사람들이 그렇듯이 그로부터도 배울 게 많았다. 그냥 당신에게 맞는 아이디어만 따오면 된다. 특히 오전 5시에 일어나는 친구들이 깊이 잠들어 있는 시간에 읽는 책 속에 있는 아이디어들을 말이다.

조언 필터링의 기술

우리 직원 중 한 명이 첫 아이를 낳게 되었다. 나의 그 조마조마했던 시간의 기억을 떠올리며 나는 조용히 그를 불러 앉혀놓고 물었다. "조언 좀 해줄까?"

"어…… 네."

그는 '누군가 나에게 육아에 대한 조언을 한 번만 더 한다면 그 자식 머리통을 잘라서 냉동실에 넣고 아이의 첫 할로윈에 소품으로 사용할 거야.'라는 생각을 하며 예의를 지키려고 노력하는 모습을 보였다. 그 모습을 보는 것만으로도 재밌었다.

"사람들이 이제 육아에 관한 한 상상할 수 없을 만큼의 다양한 주제로 엄청난 조언들을 늘어놓을 걸세. 그냥 거의 다 무시해 버려도 문제없을 걸세. 조언이란 형식을 빌려서 이런 말을 해줘서 미안하네."

그는 가식적인 감사의 표시로 화답하지 않아도 된다는 사실에 안도하는 것 같았다. 사람들은 조언하는 걸 좋아하나, 보통은 세상에서 가장 조언을 받고 싶어 하지 않은 사람들이 가장 많은 조언을 한다. 적극적으로 조언을 구하는 사람에게만 조언을 해주는 사람도 있다. 그럴 때 받는 조언이 좋은 조언일 확률이 높다. 이미 성취한 사람들에게 그들의 견해를 물어봐야 하고 그들은 대개 기꺼이 제공하려고 한다. 이를 통해 당신은 더 똑똑해지고 그들의 기분도 좋아진다.

그러나 대부분의 조언은 조언이랍시고 그냥 툭툭 떠버리는 사람들로부터 온다. 당신의 상황을 대충만 알아낸 후 "이럴 땐 어떻게 해야 하는 줄 알아?"로 대부분 말을 시작한다. 조언 떠버리들은 일반적으로 누구나 필요로 하는 모든 지식을 갖추고 있다고 생각하기에 남의 이야기를 듣는 일에는 젬병이다. 그들은 다른 모든 사람들이 그들과 똑같은 취향, 가치 및 도덕성을 가지고 있다는 확신을 하고 있다. 그래서 그들은 당신 문제의 세부 내용에 대해 특별히 묻지 않을 것이다. 당신이 중간에 어떤 내용에 대해 명확한 설명을 하려 해도 틈을 거의 주지 않을 것이다. 당신이 관심이 없다는 표시로 지키는 침묵도 알아차리지 못할 것이다.

그들의 조언은 다음과 같이 요약된다. "너는 좀 더 나같이 살아야 해. 왜냐하면 어떤 주어진 상황에서도 내가 하는 방식이 최선이기 때문이지." 조언 떠버리들은 전문가들의 말에도 면역을 보유하고 있는데 이는 전문가들은 '현실 세계'를 모르고 살고 있으므로 '상식'에 의해 무시될 수 있기 때문이다.

당신이 타인과 겪는 갈등은 조언 떠버리들이 특히 좋아하는 주제다. 그들은 그들이 당신이라면 어떻게 할 것인지에 대해 대단한 확신을 갖고 있다. "사장과의 갈등? 그런 걸 요구하면 저더러 하라고 해.", "애들이 싸가지 없이 말을 안 듣는다고? 나 같으면 훨씬 더 엄하게 다룰 거야. 요새 애들은 버르장머리가 너무 없어.", "영국에서 온 먼 친척들이 집에서 너무 오래 지내고 있다고? 그냥 이틀 안에 나가야 한다고 말해. 그리고 그때까지 안 나가면 짐을 길가에 내놓겠다고 해."

그들이 곤란한 상황에 빠져 있는 당신에게 본인이 알지도 못 하는 이 사람들에게 전해주라고 하는 가혹한 정의에는 한계가 없다. 나는 가끔 이런 조언 떠버리들을 서로 들이받는 대결 상황에 처할 회의에 초대하곤 한다. 놀라운 일이겠지만, 이런 상황에 맞닥뜨리면 조언 떠버리들은 백이면 백 깨갱거리며 바로 백기를 든다.

그들은 상대방이 '나의 말에 동의했다'와 '나의 말에 적극적으로 반대하지 않았다'의 차이도 구분하지 못하기 때문에 남을 설득하는 일에 약하다. 거의 모든 비즈니스 드라마의 핵심은 여기서부터 시작한다. 한 사람은 자신의 관점을 일방적으로 주장하고 다른 사람은 마치 인종 차별적 견해를 떠벌리는 택시 기사와 말다툼해봤자 시간 낭비라 생각하며 무심하게 그냥 듣고 있는 식이다. 이것이 바로 택시 기사들이 침묵하는 대다수의 승객들이 자신의 편이라고 생각하는 이유다. 그들은 승객들이 왜 침묵하는지 깨닫지 못한다.

실제로 제대로 된 좋은 조언을 해주는 사람들은 상대방에게 거울을 들어서 보게 하는 능력이 있다. 질문을 많이 한다. 대답을 듣는다. 그들은 표정과 목소리 톤에도 민감하다. 상대방이 보이는 그런 신호를 바탕으로 추가 질문을 한다. 그들은 그 상황에 대한 느낌을 말하게 한다. 결국 그들은 자신 스스로에게 조언을 하게끔 유도하는 것이다. 조언을 구하는 것과 그것을 바탕으로 행동하는 것은 서로 다른 문제다. 큰 문제라면 근본적인 확신이 서지 않은 상태에서 행동에 옮길 가능성이 낮은데, 이런 판단을 놓고 자신보다 더 신뢰할 사람이 누가 있겠는가?

좋은 조언을 해줄 수 있는 사람을 찾는 것은 예술이다. 의논을 하고 싶은 사람이 있지만 너무 바쁘거나 유명하거나 중요한 사람이어서 이야기를 나눌 수 없다고 생각되면 먼저 그들의 SNS에 댓글을 남겨보라. 긍정적이고 사려 깊은 내용으로 보여지면 그들의 레이더에 포착될 것이다. 그들의 관심사 중에서 업무와 관련 없는 일로 이끌어내는 것도 좋은 전략이다. 그들에게는 더 흥미로운 일이기에 당신이 더 기억에 남게 될 것이다. 그들이 당신에게 몇 차례 반응을 한 후, 그들에게 메시지를 보내서 직접 만나거나 온라인상으로 몇 가지 질문에 대답해 줄 수 있는지 물어보라.

다음과 같은 말은 피하라. '커피 한잔 하시면서 선생님의 지혜를 좀 빌려도 될까요?' 그냥 쓰는 표현인 건 알지만, 너무 흉측하고 '4천 원에 고급지식을 얻고 싶다.'로 들릴 수 있다. 무엇에 대해 이야기하고 싶은지를 분명히 하는 게 좋다. '선생님의 OO(매우 구체적인 주제)에 대한 조언은 저에게 정말 소중할 것 같습니다.'라고 말하는 편이 뇌를 빌리자는 것보다는 훨씬 더 좋은 반응을 얻을 것이다.

착한 것은 약한 것이 아니다

사장과 관리자를 종류별로 분류해야 한다면 아마도 권위 있는 MBA에서 활용하는 방식들을 생각해낼 수 있을 것이다. 한번은 열성적인 컨설턴트가 모든 직원을 네 가지 유형으로 분류할 수 있다고 두 시간에 거쳐서 설명하는 세미나에 참석한 적이 있다.

그러나 나는 본질적으로 사람들이 기본적으로 선하다고 믿는 관리자와 사람들이 기본적으로 악하다고 믿는 관리자 사이에 근본적인 차이가 있다고 생각한다. 후자 진영에서는 모든 직원들은 게으르고 어리석어서 끊임없는 지시와 통제가 필요하다고 말한다. 요새는 예전처럼 좋은 직원이 존재하지 않는다. 공급업체는 모두 당신을 속이려 하고 있으며 우리도 그렇게 해야만 살아남는다.

비즈니스 카르마는 현실적으로 존재한다. 모든 상황에서 나쁜 점만 찾으면 나쁜 일이 찾아온다. 사람들은 당신이 그들을 신뢰하지 않는다는 것을 느낄 수 있으므로 당신은 그 대가로 그들로부터 신뢰나 추가적인 노력을 얻지 못한다. 우리는 직원의 99%가 일을 잘하고 싶어 하는 바른 시민이라고 믿는다. 좋은 일을 하면 자부심과 행복감을 느끼기 때문이다. 소액 현금영수증 등을 위조하는 1%의 불량 직원처럼 모든 사람을 취급한다면 사업을 운영하기엔 너무 음침한 곳이 된다.

공급업체도 마찬가지다. 물론 최고의 거래를 위해 압력은 가하되, 항상 당신이 주인이고 그들은 머슴이라는 가정은 잘못이다. 어떨 때는 공급자에게 도움을 받아야 할 때가 있다. 예를 들어 핵심 대체 기술을 대여해 주거나 급하게 판매 재고를 보내주는 것과 같은 위기 상황에서 말이다. 매번 공급자에게 한 푼도 안 남게 쥐어짜거나, 대금을 항상 늦춰서 지불하거나, 정당한 이유 없이 구매를 반품했다면, 당신이 급할 때 기댈 곳은 아무 곳도 없을 것이며 어느 공급업체도 도움을 주지 않을 것이다. 그러면 그간 절약한 것보다 더 많은 비용이 들 수 있다. 산업 분야에 따라 다르기는 하지만 최저가 구입만 고집하면 제품에서 그 결과가 나타나기 마련이다.

우리가 직원이었던 시절, 피터와 나는 한 디럭스 호텔의 부서와 함께 일한 적이 있는데, 그곳의 총지배인은 법적으로 허용만 된다면 모든 공급업체들을 우리에 가둬 놓고 못 박힌 몽둥이로 서로 싸우게 해, 싸움에 이겨서 밖으로 나온 업체를 선정했을 것이다. 그의 관심은 오직 저렴한 가격에만 있었다. 그는 우리 직원들을 위협하고, 우리의 결과물을 모욕하고, 그 어떤 것에 대해서도 좋은 말을 하지 않았다. 우리가 특별히 뛰어난 작업을 해내면 그는 "뭐, 이 정도는 하라고 돈을 주는 거죠."라고 했다. 하지만 절대로 거절을 할 수 없는 회사에 소속되어 있었기 때문에 주먹을 불끈 쥐고 참아야 했다. 그러나 그곳의 이직률은 끔찍했고 살아남은 사람들은 그들의 삶을 증오했다.

따뜻하고 행복한 직원들이 있는 쾌적하고 세련된 타 도시에 있는 내가 가장 좋아하는 호텔과는 완전히 다른 곳이었다. 그러던 어느 날 손님으로 그 호텔을 다시 찾은 나는 그곳에서 어둠의 그림자를 보았다. 직원들은 구타당한 개처럼 서로 눈을 마주치지 않고 내리깔고 있었다. 한때 식탁보가 깔려 있던 레스토랑 테이블은 값싼 합판이 노출되어 있었다. 그 위는 조화로 장식돼 있었다. 암울한 염가의 장례식장 느낌이었다. 나는 내 방에 체크인했고, 총지배인의 환영 편지가 있었다. 이것은… '이 정도는 하라고 돈을 주는 거죠.'가 보낸 편지였다. 나는 업계 관계자들에게 물어봤다. 아니나 다를까, 내가 한때 즐겨 찾던 호텔의 공실률은 점점 늘어만 갔고 직원과 공급업체들 간의 증오는 본격적인 수익 재앙으로 이어져 갔다. 이런 피해를 되돌리려면 몇 년이 걸릴 수 있다. 사람들에게 선한 것은 약한 것이 아니다. 때때로 강하게 대할 필요는 있지만, 단지 힘이 있다는 이유로 남을 괴롭힐 이유는 없는 것이다.

이러한 접근 방식은 사람들로 붐비는 방에서 낯선 사람들과 이야기할 때도 적용된다. 우리는 사업을 시작할 때부터 당장의 이익과는 관계없이 모든 사람에게 친절을 베푸는 것을 원칙으로 삼았다. 만약 우리가 실적이 좋아 보이는 판매원에게만 친절했다면, 우린 탐욕스러운 포주처럼 보였을 것이며, 달콤한 얘기를 해주면서도 어깨 너머로는 더 경험 많고 판매를 더 잘하는 사람을 찾고 있다는 인상을 주었을 것이다. 사람들은 당신의 행동을 읽을 수 있다.

후배들에게는 특히 친절하게 대하는 것은 중요하다. 특히 지금은 많은 고객 회사들이 마치 1차 세계대전의 참호전처럼 저렴한 신참(또는 급여가 없는 인턴)에게 기관총을 쥐여 주며 배치하고 있기 때문이다. 감원이 필요하면 바로 그들을 자르고 대학원 생산 라인에서 배출되는 신참들을 기용한다. 소수의 생존자들은 빠른 승진을 하고, 그 과정에서 누가 자신에게 친절했는지 기억한다. 몇 년 전만 해도 그 누구도 거들떠보지 않았던 그들을 우리 직원들은 존중해 주었고, 그것을 기억하는 그들은 지금 우리의 소중한 고객이 되어 있다.

사업가들이 밀레니엄 세대에 대해 불평하는 것을 듣는 것은 우울한 일이다. 나이든 사람들은 젊은 사람들이 예전의 자신들보다 더 쉬운 삶을 살고 있다고 확신하는 것 같다. 일부 맞는 말일 수도 있다. 그러나 밀레니엄 세대는 변덕스럽다는 소리를 들어가며 2배의 생활비, 절반의 고용 안정을 인내해야 한다. 그들은 아보카도를 먹는다는 이유로 부모가 줄담배 피던 때보다 더 많은 역성을 듣고 산다. 그리고 혹여 밀레니엄 세대가 더 나은 삶을 누리고 있다고 치더라도, 그건 좋은 일이 아니겠는가? 당신이 산업혁명 시대에 영국에 살았다면 당시 당신에게 만족스러운 삶을 줬다는 이유로 당신의 자녀도 굴뚝 청소부가 되기를 바라겠는가?

수년간 '밀레니엄 세대를 다루는 방법'이란 주제의 세미나는 컨퍼런스에서 필수적으로 다루는 주제였다. 나이가 든 패널리스트들은 요즘 젊은 직원들이 단지 출근하는 것만으로도 보상을 바란다며 눈을 굴리며 혀를 차곤 한다. 직장은 수시로 바꾸면서! 직장에서 바라는 것도 엄청 많고! 정말 돈 많이 드는 존재들. 정말 밀레니엄 세대답다. 이러한 성가신 특성들이 단순히 밀레니엄 세대이기 때문이라고 믿는 것은 망상이다. 나이든 사람들은 그들이 20대였을 때도, 절대적인 스타, 평범한 노동자, 쓸모없는 바보 등 다양한 사람들이 존재했다는 것을 잊고 있다. 태초부터 늘 그래왔듯이 말이다. '당신네 사람들'로 해서 밀레니엄 세대 대신 '유대인'이나 '동성애자'를 대입해 보라. 당신들을 히틀러라고 부르는 건 아니지만 우물 안에 갇혀 있는 것처럼 구는 것만은 확실하다.

그 누구도 세대 전체를 고용하라고 요구하지는 않는다. 세상에는 그저 일하기 괜찮은 곳을 원하는 똑똑하고 헌신적인 젊은이들로 넘쳐난다. 당신의 임무는 그들에게 그 나은 장소를 제공하는 것이다. 뒤만 돌아보며 젊은이를 싫어하는 짜증스러운 사람들이 운영하는 경쟁업체들을 이기기만 하면 되는데 무엇이 그리도 힘든 일인가.

성공에 실패하는 7가지 징후

나는 성공하는 사람은 누구인가에 대해서 오랜 기간 동안 비공식적인 분석을 많이 해왔다. 일부는 성공에 이르고 나머지는 싸우다 실패하는 것을 지켜봐 왔다. 성공하는 사람들의 징후를 열거해 놓았으나, 그것을 보려면 책의 끝부분까지 기다려야 한다.

일단 지금은 실패하는 사람들이 보이는 분명한 징후들을 알아보자.

1. 메모하지 않는 사람들

나는 내 돈으로 직접 테스트한 수십 년 동안의 아이디어, 성공과 실패를 가를 수 있는 팁을 컨퍼런스에서 발표해 왔다. 그럴 때마다 어떤 사람들은 훌륭하게도 열심히 받아 적고 있고, 또 어떤 이들은 나만 쳐다보며 듣고 있는 것을 볼 수 있다. 끝나고 나면 말한다. 다 기본적인 상식인데 어떻게 잊을 수 있냐고. 그러나 잊는다. 그리고 어떠한 행동도 취하지 않는다.

2. 습관적 복권 구매자

누구나 성공을 꿈꾼다. 그것이 인간을 발전시키는 위대한 요소 중 하나다. 복권은 자신들의 꿈을 맡겨 '성공'을 스스로 통제가 불가능한 벼락처럼 무작위의 행운으로 만들어 버린다. 왜 귀찮게끔 매일 규칙과 노력으로 성공을 쌓아가야 하나? 복권의 효과는 구매자가 항상 당첨이 확실하다고 생각한다는 것이다. '복권만 당첨되면 내가……' 그러나 그렇게 안 된다. 그리고 만에 하나 당첨이 된다 해도, 컨테이너에 가득 찬 오만 원 권을 받게 되면, 그들은 나머지 인생을 사기꾼들의 손아귀에서 벗어나기 위해 발버둥치며 살게 된다는 것은 너무도 잘 알려져 있는 사실이다. 이러한 시스템에서는 성공이란 게 있기 어렵다.

3. 나 홀로 대표이사

분명 혼자서 재택 근무하는 1인 회사인데, '대표이사'란 명함을 들고 다니는 사람처럼 슬픈 일도 없다. 이것의 확실한 단서는 명함에 있는 유일한 전화번호가 휴대 전화번호라는 점이다. 그럴 바엔 개에게도 경비 상무이사라는 호칭을 붙이는 건 어떤가? 자신에게 실장, 소장, 또는 대표이사보다는 좀 덜 거창한 직함을 붙여라.

4. 새해 결심을 하는 사람들

1년 중 살찌고, 숙취에 찌들고, 낭패스러운 상태를 해결할 단 하루를 기다렸다가 지키지도 않을 온갖 약속과 각오를 한다면, 그런 환상은 절대로 일어나지 않을 것이다. 성공한 사람들은 8월 19일이든 언제든 지금 현재와 가장 가까운 미래의 날에 문제를 해결할 계획을 세운다.

5. 점심에 감자튀김을 곁들이는 중년의 남성

이것은 사소해 보이는 일이지만, 남자에게는 매일 점심에 감자튀김을 곁들여 먹기에 부적절한 나이가 온다. 그 나이는 각자의 신진대사가 다르다는 전제로 따져 봐도 25세 정도다. 점심 시간에 사무실에서 콜라 한 캔과 함께 프라이드치킨과 감자튀김을 먹고 있는 35세의 남성을 보면 가장 기초적인 충동을 제어할 능력의 부족으로 결국 건강하지 못하게 망가진 중년으로 늙어갈 것임을 예견할 수 있다. 이렇게 통제력이 부족한 성향은 업무 습관에도 나타나게 되어 있다.

6. 고객과 대화하면서 회사를 '그들'이라 부르는 사람들

내가 문법에 대해 깐깐한 사람처럼 보이려는 게 아니라, 책임 회피식의 이런 대명사를 사용하는 습관은 그 사람에 대해 많은 것을 나타내 준다. 고객은 자신들의 문제가 해결되기를 원한다. 고객이 당신을 상대로 대화하고 있는데 당신이 당신 조직의 다른 사람들에게 책임을 돌리면 그 고객은 오히려 짜증이 날 뿐이다. "그들이 저에게 그 정보를 주지 않았습니다.", "그들이 부품을 잘못 줬습니다." 이런 식의 변명은 당신을 더 잘난 사람으로 보이게 하는 게 아니라 오히려 전체적으로 우스꽝스러운 집단으로 보이게 할 뿐이다. 지구상에서 가장 나쁜 회사는 아무도 책임을 지지 않고 무력한 사람에서 또 다른 무력한 사람으로 계속 전가하는 회사이다. 앞쪽에서 언급했던 회사를 자신의 것처럼 취급하는 것에 대해, '그들' 대신 '우리'라 하고, 문제적 상황을 자신의 것으로 받아들여서 책임지는 태도는 미래가 밝은 사람의 필수요소다.

7. 페이스북을 사랑하는 사람들

너무 많은 시간을 빼앗기고 집중을 방해하기 때문일 거라고 생각하고 있을 것이고, 부분적으로는 맞는 생각이다. 구체적으로 페이스북은 끊임없이 과거에 대해 집착한다는 점이다. 대부분의 게시물은 '사탕 한 봉지가 10원이었을 때를 기억하는가?' '스마트폰과 태블릿 대신 공과 막대기를 들고 맨날 신선한 공기를 마시며 골목에서 놀던 때가 기억나는 사람?', 또는 '우리 청년기의 정말 실력이 뛰어난 연예인들을 기억해? 요즘 카니예 웨스트(Kanye West, 미국의 래퍼-옮긴이)나 카디 비(Cardi B, 미국의 가수-옮긴이)와는 비교가 안 되지.' 이렇듯 과거만을 회상하며 우리 세대가 최고였다는 헛소리로 가득하다. 사업에 있어서 이런 생각은 매우 나쁜 사고방식이다. 오히려 다음엔 어떤 흥미진진한 일이 기다리고 있으며 그런 일들이 어떤 기회를 가져올지를 생각해야 한다. 향수(鄕愁)는 골프처럼 사람을 일찍 늙은이로 만든다(골프를 나이든 사람들의 스포츠라는 일부 인식으로, 한 번 나가면 시간이 많이 소요되어 시간 때우기에도 좋고 다른 운동에 비해 과격하지 않아서 노인들도 즐길 수 있다는 의미에서 사용됨-옮긴이).

여기에서 언급한 특성들이 약하다거나 직업을 유지하는 데 방해가 된다는 것은 아니다. 단지 당신이 오를 수 있는 최고의 직책은 중간 관리자 정도일 거고, 당신이 상상하는 특급 성공에 대한 환상은 말 그대로 환상으로 남게 될 거라는 것이다. 최고의 자리는 어리고 나약한 생각을 칼같이 거부하는 수년간의 단련에서 얻어지는 것이다.

장애물 코스: 직원들의 길을 막지 마라

많은 조직들이 직원들의 업무 효율을 방해하도록 설계되었다면 누가 믿겠는가? 생산성을 높이는 빠른 방법은 자신의 회사 자체에 존재하는 장애물을 제거하는 것이다.

사람들은 대부분 가능한 한 최선을 다하기를 원한다. 그러나 많은 기업은 스스로 만들어 놓은 장벽으로 인해 효율을 방해받고 있다. 오래 전에 사라진 중간 관리자의 유산으로 남은 아무 소용이 없는 규칙과 절차, 적은 비용으로도 교체 가능한 낡은 기술, 같은 문제로 인해 더 많은 회의와 보고가 필요하도록 만드는 원인이 되는 반복적으로 지연되는 결정들, 판매보다 보고서 작성에 더 많은 시간을 할애하는 영업 사원들…

대부분의 기업에서 제일 지출이 큰 부분은 인건비에 해당한다. 매일 일하는 매시간마다 쌓이는 끔찍한 액수인 것이다. 그럼에도 많은 기업들은 마치 노동력은 무료이고 새로 착수하는 프로젝트들만이 비용의 유일한 변수인 양 딴 세상에 사는 것처럼 사업 결정을 내린다. 프린터 용지 비용으로 연간 1,273달러를 절약하기 위해 누군가의 6,000달러어치 시간에 해당하는 인건비를 사용하기도 한다. 기업들은 100달러의 비용을 환불받기 위해 직원에게 별의별 일을 다 하게 하지만, 어리석은 관리자 한 명이 1,000달러어치의 인건비를 갉아먹는 무의미한 회의를 언제든 소집할 수도 있다.

소규모 사업장에 가보면 직원들이 아직도 먼지 쌓인 베이지색 컴퓨터에서 97년에 개발되어 단종된 마이크로소프트 페이퍼클립 시대의 MS 운영체제를 사용하는 것을 보곤 놀라움을 금하기 어렵다. 그 컴퓨터들은 다운되지 않는다면 속도가 정말 느려서 오후 작업을 몽땅 잃게 되는 경우가 허다하다. 평균 정규직의 연봉이 약 7만 5천 달러니까 이 형편없는 컴퓨터에서 작업 속도가 30%만 느리다 가정해도 생산성 손실로 인해 연간 2만 2천 달러가 낭비되는 것이다. 또한 당신의 귀한 직원들이 짜증나게 하는 물건에 날마다 붙어서 지내야 한다. 그에 비해 새 컴퓨터는 비용이 거의 들지 않는다. 기껏해야 몇 천 달러 또는 급여의 3% 미만이면 된다. 새 컴퓨터를 사줘서 더 효율적으로 일할 수 있게 하지 않을 이유가 무엇인가? 여기서 진정한 수혜자는 고용주인 당신일 텐데 말이다.

당신의 임무는 이와 같이 생산성을 막는 요소들을 제거하는 일이다. 직원들이 직면하고 있는 소소한 장벽이 무엇인지 알아내고 싶은가? 직원 만족도 분석 보고서를 의뢰하여 향후 실행 계획을 개발하는 데 활용하라. 농담이다. 이것이 좋은 방법이라고 생각했다면 당신에게 문제가 있는 것이다. 지금 당장 가서 직원에게 직접 물어보라. 기꺼이 말해줄 거다.

보통은 꼭 필요한 소소한 요청일 것이다. 직원 식당에 꼭지 달린 생맥주 통을 요구하거나 매주 금요일에 태국 마사지를 요청하는 사람은 아무도 없다. 대개 "내 컴퓨터와 연결된 프린터를 같은 층에 둘 수 있을까요? 그렇지 않으면 프린트 후 문서를 가지러 갈 때마다 건물 밖 비상계단으로 4층이나 올라가야 하거든요." 이런 종류의 일에는 끝이 없다. 순전히 잘못된 소프트웨어 설계로 인해 생긴 어리석고 시간 낭비적인 일인 것이다. 하지만 이것은 IT라는 중추부서 담당 업무로, '시스템이 원래 그렇게 되도록 되어 있다.'는 주장 때문에 직원과 고객은 영원히 우회로로 수천 시간을 낭비해야 한다.

사람들이 요청한 모든 것의 목록을 작성한 다음 가능한 한 그간의 많은 뻘짓을 즉시 시정하라. 대부분의 문제는 놀라울 정도로 저렴하게 처리 가능하다. 더구나 더 이상의 회의, 보고서 또는 자본 지출 계획서 없이 신속하게 처리했다는 사실은 당신을 슈퍼맨처럼 보이게 할 것이다. 직원들은 "나는 좋은 곳에서 일한다."고 말할 것이다. 이것은 급여 인상이나 친목 다짐 행사보다 효과가 크다. 왜냐하면 둘 중 무엇이 되었든 결국은 변함 없는 사무실로 돌아와 일상적인 현실이 그들을 다시 힘들게 하기 때문이다. 급여를 인상하지 말라는 말은 아니지만, 그들이 매일 비효율적으로 어리석은 일상을 견뎌야 한다면 인상 받은 급여의 약효는 금방 떨어지기 마련이다.

이렇게 간단한 조치를 수행하는 회사가 많지 않기 때문에 당신 회사는 근로자의 천국처럼 느껴질 것이다. 여기에 한술 더 떠서 일을 거절할 수도 있는 자세를 가져라. '고객은 언제나 옳다!'라는 진부한 말은 틀렸다. 대부분의 고객은 좋은 사람들이고 대체로 당신의 고객들은 당신의 회사에 걸맞은 사람들인 경향이 있다. 그러나 그들이 항상 옳다고 믿는 것은… 옳지 않다. 우리는 우리의 귀중한 직원을 머슴으로 대우하며 마치 자신이 무슨 루이 14세 급이나 된 것처럼 자기 멋대로 변덕을 부리며 명령을 내리는 고객도 있다. 이것은 용납할 수 없는 행동이다. 좋은 직원을 찾는 게 나쁜 고객을 찾는 것보다 훨씬 어렵다.

우리는 지난 세월 동안 이런 고객들을 정중한 방법으로 거절한 경우가 있다. 솔직히 그런 고객은 극소수이기 때문에 그렇게 많지는 않다. 그러나 직원을 보호하기 위해 고객과 고객의 돈을 차버릴 준비가 되어 있다는 것은 시사하는 바가 큰 것이다. 이런 원칙은 미래의 직원들도 고무시킬 수 있는 영감이 된다.

서로 수동적 공격적인 메시지를 주고받는 대신에 대화하는 방식만 봐도 좋은 회사임을 알아차릴 수 있다. 모범을 보여라. 싸움이나 문제가 시작되자마자 바로 그들의 자리에 가거나 전화를 걸어서 해결하라. 대화는 거의 모든 것을 해결하는 매우 빠른 방법이다. 누군가가 초안을 작성하고 다시 수정하여 추정과 오해로 가득 찬 이메일로 회신하기를 기다리는 것보다 당신 뇌의 공간을 차지하지 않는다. 대부분의 경우, 대화를 통해 둘 사이의 의견 차이가 생각했던 것보다 훨씬 작다는 것을 알게 되어 서로가 만족한 결론을 얻을 수 있게 된다. 두 사람 모두 즉시 기분이 좋아져서 남은 하루 동안 생산적인 일을 할 수 있을 것이다. 부적절한 표현이 담긴 문자 한 줄 때문에 몇 시간을 부글거리며 속으로 '너도 엿이나 먹어라!'라고 생각하는 것보다 훨씬 낫다.

인사팀: 비즈니스의 암 같은 존재

이윤창출센터와 코스트센터라는 용어를 들어봤을 것이다. 비즈니스 중 일부 기능은 돈을 벌 수 있다. 영업 사원들, 물건을 만드는 사람들, 고객을 대하는 사람들, 그들이 더 많은 일을 할수록 회사는 더 많은 돈을 벌게 된다.

그런 반면 수익 측면에서는 확실히 손해를 보게 하는 부서도 있다. 그 목록의 최상위에는 인사팀이 있다. 중소기업에게 인사팀은 암 같은 존재이다. 그것의 유일한 목적은 숙주, 즉 당신의 회사를 희생시키면서 증식하고 전이하는 존재라는 측면에서 그렇다. 첫 번째 인사 담당자를 고용하게 되면 그 사람의 첫 번째 프로젝트는 '규정 준수 요구 사항의 증가'로 인해 추가 인사 담당자의 고용이 필요한 이유에 대한 장황한 프레젠테이션이다. 아무도 그것이 정당한 요구인지 확인하지 않기에 결국엔 두 명으로 늘어난다. 그 다음은 4명. 인건비가 많이 들고 수익에 기여하지 않으며 다른 부서의 계획을 방해하기 때문에 전체 비즈니스를 질식시킨다. 나는 기업들이 인사팀을 운영하는 것을 그들의 권위 있는 성장의 상징으로 받아들이는 것을 보아왔다. 처음 12개월 동안 병가, 스트레스 휴가 및 기타 모든 휴가의 비율은 허용되는 최대치까지 증가한다.

인사팀은 직원들의 직장생활에 묘한 어색함을 가져온다. 직원들은 자신의 실적에 대한 평가를 즉각적이고 직접적인 의견으로 제공하지 않으면 진공 상태에 빠지게 된다. 인사 평가가 몇 달 후에나 열리기 때문에 자신이 일을 잘하고 있는지 못하고 있는지를 모른다. 환장할 노릇이다.

어느 시점에는 인사팀에서는 당신에게 자기네 부서 이름을 '사람과 문화' 또는 '낙관과 성과' 등 이와 비슷한 망상적인 이름으로 바꾸자는 제안을 해온다. 당신 회사의 문화를 인사팀이 좌지우지한다면 그것은 평생 평범함에서 벗어날 수 없는 운명임을 경고하는 징조이므로 당신은 리더로서 사임해야 한다.

고객사에 새로운 대표이사가 취임했고 그는 회사에 자신만의 업적을 남겨야 하겠다는 결심을 한다. 그의 첫 번째 의제는 기업문화였다. 그래서 그는 회사의 주요 임직원 회의를 소집했다. 그는 그 자리에서 진정한 리더답게 모두에게 자신의 재능과 능력을 총동원하여 업계를 변화시키고 모든 경쟁을 휩쓸어버릴 강력한 세력을 만들라고 주문했을까?

아니, 그렇지 않았다.

그는 '문화 컨설턴트'를 고용하여 발표를 시켰다. 문화 컨설턴트는 모든 사람들을 팀으로 나눈 테이블에 앉힌 후 마치 네 살짜리 생일 파티에서 게임에 사용할 것처럼 생긴 아이템들을 나눠 주었다. 끈, 파이프 청소기, 풍선… 그녀는 이것을 이용해 함께 '완벽한 팀 멤버'를 대표하는 무언가를 만들어 보라 주문하였다. 이 순간 사람들에게 할리퀸 로맨스 소설 맥락 속의 '멤버(member, 성기를 뜻하는 속어)'라는 의미로 사용하려는 유혹은 꽤 강했겠지만, 이런 말도 안 되는 상황에서는 직장에서 통용되는 의미로 한정시킬 수밖에.

그런 다음, 각 테이블의 대표가 일어나 스스로 배운 내용을 발표해야 했다. 새로 취임한 대표이사가 지켜보고 있었기 때문에 그들은 모두 다음과 같이 말할 수밖에 없었다. "정말 훌륭한 학습 경험이었으며 일상 업무를 수행하면서 나 자신과 회사에 대해 영감을 얻을 수 있는 새로운 사실을 발견했습니다."

그렇게 어린아이 취급을 받아가며 강제로 선서까지 하면서 거짓말을 하게 된다. "인사팀 사람들아, 참으로 대단하십니다."

인사팀은 회사 운영에 위협이 될 만한 새로운 규제에 대해 지속적인 캠페인을 통해 공포 분위기를 조성하기를 좋아한다. 일부는 실체가 있으나, 그중 자기네 부서의 성장을 기반으로 한 것은 판단이 어렵다. 문제의 일부는 '부서장'이라는 구닥다리 직책의 추락에 있다. 부서장이라면 당신 밑에 있는 사람들의 기분, 기술, 자격, 그리고 그들이 회사를 대표하는 자리에서 어떻게 행동해야 하는지를 알아야 한다. 기업문화란 바로 여기에서 나오는 것이지 회사가 실제로 하는 일을 한 번도 해본 경험이 없는 인사팀이 만들어 내는 것이 아니다. 부서장이 인사팀을 이용해 직원을 해고하는 경우가 그중 최악이다. 혹시 이렇게 할 경우, 당신은 리더로서는 변명의 여지없이 경멸받을 만큼 능력이 없는 사람이다.

우리는 프리랜서 급여 전문가를 고용해 모두가 급여를 제때에 제대로 받고, 직급과 호봉 등의 책정도 제때 제대로 맞춰지고, 모든 보고 사항들에 누락이 없음을 확실하게 하도록 한다. 그들은 직원들과 어떠한 직접적인 접촉이 없다. 그런데도 이대로 문제없이 돌아간다.

직원 간의 괴롭힘, 인종 차별, 동성애 혐오, 성희롱 및 직장에서 가해질 수 있는 기타 문제적 사항에 대해 논의하기 위한 인사팀의 역할은 어떻게 하나? 매우 중요한 일이다. 이런 것을 정치적 정당성이란 이름의 광기라고 하는 일부 사업주들도 있겠으나, 나는 그런 사업주들이야 말로 미친 것이라 생각한다. 사람에 대한 기본적인 예의라는 측면 외에도 모두를 존중하는 일은 비즈니스에도 좋은 일이다. 해당되는 사람에게는 그 순간이 인생에서 가장 중요한 시점이기에 인사팀이 아닌 부서장이 다루고 해결해야 할 문제다. 만약 문제의 원인이 부서장이라면 직원들이 회사의 주인인 당신에게 접근하기 편해야 한다. 만약 당신이 문제라면 인사팀을 두는 것도 도움이 되지 않는 일이다. 가장 직책이 낮은 직원을 생각하면서 다음과 같이 자문해 보라. 만약 그 사람이 당신의 자녀라면 상사와 동료가 그들을 대하는 방식에 만족하겠는가? 그렇지 않다면 문제를 빨리 해결하도록 하라.

나는 자신들에게 주어진 역할을 헌신적으로 해내는 많은 인사팀 직원들을 생각하면 약간 마음이 아프다. 특히 비정규직이 많은 업체의 인사팀은 더욱 그렇다. 하지만 마음이 그렇게 심하게 아픈 건 아니다. 그들도 인사팀이라는 개념이 사라진다면 다른 부서에서 좋은 부서장으로 일할 수 있을 것이기 때문이다. 대기업은 인사팀이 필요하지만 중소기업은 가능한 한 두는 것을 미루어라.

인사팀 문제는 소기업에서 중기업으로 성장하는 과정에서 본사의 영향력 행사의 일환으로 나타나는 여러 문제 중 하나에 불과하다. 사업이 성공하고 확장되어 여러 곳에 사무실이 차려지면 중앙으로부터의 관리가 일부 필요하게 된다. 이론적으로는 모든 사무실이 각자의 IT, 마케팅, 급여 등을 개별적인 장부를 갖고 수행하는 대신 한 곳에서 중앙 집중화하여 비용을 줄인다는 것이다. 시너지 효과 만세!

대부분의 대규모 인수합병은 본사 비용 절감이라는 아이디어로 정당화된다. 나보다 더 똑똑하고 자격을 갖춘 자들의 연구 결과, 이것이 거의 사실이 아님을 보여주고 있다. 일단 본사가 있으면 대표이사가 필요하다. 개인적으로 자신을 대표이사라고 부를 정도라면 최소한 500명 이상의 직원은 있어야 된다고 생각한다. 대표이사는 많은 부서장을 임명하는 것을 좋아한다. 예컨대 IT 담당자는 정보통신 책임 부장이 되는 등의 형식이다.

그런 다음 전체 제국의 건설은 본격적으로 괴물로 변하게 된다. 과제는 직무가 되고 그 직무는 순식간에 부서로 변한다. 다른 부서들은 인사부서만큼은 빠르고 크게 증가하진 않겠지만, 관리자의 성공과 미래 급여에 대한 전망은 소속 직원들의 수로 측정된다. 그래서 그들은 더 많은 직원을 요구하게 된다. 그러다가 그들은 컨설팅회사를 끌어들인다. 이건 순전히 자신들의 실수를 덮기 위한 것으로 프로젝트가 잘못되면 컨설턴트의 보고서를 탓할 수 있기 때문이다. 동료들의 부러움과 무역박람회에서의 환대에 심취되어 사는 IT 부서는 웬만한 전투기만큼 비용이 많이 드는 신규 사업 플랫폼을 제안하게 되고, 이에 따라 더 많은 컨설턴트를 고용하도록 한다.

부서장들은 스스로를 고위 경영진(C-Suite)이라고 부르기 시작하는데, 나는 이 직함을 들으면 왠지 항상 변기와 비데를 맞추는 것을 생각하게 된다. 나는 본사 비용이 5%에서 2년여 내에 20%로 올라가는 고객사들을 보았다. 어마어마한 수익의 잠식이라 볼 수 있다. 이러한 상황은 전방에서 일하는 사람들의 주목을 피할 수 없다. 수입의 5분의 1이 본사의 현실성 떨어지는 배불뚝이 고위직 유지비로 들어가는 걸 보면 예전만큼 열심히 일하지 않을 것이다. 이제 당신은 대부분의 대기업들과 마찬가지로 하찮은 수익성을 향해 직행하고 있는 것이다.

씬체인지를 만들 때 우리는 일부러 본사를 설립하지 않았다. 마케팅 및 세금계정을 제외한 모든 작업은 각 지점에서 처리된다. 회계장부 관리, IT 지원, 급여 등 무엇이든 일상적인 도움은 지역에서 받을 수 있다. 지역이 더 빠르고 저렴하다. 물론 HR 담당자도 없다. 우리 직원들은 잘하면 잘하는 대로, 못하면 못하는 대로 바로바로 관리자와 직접 이야기를 주고받는 것을 선호한다. 관리자층은 적을수록 좋다. 그 결과로 우리는 매우 흡족한 마진을 남기고 있고 모두가 더 행복한 삶을 누리고 있다.

당신이 얼마나 바쁜지에 대해 그만 말하라

어느 인류학자가 칵테일 모임의 사업가 무리를 관찰한 결과 그들이 반복해서 한 가지 소리만 지속적으로 한다는 점에 주목했다.

"안녕하세요, 잘 지내십니까?"

"바쁘게 지내죠. 너무 바빠요. 일에 쌓여서 살죠. 일에 완전히 묻혀 삽니다. 우린 휴식도 없어요. 바쁘다, 바쁘다, 바빠."

마치 연못에서 청개구리 무리들이 제각각 다음과 같이 지저귀는 소리와 흡사하다. "나의 멋진 노란색 배를 한번 보세요." 그러나 그들 모두의 배는 똑같이 생겼기에 그다지 큰 경쟁 우위가 없다. 들리는 건 소음뿐.

"그간 너~~~~~무 바빴어요."는 여름에 "더위가 문제가 아니라 습도가 문제야!"라는 말만큼이나 진부한 얘기다. 마치 해외에서 온 사람에게 "비행은 어땠어?"라고 묻는 것처럼. 또 일하는 날 바닷가 근처에 가게 된 날에 '오늘 나의 사무실'이라며 사진과 함께 게시하는 것처럼.

모욕적인 말이라는 것은 아니다. 단지 뇌의 조건반사처럼 매번 모든 사람들이 하는 말과 같다. 비즈니스 세계에서 성공하기 위한 첫 번째 단계는 당신과 똑같은 다른 사람들 사이에서 자신을 차별화하는 것이다. 사람들이 당신에게 "안녕하세요? 요즘 어떻게 지내시나요?"라고 할 때가 흥미롭고 매력적으로 보일 수 있는 절호의 기회가 될 수 있도록 말이다.

흥미롭다는 것은 자신에 대한 이야기를 하는 것과는 다르다. 흥미를 유발하는 가장 좋은 방법은 흥미를 갖는 것이다. 다른 사람들의 삶에 무슨 일이 일어나고 있는지 알아내는 것이다. 그들의 직함을 알아낸 이후 더 깊이 들어가서 그들이 실제로 무슨 일을 하는지 알아내는 것이다. 당신이 얼마나 바쁜지 말하는 것은 마치 스모 선수들이 단단한 방어 자세를 취하는 것과 같아서 다른 사람에 대해 뭔가를 알아낼 수 있는 기회를 막는 것이다.

당신이 바쁘다고 하는 것은 상대방도 같은 말을 해야 하는 상황으로 만드는 것이다. 절대 일어나지 않을 대화는 다음과 같다.

그들: "안녕하세요, 요즘 어떻게 지내세요?"

당신: "아 네, 요새 너무 바빠요. 그쪽은 어떠세요?"

그들: "저희는…… 별로 바쁘지 않습니다."

당신처럼 바쁘고 중요하고 사람과 대면할 때 그들은 바쁘지 않다고 고백하느니 차라리 암웨이 판매 사원이라 인정하는 것을 선택할 것이다. 따라서 '바쁘다'라는 소리는 진공 상태의 메아리처럼 끊임없이 울려 퍼지게 되는 것이다. 이들은 "잘 지내시죠?" 한마디를 자신의 최신 건강 상태나 개인사를 요구하는 것으로 해석하는 사람들과 비슷한 최악의 부류인 것이다. 방금 의례적인 악수 대신 구두로 한 인사말로 인해 당신 대장에 생긴 문제에 대해 꼭 들어야 하는 걸까? 제발 이런 내용엔 관심 없으니 이것만은 제발 피하게 해주시길.

진짜 흥미로운 일로 바쁜 사람들은 그렇게 말하지 않는다는 점에 주목하라. 그들은 바쁘다는 것이 특별히 내세울 만한 일이 아니라고 생각하며 자신의 시간을 더 잘 통제할 수 있기 때문이다. 당신이 얼마나 바쁜지에 대해 계속 강조하는 것은 정말로 당신을 중간 관리자 정도로 보이게 한다. 어쩌면 커트 본 해머스타인-이코드(Kurt von Hammerstein-Equord)라는 멋진 이름의 1930년대 독일 장군에 기인한 경영 모델에 대해 들어본 적이 있을 것이다. 그는 사람들을 똑똑함, 멍청함, 활기참, 게으름의 네 가지 특성을 가진 2x2 격자로 분류할 수 있다고 주장하였다.

행동 예측자로서 군사에 뿌리를 둔 이 모델이 모든 비즈니스에

100% 적용되지는 않겠지만 많은 직장에 기가 막히게 적용된다.

장군의 말로는 어리석고 게으른 사람들도 필요하고 유용하다고 한다. 단순 작업을 해내려면 이런 사람이 많이 필요한데, 그들은 문제를 일으키는 것이 너무 힘든 일이기 때문에 문제를 일으키지 않는다는 주장이다.

똑똑하고 열정적인 사람들은 계획을 실행하고 모든 세부 사항에 적절한 신경을 쓰기에 수직적 경력 사다리 대부분에서 매우 유용하다고 한다. 그러나 그들은 매사에 너무 간섭하기 때문에 정상에 오르지 못한다고 한다.

똑똑하고 게으른 사람들이야말로 엄청난 가치가 있다고 한다. 그들은 편안히 뒤에 앉아서 다른 3가지의 부류들을 이용하여 일을 성사시키는 최선의 방법을 찾아낸다고 한다. 그들은 '어려운 결정을 내리는 데 필요한 신경과 명료한 정신'을 가지고 있으며, 사안을 다각도에서 생각할 시간적 여유도 충분히 갖추고 있다고 한다. 그는 이런 사람들을 최고의 자리로 승진시켜야 한다고 조언한다[6].

열정적이며 멍청한 사람들은 완전 최악이다. 그들은 어리석은 계획을 세우고 그것을 현실로 만들기 위해 모든 사람의 시간을 낭비한다. 바로 이런 사람들이 자기가 늘 바쁘다고 말하는 사람들이다. 이것이 더닝 크루거(Dunning-Kruger) 효과(능력 없는 사람이 잘못된 판단을 내려 잘못된 결론에 도달하지만, 능력이 없기 때문에 자신의 실수를 알아차리지 못하는 현상-옮긴이)의 핵심이다. 이것은 멍청한 사람들은 자신의 한계를 인식할 만큼 똑똑하지 못하기 때문에 멍청한 사람들이 더 자신감이 있다는 전형적인 심리적 증후군이다.

그러면 대신에 뭐라고 말해야 하나? 특별히 준비한 멘트가 필요한 건 아니다. 링크드인에서 성공을 꿈꾸는 사람들은 친구가 없는 사이코패스처럼 몇 시간 동안 화장실 거울 앞에서 혼자 자기소개용 짧은 멘트를 연습해야 한다고 생각한다. 이것은 여자를 꼬시기 위한 멘트가 수록된 책에서 외운 구절을 나이트클럽에서 사용하는 어리석은 남자의 접근 방식과 같다. 이런 사람들은 짧고 실패로 끝나는 대화를 수도 없이 하게 된다. 물론 '대화'라는 단어가 적절한지도 모르겠다. 상대방은 '아니오'라는 단 한마디밖에 하지 않으니 말이다.

물론 누군가가 "하시는 일에 대해 이야기해 주세요."라고 말할 때 명확하고 흥미로운 답변이 필요하지만 대화는 그렇게 시작하는 것이 아니다. 사람들은 다음과 같이 자신을 소개하곤 한다. "안녕하세요. 저는 디지털 이벤트 기획을 위한 원 클릭 솔루션을 제공하는 이벤틀리사의 제임스입니다." 그러면 나는 이렇게 생각한다. '제임스, 좀 침착하세요. 이건 마치 누군가의 집에 초대받아 갔는데 문 열고 들어가자마자 그 집 강아지가 나를 반기며 나를 향해 마구 깡충깡충 뛰기 시작할 때와 같은 기분이잖아요.'

그냥 "잘 지내고 있습니다, 고맙습니다. 그간 무슨 일을 하며 지내셨나요?"라고 하곤 그냥 들어라. 그런 다음 거기서부터 시작하면 된다. "멋지네요, 좀 더 자세히 말씀해 주세요."와 같이 이어가면 된다. 또는 "앞으로 어떻게 될 거 같습니까?" 확실히 자신을 드러내는 내용이 되기 전까지는 암기한 자기소개용 멘트 같은 거 말고, 열린 질문을 하는 기술을 연습하라. 그러면 그들에게 당신은 좋은 기억으로 남을 것이다. 다시는 'ㅂ'으로 시작하는 그 단어를 사용할 필요가 없게 될 것이다.

PART 7

재정

나는 부자다: 그냥 받아들여라

자랑해서 죄송하지만, 난 꽤 오랫동안 부자로 살고 있다. 무척 재미있다. 당신도 꼭 한번 돼 봐라. 당신은 지금 이렇게 생각하고 있을 것이다. '분명히 이건 설정용 첫 대사일 것이다. 후미엔 분명히 인생에서 가장 큰 재산인 가족과 친구들의 사랑으로 둘러싸여 있다고 할 것이다.' 아니다. 이 책은 냉장고 자석에 쓰이는 감상적 지혜를 제공하는 책이 아니다. 내가 말하는 것은 달콤한 현찰을 말하는 것이다. 그리고 물질적 소유. 진심으로 이는 나를 행복하게 만드므로, 남들이 날 얄팍한 사람이라 생각해도 상관없다.

나처럼 부자가 되는 방법을 알고 싶은가? 또한 이 같은 천박한 선언문을 듣고도 계속해서 이 책을 읽고 싶은가? 좋다. 내가 비밀을 하나 알려주겠다. 부자에 대한 각자의 정의에 달려 있다. 나의 정의는 '돈에 대해 항상 걱정할 필요가 없는 지점에 도달했을 때'이다.

이것은 당신이 상상하는 것보다 한참 적은 돈으로도 가능하다. 지금의 나는 항상 돈 걱정을 하던 예전보다 비약적으로 발전한 상황이고, 이것에 진심으로 감사한다. 돈에 대한 걱정은 두뇌에서 하루 종일 떠나질 않는다. 걱정할 필요가 없는 지점에 도달한 경우, 이제 성인(聖人)처럼 행동할지 여부는 당신에게 달려 있다. 돈을 버는 가장 쉬운 방법은 과소비와 쓸데없는 사치품에 빠지지 않는 것이다.

사업에서의 성공을 나타내는 대중적 이미지는 보통 람보르기니

(Lamborghini) 자동차와 에르메스(Hermès) 핸드백이다. 이것들은 건실한 사업가가 아닌 러브 아일랜드(Love Island, 남녀가 모여 사랑을 찾는 영국의 극사실주의 데이팅 프로그램-옮긴이)에 참가한 남녀의 욕망이다. 금으로 치장한 헬리콥터나 밍크 속옷을 세탁해주는 도우미가 필요한 게 아니다. 명품은 당신이나 나보다 훨씬 더 잘 생긴 사람들에게 맞도록 디자인되어 있다. 당신이 애스턴 마틴(Aston Martin, 영국의 고급 스포츠카-옮긴이)에 뛰어 들어가는 다니엘 크레이그(Daniel Craig, 제임스 본드 역을 맡고 있는 영국 배우-옮긴이)처럼 생겼다고 생각할지 모르나, 현실의 당신은 검찰청 밖에서 자신의 벤츠(Benz) 차량의 위로 젖힌 문짝에 끼어 버둥대는 클라이브 팔머(Clive Palmer, 호주의 기업가이자 정치인-옮긴이)처럼 보인다.

게다가 페라리(Ferraris)와 람보르기니는 느린 차량이다. 물론 탁 트인 길에선 빠르다. 그러나 혼잡한 도로에서는 다른 운전자들이 밉살스러운 스포츠카가 끼어들지 못하도록 길을 터주지 않기 때문에는 오히려 더 늦게 도착하게 된다. 모든 운전자가 매번 미소를 짓고 손을 흔들며 비켜 주길 바라는가? 내 비즈니스 파트너의 오래된 빨간색 VW 듄 버기(dune buggy)를 타고 다녀라. 가격도 합리적이고 닌텐도 마리오 카트(Mario Kart, 닌텐도 초기의 레이싱 비디오 게임-옮긴이)에서 가장 행복한 캐릭터처럼 보일 것이다.

나는 3년 된 나의 아이폰에 배터리만 새 걸로 교체했는데, 별 문제없이 잘 작동되고, 요새 휴대전화는 거의 다 똑같기 때문이다. 내가 만약 우리 사업을 상장하게 된다고 해도 나는 여전히 영화관에 가면서 아이들을 슈퍼마켓으로 보내서 간식을 사오도록 할 것이다. 왜냐하면 극장에서 파는 12달러짜리 팝콘과 7달러짜리 물 한 병은 정말 화나게 하는 것이기 때문이다. 사업비 및 생활비에 대해 전혀 신경 안 쓰는 그런 자격을 얻으려면 돈을 상속받아야 한다고 생각한다. 그래도 식당 계산서가 얼마인지 걱정 안 하고도 식사할 수 있다는 게 얼마나 즐거운 일인지 모른다. 그리고 가끔 그럴 만한 일이 생겼을 때 특별한 선물을 나에게 할 수 있다는 것도 말이다. 구체적으로 언급하자면 윈스턴 처칠경의 샴페인이자 인류 최고의 알코올인 폴 로저 쿠베(Pol Roger Cuvée) 정도를.

한번은 딸아이가 사랑하는 버마 고양이 맥스의 방사선 치료비로 아파트 보증금만큼의 돈을 쓴 적이 있다. 다들 모두가 자신의 반려동물이 최고라 생각하는 것은 알고 있으나, 이 고양이는 정말로 최고였다. 동물병원의 원장부터 모든 간호사와 직원들까지 다들 "와, 이 고양이 카리스마 좀 봐."라며 감탄했다.

내 사업이 잘 안 되었거나 평범한 급여를 받는 직업을 갖고 있었다면 그 고양이는 제 명을 다 살지 못하고 안락사를 맞이했어야 했을 것이다. 돈이 있으면 고양이의 치료도 최고의 수준으로 받게 할 수 있다. 만약 나에게 새 차와 맥스를 살릴 수 있는 치료 중에 선택을 하라 했으면 1초의 고민도 없이 고양이를 선택했을 것이다. 이에 대한 반응은 대개 "너 미쳤어? 그 많은 돈을? 고양이한테?"이겠지만 말이다.

나는 남들이 뭐라 생각하든 신경 쓰지 않는다. 당신의 선택은 다를 수 있다. 그러나 사랑하는 동물을 일찍 보내야 하는 것보다 선택의 여지가 있다는 것은 좋은 것이다. 이런 것들이 롤렉스(Rolex)나 루부탱(Louboutin) 구두보다 훨씬 더 깊은 차원의 감동을 안겨준다.

내 방식만을 고집하는 것은 아니다. 내 친구는 세금도 못 내던 어려운 회사를 수익을 내며 가파른 성장의 회사로 탈바꿈시키는 데 성공한 보상으로 미국산 고출력 자동차를 샀다. 그 차에 대한 열망은 그를 암울한 시기에서 탈출하게 하는 영감을 주었다. 이제 10명의 직원들이 그와 함께 좋은 직장에서 일하게 되었고, 정말 잘된 일이다. 어떻게든 목표에 도달하면 되니까. 당신이 바다 뷰를 가진 거대한 집을 살 수 있다면 그것도 축하할 일이다. 왜냐하면 열심히 일해서 번 돈이기 때문에 그 돈을 어떻게 쓰던 당신 마음이기 때문이다. 하지만 나는 그 넓은 정원을 가꾸기 위해 수많은 정원사를 고용할 생각만 해도 머리가 아프다.

돈 쓰는 문제를 넘어서 자신의 사업을 시작하는 것은 정말 도움이 된다. 왜냐하면 시간당 벌어들일 수 있는 금액의 한계를 벗어날 수 있기 때문이다. 또한 재정을 바라보는 관점을 명확히 해준다. 왜냐하면 성공을 하게 되면 실제로 돈을 벌고 유지하는 것이 얼마나 어려운지 알게 될 것이기 때문이다. 따라서 몇 년 동안 천성이 돼버린 원가 관리 사고방식에서 벗어날 수 있기 때문이다. 내 동업자들은 17달러가 초과 청구되면 거의 전투를 벌인다. 17달러가 없어서가 아니라, 우리에게 초과로 청구를 하려고 한 사실이 괘씸하기 때문이다.

월급쟁이에게 현금 흐름은 급여에 훨씬 더 의존적이 된다. 급여 인상을 위해 열심히 일하고, 인상을 받게 되면 이를 축하하기 위해 생활비를 조금씩 더 쓰게 돼 결국 생활은 비슷한 수준으로 유지된다. 다른 점은 더 커진 집에 들여놔야 할 가구가 더 많아졌고 청소할 공간도 더 넓어졌다는 것이다.

생활비를 저렴하게 유지하면 비싼 자동차 상환금이나 학비에 위협받지 않기 때문에 두려움 없이 결정을 내릴 수 있다. 역설적이게도 돈을 잃는 것을 두려워하지 않는다면 훨씬 더 많은 돈을 벌 수 있다. 왜냐하면 사업의 성공은 주로 빠른 결정을 내리고 계속 나아갈 수 있는 능력에 달려 있기 때문이다. 검소한 생활은 비즈니스 전쟁터로 나가 싸울 때 놀라운 방어막으로 작동한다. 편안한 마음으로 돌아다니는 동안 총알과 폭탄은 튕겨 나간다.

부자가 되는 것은 멋진 일이지만 이전에 어땠는지 잊어버리기 쉽다. 부자는 모든 사람이 자신과 같은 기분이라고 생각하기 시작한다. 직장에 다니는 동기에 대해 이야기할 때 알 수 있다.

"돈이 중요한 게 아니다. 보수를 능가하는 다른 수준의 경험, 동료들의 인정 및 자아실현의 수준 등 너무 많은 것들이 있다."

이렇게 말하는 사람은 현재 돈이 엄청 많아서 돈이 정말 빌어먹을 정도로 중요했을 때 어땠는지 완전히 잊어버린 사람이다. 이런 극단적인 말을 평범한 급여를 받으며 열기가 두려운 신용카드 명세서를 열어 보니 칭얼대는 5살짜리 아이를 달래기 위해 건네준 핸드폰으로 3천 달러어치 앱을 구매한 것을 발견하며 화들짝 놀란 싱글

맘 앞에서 해보라. 차를 몰고 출근할 수밖에 없는데 출근길 톨게이트 비용으로만 매일 급여의 두 시간어치가 소요되는 젊은 초보 교사에게 이 이야기를 해보라.

그들에겐 돈은 사느냐 죽느냐의 문제일 정도로 중요하다. 만약 그들이 당신의 직원이나 고객이라면 부유한 달라이 라마같이 잘난 척 말하는 것은 절대 하지 마라.

성공적인 미래의 당신을 시각화하는 것은 꼭 필요한 기술이다. 그러나 당연하겠지만 시각적인 것을 상상하는 것이 훨씬 쉽다. 그래서 당신은 벤츠 대리점에서 아양을 부리는 판매원으로부터 열쇠를 받는 자신을 상상한다. 또는 맞춤 루이비통(Vuitton) 가방을 들고 엘 프레지덴테 그랜드 스위트(El Presidente Grande Suite) 룸에 체크인하는 것을 상상한다. 모두 생생하고 매력적인 이미지들이다.

그러나 그곳에 도달하는 과정의 진정한 즐거움은 상상보다 훨씬 어렵다. 빡빡한 재정관리 이사에게 값비싼 새 프로젝트를 실행할 필요성에 대해 어떻게 설득할 것인가? 그에 비해 동업자에게 얼른 전화해서 "그래, 당장 하자!"라는 답을 얻는 일이 훨씬 쉬운 일이다. 어떻게 젊고 유망한 사람을 찾고, 다른 사람들은 보지 못한 잠재력을 인지하고, 시도하고 실패할 수 있는 자유를 주고, 5년 후에 비즈니스의 일부를 나보다 더 능력 있게 운영하는 것을 상상할 수 있는가? 아니면 하루 종일 회의를 하는 대신에 책을 쓰는 시간을 갖는 즐거움을.

나는 부자 목록에 오른 사람들만큼 부자는 아니지만, 나에게 있는 것은 외부 간섭 없이 내 시간을 스스로 통제할 수 있는 능력이다. 나는 내가 좋아하는 일을 할 수 있는 자유의 측면에서는 굉장한 거물이다. 종종 비즈니스와 관련이 있는 일을 하지만, 그건 나의 선택이고, 그래서 좋다.

이것은 시각화하기 어려운 추상적인 쾌락이다. ('눈을 감고 심호흡을 하며 상상하라. 노트북과 함께 소파에 기대서 6시간 동안 형편없는 글을 써내려가다 다시 지우고. 우우우우 아아아아 성공!') 하지만 우리 대부분의 사업가들에게는 이러한 것이 사업을 하는 보람을 느끼게 하는 경험들이다.

금융 문맹자들이 가장 많이 쓰는 5가지 말

당신이 고용하거나 비즈니스를 같이하려는 사람이 재정에 대해 얼마나 이해하고 있는지 어떻게 알 수 있는지 궁금한가? 얼마나 많은 사람들이 어려운 숫자들이 어떻게 작동하는지에 대한 지식 없이도 높은 직책에 오를 수 있다는 것은 놀라운 일이다. 때로는 재정 능력 시험을 치르게 하는 것이 실용적이지 않을 수 있다.

나는 타 기업에선 수익성 있었던 비즈니스 모델을 갖고 와서 돈을 아궁이에 넣고 태우듯 없애버리는 기계와 같은 관리자를 놓고 고민하는 시간을 많이 보내봤다. 글 쓰는 작가로서의 나는 단어에 민감하고, 사업주로서의 나는 우리 돈을 잃는 사람에 민감하다. 둘을 조화시키면 그 관리자들이 계속해서 사용하는 문구를 알아차릴 수 있다. 이런 문구들은 차라리 동네 인형 뽑기 기계에 가서 계속해서 동전을 쏟아 부어 인형을 뽑아 팔아 수익을 올리는 게 더 나을 거란 빨강 경고음과도 같다. 내가 겪은 고통을 통해 배우길 바란다.

1. '돈을 벌려면 돈을 써야 한다'

이것은 사실이다. 많은 기업들이 직원들의 업무용 도구를 아끼는 스크루지가 운영하기 때문에 돈을 버는 데 실패한다. 설비 투자, 마케팅 및 구할 수 있는 최고의 직원에 돈을 써야 한다.

그러나 사업을 이렇게 성공적으로 수행하는 사람들은 절대로 "돈을 벌려면 돈을 써야 한다."고 하지 않는다.

그렇게 말하는 사람들은 그저 돈 쓰는 것을 좋아한다. 그들은 디자이너 사무용 가구, 비즈니스 클래스 항공권, 대형 차량의 갱신되는 리스(오래된 차를 유지하는 것보다 훨씬 더 싸다며) 및 천 달러가 넘는 연회비의 프레스티지 신용카드 등을 쓰는 데 있어 쾌감을 느낀다. 그들은 마약왕의 지출 습관을 유지하며, 남들이 물으면 위와 같은 오래된 문구를 사용한다.

그들이 돈 쓰기 좋아하는 대상 그 어느 것도 실제로 당신 사업에 돈을 벌어주지는 못 한다.

2. '세금 공제'

개인금융과 기업금융 사이에 존재하는 많은 가짜 유사점들이 있다. 낯 두꺼운 정치인들은 마치 기록적으로 낮은 이자율을 이용해 국가건설에 가치 있는 투자를 하는 것이 술에 취해 이자율 23%인 신용카드로 불필요한 두 번째 블렌더를 사는 것과 같이 부채를 '국가 신용카드에 넣는 것'이라고 말한다.

누군가가 당신에게 돈이 필요한 제안(보통은 자기 형이 운전하는 레이싱카 후원금 같은 것임)을 한다. 그리고 끝에 가서는 결정타를 날린다. "… 그리고 이건 전액 세금 공제 가능합니다!" 그들은 세금 공제가 모든 사람들이 현금 뭉치를 받게 되는 일종의 3배 보너스 효과가 있다고 생각하는 것 같다.

"경비라는 말씀인가요?"라고 당신이 묻는다면,

"그뿐만 아니라 세금 공제가 가능합니다."

당신이 '세금 공제'인 물건을 더 많이 구입할수록 수익은 더 낮아진다는 것을 이해하지 못한다면, 당신은 고용 대상에서 100% 공제다.

3. '손실자본공제가 가능하다'

이것은 마치 손실자본공제가 일종의 지속 가능한 사업 모델인 것처럼 '세금 공제 가능'이라고 하는 사람들과 동일한 사람들이 보다 장기적으로 놓는 수(數)다. 그것은 '케이맨(Cayman) 제도'나 '백지 위임(blind trust)'과 같이 비밀스러운 백만장자들이나 쓰는 용어의 이미지를 담고 있다. 물론, 손실자본공제를 활용하면 최악의 사고나 실패한 실험적 투자를 손실 처리하여 세금을 공제받을 수는 있으나, 언젠가는 이것을 상쇄할 이익이 발생해야만 한다. 많은 사람들은 마치 손실이 목표인 것처럼 생각하는 것 같다.

4. '초단기 주식 매매를 좀 하는 중'

사람들에게 초단기 주식 매매를 좀 하고 있다는 말만큼 사람들에게 자신이 확실히 "고용 불가"라고 말해주는 건 많지 않을 것이다. 방대한 연구 자료를 보유한 글로벌 기업에서 일하는 주식 거래 전문가들도 여전히 지수를 이기기가 어렵다고 한다. 초단기 투자로 『억만장자 되는 법』이란 책과 DVD를 끼고 집에서 속옷 차림으로 앉아 있는 사람들은 만성 경마장 도박꾼과 크게 다를 바가 없다. 나는 자신이 초단기 주식 매매자라고 인정하는 사람 중 단 한 명도 영원한 방랑자로 경력을 쌓는 데 계속 실패하지 않는 경우를 본 적이 없다. 이것은 그들에게 돈을 맞기면 잃는 것 외에 별 다른 결과를 기대할 수 없다는 확증이다.

5. '백만 달러의 가치'

때때로 우리는 회사 인수를 위해 실사를 하게 된다. 누군가가 수십 년에 등뼈가 휠 정도로 일궈 놓은 회사를 검토하게 된다. 일반적으로 소유주와 가족의 일자리가 유지될 정도의 충분한 이익을 창출한다. 그러나 그들의 인건비를 지불한 후 남는 이익금은 0이다.

그래서 당신이 그들에게 얼마를 원하느냐고 물으면 100만 달러 또는 그들이 평생 동안 접이식 긴 의자에 앉아 와인을 마시며 살 수 있는 금액을 요구한다. 회사의 가치를 평가하는 기본 방법은 두 가지뿐이다. 수익의 배수 또는 자산의 가치다. 그럼 생각해 보라. 0인 이윤의 배수는 아무리 계산해도 0이니까, 저 창고에 가지고 있는 자산의 가치는 얼마나 될 거라 생각하는가?

"백만 달러의 가치가 있습니다."

그건 아니다. 대부분이 오래됐고, 낡고, 구식일 것이다. 일부에는 쥐도 살고 있을 것이다.

"그러면 지난 10년 동안 저 물건에 총 백만 달러를 지불했다는 말입니까? 대부분 5년 안에요?"라고 묻는다.

"맞습니다. 백만 달러의 가치입니다."

자기의 물건을 너무 애지중지하는 나머지, 그 당시에 처음 구매한 물건을 떨리는 손으로 포장지를 풀던 그날 이후로도 그 가치가 단 한 푼도 떨어지지 않았을 것이라 생각하는 사람들이 얼마나 많은지 모른다. 그래서 그들의 사업의 가치를 백만 달러 미만으로 산정한다는 것은 그들과 그들의 귀중한 자산을 모욕하는 일이다. 당연히 그들은 절대로 회사를 팔지 못할 것이다. 그렇게 그들은 그 안에서 컴팩 노트북, 팩스 기기 및 PDA 기기 디지털 비서 등 소중한 소유물들에 둘러싸여 파라오처럼 매장될 가능성이 크다.

당신의 돈을 다른 사람들이 사용하도록 믿고 맡겨라

다른 도시의 관리자에게 엄청난 현금을 주고 그들이 개인 여행, 별 세 개 레스토랑에서의 식사 또는 도박용 칩에 사용하지 않기를 바라는 것은 엄청나게 큰 믿음이 필요한 일이다. 그러나 당신이 직접 일하지 않는 사업에서 돈을 버는 경험을 하려면 반드시 겪어야 하는 일이다.

물론 감사를 수행할 수는 있다. 원하는 만큼 수치를 확인할 수도 있다. 그러나 당신의 동업자가 돈을 빼먹으려고 마음만 먹으면 소소한 규모로 할 수 있는 방법은 얼마든지 있으며 당신은 절대로 알아낼 길이 없다. 정직한 사람을 찾아 그들을 신뢰해야 한다. 우리 분야의 일부 사업주는 우리가 어떻게 사람들에게 맡기고 밤에 잠을 잘 수 있는지 믿기 어려워한다. 그러나 열차 화물칸 안에 몰래 스며든 소아성애자처럼 부정직한 사람들은 우리가 생각하는 것만큼 흔하지는 않다.

게다가 회사 돈을 사적으로 이용하는 부류의 사람들은 일처리가 깔끔하지 못하기 때문에 결국 흔적을 남기게 되어 있다. 조금 나이가 든 이후에 사업을 시작해야 하는 또 다른 이유이기도 하다. 일하면서 더 많은 사기꾼과 악당들을 봐 왔기 때문에 그런 부류를 알아보는 본능이 더 살아 있게 되기 때문이다.

동업자들이 우리의 자금으로 가능한 최고의 수익을 내고 있을까? 우리의 경우, 그들도 주주로서 자신들의 자금도 같은 위험을 공유하고 있기에 안심인 측면이 있다. 때로는 그들은 우리보다 장사를 더 잘 못할 때도 있으나 대부분은 더 잘한다. 그러나 항시 그들을 감시하고 이런저런 지시를 할 거라면 차라리 직접 운영하는 게 낫다. 이런 처사는 전체 여정에서 잠재적인 성장과 즐거움을 모두 덮어버리는 것이다.

처음 몇 년 동안은 모두가 배우면서 실수의 가능성도 더 높기 때문에 장기적인 안목으로 그들이 일을 하도록 내버려 두어야 한다. 그 기간은 당신의 믿음을 시험할 것이다. 당신의 본능은 '실패하기 전에 끌어내야 해.'라고 생각할 것이다. 그러나 당신은 그들이 직접 하게끔 둬야 한다. 동업자들이 우리에게 전화를 걸어 몇 가지 어려운 문제를 설명하면 관리자로서 이에 대한 가장 올바른 대답은 "어떻게 해야 한다고 생각합니까?" 보통의 경우 그들이 옳은데, 그들이 스스로 그 계획을 큰 소리로 말하는 행위 자체가 확신을 갖도록 하는 일에 도움이 된다.

당신의 생각을 말하며 바로 끼어들지 마라. 그들의 생각을 약간 수정하는 방향으로 이끌 수는 있다. 그러나 그들에게 어떻게 해야 할지를 콕 짚어서 말하지 마라. 우리는 순전히 장기적인 교육적 가치를 위해 사람들이 우리 돈으로 값비싼 실수를 하도록 내버려 둔 적도 있었다. 그들은 '고통대학'에서 학위를 취득해야 한다.

사람들은 당신이 선례, 목록, 또는 나라면 이렇게 했을 거라고 말해주면 잘 배우지 않는다. 그런 건 기억에 잘 안 남는다. 관련해서 괜찮은 스토리를 잘 전달하면 도움은 된다. 그러나 뜨거운 프라이팬에 직접 손을 대고 그 느낌을 직접 체험하는 것만큼 확실한 것은 없다. 대부분의 사람들에겐 한 번이면 충분하다. 고통으로 얼마나 빨리 배우는지 보면 괜찮은 사람인지를 알 수 있다.

화상은 은유적으로 사용하는 거지만, 나는 화상을 끔찍하게 입은 후 붕대를 감은 손으로 부엌으로 곧바로 들어가서 레인지 위의 연기 나는 팬을 보면서 '이건 어떤 느낌일까?'라고 하는 사람과 같이 일한 적이 있다. 그것도 계속해서. 어떤 사람들은 6개월 또는 1년 주기의 고통, 배움, 성취, 그 다음… 건망증, 그러곤 또 더 심한 고통의 연속이었다.

"내가 항상 옳아!"라는 접근 방식을 취하면 쇼핑몰 도넛 프랜차이즈를 운영하는 데 더 적합한 유형의 관리자만 꼬일 것이다. 이런 조건에서는 놀랄 만한 일이 적다. 그러나 그 지역에서의 혁신과 변신을 원한다면 기업가 정신의 사람들이 필요하다. 이런 사람들은 당신이 자기들 어깨 너머에 서서 프랜차이즈 규정집 '125쪽, 9절'을 참조하라고 말하는 것을 원치 않는다.

흥미로운 재무적 비밀 하나는 우리는 한 번도 예산을 설정하지 않고도 지속적인 성장과 수익성을 달성했다. 한 번에 그친 것도 아니다. 우리는 관리자에게 수익 목표를 설정하도록 요청하거나 제공한 적도 없다. 이 접근 방식은 MBA나 대부분의 관리 유형들이 들으면 소름이 돋을 일이다. 가장 기본적이고 필수적인 관리 도구 없이 어떻게 사업을 운영할 수 있는가? 이런 자유로운 형태의 무원칙 상태는 주주 가치를 파괴하고 모든 사람들을 지도도 없이 표류시키게 할 것이 아닌가? 화이트칼라 관리자들이여, 진정하시라.

예산 숭배는 실제 결과보다 예측 가능성이 더 중요하다는 대기업의 사고방식에서 비롯된다. 그들은 첫 해에 25%, 다음 해에 2%, 그 다음 해에 16%를 버는 것보다 매년 5%의 안정적인 수익을 내는 것을 선호한다. 이것은 경제 분석가들을 침착하게 유지시키긴 하나, 산업 전체에는 모래주머니 효과를 유발시켜 끌어내린다. 중간 관리자는 비난을 피하기 위해 목표치를 낮춘다. 고위 경영진은 달성이 불가능한 성장 목표를 내려 보내기 때문에 직원들은 어리석고 지속 가능하지 못한 거래를 하게 된다. 예산이 남은 관계로 자본 지출은 어리석은 일에 쓰인다. 이 중 어느 한 가지도 당신의 사업에는 도움이 되지 않는다.

동업자를 위한 예산을 설정해 놓았는데 그들이 도달하지 못했다고 상상해 보라. 그럼 정확히 무엇을 어떻게 해야 할까? 각자 방에 들어가서 반성들 하라고 하나? 우리는 모든 가능한 수익을 추구하고 모든 비용을 최소화하기 위해 신뢰할 수 있는 팀을 모으는 데 많은 시간을 투자했다. 우리는 그들이 항상 최선을 다하고 있다는 것을 알고 있다.

제너럴 일렉트릭(General Electric)사에서 일했다고 해서 경영대학에서 배운 모든 방법을 적용할 필요는 없다. 예산을 짜야 마음이 놓인다면 그렇게 하라. 그러나 올바른 종류의 관리자가 있다면 내부적 추동력이 외부 명령을 항상 능가할 것이다. 따라서 연락처, 거래 기술 및 스스로 생각할 수 있는 능력을 갖춘 탄탄한 업계 경험 10년 이상의 사람이 필요할 것이다. 지시를 기다리는 것보다 혁신을 추구하기 위해 지침에서 조금 벗어나는 사람들이 더 낫다. 능력 있는 사람들에게 본사의 제약이 장기적으로 미치는 영향을 보는 것은 흥미로운 일이다.

우리는 다른 고용주들이 완전히 통제하는 정보의 어둠 속에서 일해 오다 해방된 몇몇 동업자로부터 그 결과를 보아왔다. 한 명은 유사한 사업의 소수 지분 파트너였다. 그의 파트너는 그에게 어떤 수치도 보여주지 않았다. 단 하나의 손익, 대차대조표 또는 은행 거래 명세서도 본 적이 없다고 한다. 마치 눈가리개 게임 파티 같은 것이었다. 그는 사업을 관리하고 있었지만 분기에 한 번씩 작업 진행률만을 받아 봤다고 한다. 그는 수익은 알고 있었지만 일상적인 행위가 수익에 어떤 영향을 미치는지 알 길이 없었다.

가끔 여분의 돈이 그의 개인 은행 계좌에 들어와 있었는데, 이것이 보너스인지, 배당금인지 또는 망명한 나이지리아 왕자의 세탁된 유산인지 알 수 없었다. 한 번도 알아낸 적이 없다. 만약에 당신이 이와 비슷한 상황에 처해 있다면, 당신은 어느 날 아침에 잠에서 깨어나 보니 동업자가 세상의 모든 빚을 당신에게 떠넘긴 후 카나리아 제도로 이사해 버릴 수도 있는 진짜 위험한 상황에 처해 있는 것이다. 사업체를 소유하면 많은 문서에 서명을 하게 되고, 그중 상당수는 회의에 늦어서 자세히 보지도 않고 급하게 서명하는 것들도 있다. 가족처럼 신뢰하는 동업자가 아니면 어떤 책임을 져야 할 상황에 부닥칠지 모르는 일이다.

나는 어떤 사업에 지분이 있는 친구를 멘토링한 적이 있다. 나는 그녀에게 주주계약서가 있는지 물었다. 그녀는 서명한 기억을 하지 못했다. 주권(株券)은? 없는 거 같다고 했다. 그녀는 노트북 컴퓨터를 뒤져봤다. 확인해 보니 '당신은 사업의 20% 지분을 가지고 있습니다.'라는 상사의 이메일이 있었다. 그건… 지분을 가지고 있는 게 아니다. 악의나 고의는 없었고, 단지 2년 동안 서류를 만들 시간이 없이 매우 바쁘게 지내온 사람들이었다. 회사가 예기치 않게 도약하여 큰돈을 벌어들이는 경우 당신이 갖고 있는 '주권 차용증' 이메일로는 법적으로 아무 효력도 발휘할 수 없다.

비용 관리 기술은 기업의 우선적인 필수 기술에 속한다. 비용의 고통을 공감하는 사람들이 필요하다. 무언가의 가격을 보고 불편함을 느껴서 아랫입술을 깨물거나 이마를 찌푸리는 것을 보게 된다. 이러한 반응을 보이는 사람들이 필요한 것이다. 한편으로 다른 사람들은 행복한 판다(Panda)의 눈으로 아무 생각 없이 당신의 돈을 기꺼이 꺼내어 지급한다. 이런 사람들과 함께하다 보면 당신도 머지않아 판다처럼 대나무 잎으로 연명하며 살게 될 것이다.

현금: 받고, 유지하라

미리 말하자면 이 장은 회계적인 부분이 좀 많다. 그러나 현금에 관한 것이며, 그건 당신이 원하는 것이기에 그냥 버티기 바란다. 상황은 이렇다. 건강한 기업은 현금을 보유하고 있다. 건강하지 못한 기업은 항상 뒤처지게 마련이다. 마치 17세에 부모가 고이 모아둔 술 보관장을 터는 대신 현금을 얻어내는 경우와 같이, 벤처 자금을 지원받는 기술 스타트업이 아닌 한 말이다. 현금만이 진정한 핵심성과지표이며, 현금이 은행 계좌에 입금될 때까지 할 일이 남아 있다는 이야기다.

현금이 떨어지면 문을 닫아야 하고 회사의 이사 자격이 박탈될 수 있다. 항상 대답할 수 있도록 머릿속에 담아 두어야 하는 질문은, 은행 잔고와 미수금(채권 금액)에서 미지급금(빚진 금액)을 뺀 금액은 얼마인가? 당장 답할 수 없다면 사업을 하지 않는 게 나을 수도 있다.

그 수치들은 앞으로 몇 달 동안의 판매 수치와 함께 하루 종일 당신의 행동에 영향을 미쳐야 한다. 신규 고객의 신용 구매를 허용해도 될까, 아니면 현금을 선불로 요구해야 할까? 새 노트북 컴퓨터를 사야 하나? 위의 숫자를 모르고 있다면 헤드라이트(headlight) 없이 운전하고 있는 것과 마찬가지다. 많은 사업주들이 이런 기본 사항을 모르고 '그건 내 회계사가 다 알아서 처리한다.'고 말한다. 마치 자기는 그 따위를 신경 쓰기에는 너무 중요한 사람인 양. 이것은 걸어다니는 좀비 기업이나 다를 바 없다.

너무 낮게 책정한 가격과 느슨한 신용 조건 외에도 현금 문제의 주요 원인은 비즈니스를 자신의 ATM 기기처럼 취급하는 것이다. 비즈니스의 신인은 '순이익'이 지금 회사에서 바로 빼낼 수 있는 현금과 같다고 생각한다. 그렇지 않으니, 어서 그 손을 치워라. 일반적으로 법은 연말정산 후 순이익을 선언할 때까지 배당금을 인출할 수 없다. 법은 제쳐두고라도, 건강한 회사를 유지하는 게 중요하다.

경험 많은 운영자는 수익을 대략 3으로 나누라고 말한다. 3분의 1은 법인세이다. 3분의 1은 사업에 재투자해야 한다. 그리고 나머지 3분의 1은 보통 자신의 몫이다. 가장 유용한 경영 규칙인데 상당히 단순하지 않은가?

세금을 위해 돈을 따로 빼두는 것을 무시한다면, 그것은 죽음으로 빨려 들어가는 지름길이다. 일단 그 돈이 빠져나가게 되면 그 돈을 다시 만들기 위해 더 많은 거래를 해야 하는데, 더 많은 거래는 더 많은 세금으로 이어지기 때문에 점점 채우기가 힘들어진다. 우리는 창업 초기에 이런 스릴 넘치는 처지에 처했는데, 그때는 수익의 모두를 회사 성장에 재투자했기 때문이다.

세금을 제때에 내지 못하게 되면 가능한 한 빨리 세무서에 전화하여 문제를 알려야 한다. 그들은 보통 꽤 합리적이다. 그들은 사기와 부정에 너무 익숙해 있기 때문에 직접 사실대로 신고하면 대부분 흥정을 제시할 것이다. 큰 금액의 세금을 장기간 할부로 나누어

내면서 새롭게 추가되는 세금도 같이 내면 되는 것이다. 그만큼 봐주는 것을 감사히 생각하고 앞으로는 이러한 의무를 매우 진지하게 받아들여야 한다. 만약 처음부터 실토하지 않고 나중에 걸리게 되면 (무조건 걸리게 돼 있다), 세금 외에 벌금까지 부담하게 된다. 그렇게 되면 악어가 들끓는 밀물 상황의 늪 속에서 콧구멍 하나만 물 위로 쳐들고 있는 꼴이 된다.

수익의 3분의 1을 다시 사업에 재투자하지 않으면 회사를 서서히 빈 껍데기로 만들게 되는 것이다. 은퇴를 앞둔 상황처럼 개인적으로 지금 모든 현금을 빨아들이는 상황이라면 그렇게 해도 상관은 없다. 사업체를 인수하려는 경우라면 현재 매도자가 이렇게 하고 있는 상황인지도 확인해 봐야 한다. 잘 돌아가는 사업이라고 믿고 인수했으나, 알고 보니 낡아빠진 유물로, 결국 값비싼 수리 비용을 지불해야 할 처지가 될 수도 있다.

드디어 마지막 3분의 1은 여태껏 힘들게 일한 자신을 위해 원하는 것들에 소비할 수 있는 부분이다. 이것은 초기 성장기에는 어려운 일이나, 사업이 5년을 넘겼다면 선택 사항으로 만들지 말고 돈을 꺼내라. 안 그럴 거면, 무엇 때문에 사업을 하는 것인가? 다른 대안은 장기적인 성장을 위해 모든 것을 비축해 두는 것이지만, 이것은 자신의 모든 재산을 회사에 묶어 두게 되는 것이다. 위험할 수 있다. 나중에 매도할 수도 있겠지만 보장된 것은 아니다.

사업체를 판매할 수 있는 능력은 주어진 부문에서 느린 주기로 가능하도록 움직인다. 약 10년에 한 번 주기로 대기업들은 부채를

낀 상태로 같은 분야의 회사들을 엄청나게 사들인다. 이럴 때는 많은 회사들이 실제보다 더 좋게 보이려고 꾸며대는 일이 많이 일어난다. '글로벌 확장 가능한 비즈니스 모델'과 같은 말을 계속하면 운이 따를 수도 있다. 그런 다음 인수합병의 피라미드가 무너지고 이후 10년간 또 잠잠해진다.

밤에 잠을 편히 자고 싶다면 현금을 관리하는 가장 좋은 방법은 여러 계정을 만들어 놓는 것이다. 현금 인출계좌와 비과세 저축계좌. 고객이 입금하면 세금을 먼저 떼내어 두라. 현금의 용도에 따라 계정을 더 만들 필요가 있으면 그렇게 하라. 자신의 위치가 어디에 있는지 훨씬 더 명확하게 알 수 있을 것이다. 이렇게 하면 당신 돈이라 생각했던 것이 실제로는 정부가 떼어갈 돈이라는 것을 깨달았을 때 겪는 의욕 상실을 줄일 수 있을 것이다.

기존 사업을 인수할 생각이라면 순이익과 현금 흐름이 중요하다. 이러한 매우 기본적인 수치와 멀어질수록 뭔가 숨기는 게 있다는 신호로 위험도 클 수 있다. 매도자가 주로 여러 가지 실질적인 비용을 고려하지 않고 수익을 측정하는 EBITDA(Earnings Before Interest, Taxes, Depreciation and Amortization, 기업이 영업 활동을 통해 벌어들인 현금 창출 능력을 나타내는 수익성 지표-옮긴이)에 대해서만 얘기하는 경우처럼. EBITDA는 현금 흐름이 중요하지 않은 평행세계에서의 다른 회사의 경우 그 회사의 실적을 측정하는 기준이다. 흥미로운 실험으로 식당 주인에게 밥값으로 EBITDA를 받을 수 있는지 물어보라. 칼이 날아올지도 모르니 조심하기 바란다.

현금을 제쳐 두고, 회사의 건전성을 어떻게 평가할 수 있는가? 몇 가지 필수 비율을 고수해야 한다는 것에 대해서는 이미 언급했다. 모든 것을 중요하게 만들려고 하면 아무것도 중요하지 않게 된다.

이 분야에 익숙하지 않다면 당신의 업계에 적합한 비율이 얼마인지 궁금할 것이다. 이 분야의 경쟁자들은 그것을 당신에게 말해주지 않을 것이다. 이 시점에서 국제 비즈니스 소유자 연맹(International Secret League of Business Owners)이 개입되는 것이다. 가능할 때 다른 나라로 가서 같은 분야에서 성공한 사업주와 저녁 식사를 해 보라. 급여를 받는 직업을 가지고 있다면, 사업주들 사이의 이러한 동료애에 대해서 절대로 알 수 없을 것이다. 우리끼리는 수치에 대해 서로에게 꽤 개방적이다. 자랑하고 싶어서가 아니라 우리들의 공통된 관심사이기 때문이다. 또한 위험을 감수한 다른 사람들을 존중한다. 호주 사람이라서 더 수월한 점도 있는 것 같다. 사람들은 우리의 실제 성격을 판단할 기회를 갖기도 전에 우리를 좋아하는 것 같으며 모든 것을 알려주려 한다. 정말 재미있고 평생 친구를 사귈 수도 있다.

또 다른 옵션은 조언자를 구하는 것이다. 나는 몇몇 사업을 위해 조언자 역할을 하고 있다. 개인 사업가일 경우 누군가가 숙제 검사를 해주는 역할을 해주는 것이기에 특히 좋다. 이렇게 하려면 이사회에 보고하는 것처럼 정확한 숫자들을 생성할 줄 알아야 한다.

실제로 이사회에 보고하는 경우라면 짧게 요점만 정리하라. 나는 말을 좋아하는 사람이다. 이것이 직원과 고객을 위한 비전을 만드는 방법이기 때문이다. 그러나 이사회 보고를 위해서는 가능한 글은 짧게 유지하는 게 좋다. 구체적이고 논쟁의 여지가 없는 수치를 원한다. 지나치게 많은 말은 뭔가 숨길 것이 있다는 경고다.

'높은 성장'이라 말하지 말고 구체적 숫자를 제공하라. '프리미엄 가격 책정 전략'이라 말하지 말고 경쟁사보다 몇 퍼센트를 추가로 책정하는지를 말하라. '헌신적인 직원들'이라고 말하지 말고 숫자로 직원 이직률을 알려줘라. '시장 장악에 유리한 위치'라는 말은 당신의 고정 비용이 너무 높다는 의미다. 링크드인 약력에 '최고 이야기꾼'이라 쓰였는지는 모르겠으나 보고서에 J. K. 롤링식 언어는 지양하라. 형용사가 추가될수록 보고서는 더 약하고 의심을 품게 만든다.

최소한 2개월에 한 번씩 이 수치를 만들어 내는 것은 중요한 훈련이다. 이것을 다른 사람들에게 설명하는 것도 마찬가지다. 다른 사람들에게 명확하게 설명할 수 있기 전에는 자신도 실제로 이해했다고 하기 어렵다. 수치가 좋지 않다면 어떻게 개선할 것인지에 대한 적절한 설명이 있어야 할 것이다.

나는 나쁜 내용을 보는 것을 좋아한다. 좋은 내용은 좋지만 고칠 게 없다. 좋은 관리자는 나쁜 일이 다가오는 것을 눈치 채고 미리 계획을 세운다. 일부 관리자는 좋은 내용으로만 아주 말끔하게 정리된 패키지를 제공하는 것이 자신을 전문적으로 보이게 한다고 생각한다. 파국이 목까지 치밀어 올 때까지 "모든 게 좋습니다."라고 짹짹거린다. 6개월 전에 그 원인을 제거했어야 했으나 이젠 모든 것에 불이 붙었다.

나쁜 소식을 숨기는 관리자와 그런 게 있는지조차 모르는 관리자 중 어느 쪽이 더 나쁜지 잘 분간이 가지 않는다. 어느 쪽이건 그냥 냄비뚜껑 두 개를 양손으로 들고 머리를 치고 싶게 만든다.

당신이 필요할 때까지 변호사는 필요하지 않다

변호사들은 대부분의 사람들이 법에 대한 생각은 다 법정 드라마에서 배운 것이라 할 거다.

갈등이 있고, 그 다음에는 주주총회에서 반대의 입장으로 대립한 긴장감이 감돈다. 모든 여성 변호사들은 긴장을 강조하기 위해 이리저리 휘날리는 길고 윤기 나는 머리카락을 가지고 있다. 목소리가 높아지고, 가죽으로 만든 서류철이 쾅 닫히고, 누군가가 밖으로 뛰쳐나간다. 수 없이 많은 막다른 길에서, 산더미처럼 쌓인 서류더미 속에서 밤새며 일하던 고독한 변호사가 합리적인 의심의 여지가 없이 사건을 증명할 만한 문서를 찾는다. 그들은 턱을 만진다. 다음날 아침 그들은 새로운 양복을 입고 얼굴엔 뭔가 알아낸 표정을 지으며 법정에 도착하는 배경으로 음악이 흘러나온다.

전체 사건은 할당된 시간 안에 만족스럽게 깨끗이 끝난다. 그것도 매주. 실상은 그렇지 않다는 걸 알고 있는가? 특히 비즈니스와 관련해선 더욱 그렇다. 매우 느리고, 언성을 높이는 일도 없고, 하이파이브로 이어지는 깔끔한 승리로 끝나는 일 또한 거의 없다. 대부분 타협으로 끝나며, '신이시여, 드디어 끝나게 해주셔서 감사합니다.'라는 식의 마무리라고 볼 수 있다. 게다가 요새는 변호사들도 당신이 마트에 갈 때 입는 캐주얼 복장과 비슷하게 입는다.

상업적인 당신의 일이 TV에 나오는 것처럼 해결될 것을 상상하고 있다면 순식간에 사업을 잃게 될 수도 있다. 창업 시점 변호사들과의 거래는 다음과 같다. 그들을 감당할 돈이 없다. 솔직히 뭐든지 감당할 만한 자금은 없었다. 그러나 기본적인 법률 자문은 필요하다. 법에 대한 황금법칙은 '예방이 치료보다 낫다'는 것이다.

모든 것을 제대로 문서화하는 것은 미래의 문제 해결에 대한 매우 중요한 투자다. 사실 문서의 세부 사항보다는 처음부터 문서화한다는 사실이 중요하다. 누군가에게 법률 문서에 서명하게 하는 것은 농장의 동물들을 막기 위한 전기 울타리와 같다. 일단 한 번 활성화되면 통제를 위해 항상 전원을 켜 놓아야 할 필요는 없는 것이다.

문제를 방지하려면 고객을 위한 이용 약관이 필요하다. 같은 분야 다른 회사의 이용 약관을 참조해 보는 것으로 시작하라. 당신에게 해당되는 부분들만 발췌하여 변호사에게 검토하게 해서 당신은 존재하는지조차 몰랐던 항목들도 추가하도록 해라. 경쟁업체의 이용 약관에서 기업명 찾기/바꾸기 편집만으로는 안 된다. 법적인 구멍을 남길 위험에 더해 저작권 침해가 될 수 있는 일이다. (저작권은 읽기 좋은 것들에만 적용되는 줄 알았는가? '원작'이라 하면 예술작품처럼 들린다. 그러나 렌트카 반납과 관련된 벌금에 관한 가장 무미건조한 요점 목록도 여전히 법으로 보호되는 독창적인 작업일 수 있다.)

직원용 고용 계약서도 필요하다. 초기 비용도 드는 데다 당신은 모든 직원이 훌륭하고 회사를 위해 일하는 것을 좋아하기 때문에 이것이 그렇게 중요한 것인지 의문이 갈 것이다. 약간의 오류를 문제 삼아 회사를 고발할 사람은 없을 것이라 확신한다. 그러나 언젠가는 누군가 그렇게 할 것이다. 결국 변호사를 고용하여 알아본 결과 5년 전에 체결한 보너스 관련 고용 계약을 잘못 알려줬다는 사실을 확인한다. 모든 직원에게 5년간 줄곧 체납을 해왔고, 이제 50만 달러의 체불 임금을 줘야만 한다고 한다. 급여 문제는 훗날 당신을 곤경에 처하게 할 문제가 될 가능성이 가장 높은 항목이다. 나는 그런 일들이 일어나는 것을 목격했고, 치명적인 결과를 가져올 수도 있다.

동업자가 있다면 주주 계약서가 필요하다. 사람들은 모호한 항목을 문서 73쪽에 삽입하여 상대방을 망하게 하기 위해 변호사를 고용하려 한다고 생각하는 사람들도 흔히 있다. 3년 후, "아하! 제97조 제3항에 따라 귀하는 해당 인도물을 전달하지 못하여 첫째 아이의 양육권을 포기해야 합니다."라는 일이 일어날 수도 있다.

당신이 만약 퀸즐랜드의 부동산을 거래하는 상황이라면 무조건 해당될 일이다. 또는 당신 회사가 거대한 고객을 상대하는 소규모 공급업체인 경우에도 그렇다. 그들의 계약서는 절대로 당신에게 유리하게 되어 있지 않을 것이다. 당신 변호사의 임무는 당신의 그 큰 신규 고객이 그들과의 계약 기간 동안 당신을 기름기 가득한 시커먼 구덩이에 가두어 두고 당신을 겨우 살려놓을 수 있을 만큼의 음식과 물을 하루에 한 번 내려 보내 줄 거란 내용을 설명해 주는 일이다. 고객에게 수정 제안 사항을 보낼 수는 있겠으나 돌아오는 답변은 '^^'뿐일 것이다.

그러한 위험을 감수할 가치가 있는지 여부에 대한 판단은 당신의 몫이다. 기본적으로 사업에 있어서 모든 결정은 위험을 감수할 가치가 있는지 여부에 대한 판단이다. 나는 고객이 파놓은 그 거대한 구덩이에 빠져 있는 사람들을 안다. 그들은 실제로 몇 년간 지속될 계약 기간 동안 헤어 나오지 못하고 견뎌내는 방법밖에 없다.

일반적인 사업에 있어서 계약서란 이기고 지는 것이 아니라 양 당사자의 요구 사항을 기록하여 향후 상황에 대비할 수 있도록 하는 데 목적이 있다. 그렇게 해야 서로가 마음 놓고 각자의 삶을 지속할 수 있기 때문이다. 나도 온라인에서 찾은 견본을 편집해서 우리의 첫 주주 계약서를 작성했다. 6페이지 정도로, 중학교 2학년생 정도가 이해할 수 있는 수준이었다. 그 안에는 다음과 같은 항목이 포함돼 있었다.

> 주주들은 사업의 주요 목적이 최소한의 기업 체면을 지키는 것을 전제로 장기적(최소 10년) 개인 소유 소득원을 창출하는 것임을 인정한다. 주주 중 누구도 이 산업을 이해하지 못하는

사악한 외부 자본가 아래에서 3년간 노예로 직원 생활을 하고 싶어 하지 않기 때문에 빠른 매각이나 상장을 위해 설립된 것은 아니다. 주주들은 이에 따른 자신의 임무를 조정해야 한다.

우리 모두가 사모펀드와의 긴밀한 관계 후 겁이 났다는 것을 알 수 있다. 당시로선 내가 직접 작성한 계약서가 적절하긴 했지만, 당신은 직접 작성하지 마라. 우리는 그 당시 우리 각자의 정신이 반영된 문서가 중요하다는 생각으로 진행된 일이었다. 계약서라기보다 서로를 좋아하고 존중하는 사람들 사이의 의향서였다. 우리의 임무는 우리가 다른 곳에서 경험한 강압적 관료주의를 피하는 것이었다. 이 계약서는 우리 목표의 반영이었고 우리 비즈니스의 기초가 된 것이었다. 그러나 나는 친밀한 우정이 사업으로 인해 파탄 나는 것도 보아왔다. 기본 계약서를 작성해 줄 변호사를 구하라. 이렇게 해야 혹시 나중에 상황이 안 좋아질 경우, 전문 손해 배상보험이 보장되는 내용도 추가될 수 있다.

첫 10년 동안 우리는 계약 내용을 확인하는 목적 외에 변호사를 고용하지 않은 것에 자부심을 느꼈다. 우리는 모든 충돌이 일어나는 일을 직접 처리했다. 싸움을 위해 변호사 비용을 지불해야 한다면 보다 나은 협상 기술이 필요한 상황인 것이다.

게다가 내가 상대해본 변호사는 모두 만사에 꽉 막힌 장애물이었다. 어떤 거래나 전략을 제안하면, 진행하지 말아야 할 이유를 긴 리스트로 제시한다. 단 한 번도 예외는 없었다. 하다 보면 나중에 추가 비용이 들어갈지도 모르는 애매모호한 '혹시라도'란 가능성 때문에 말이다.

그들은 우리가 그들의 충고에 따라서 아무것도 하지 않음으로 인해 얻지 못한 보수에 대해선 무관심했다. 만약 변호사들의 뜻대로만 세상이 돌아간다면, 사람들은 모두 위험 부담이 있는 바깥세상에는 절대로 나가지 말아야 한다. 죄다 집안에서 보호대가 장착된 스모 복장으로 앉아서 지내기 때문에 직장 내 사고나 거리의 통행료가 발생하지 않을 것이다. 나는 그들이 그렇게까지 일감을 거부하면서, 그들이 버는 돈이 다 어디서 오는 것인지에 대해 고민해 본 적이 있는지 의심스러울 지경이다.

그러다 나는 코로나19가 기승을 부리는 시기에 로펌 자문위원 자리에 요청받아 앉게 됐다. 나는 안경 골상학 이론으로 대표되는 나의 법률학 업적을 드디어 인정받았다고 생각했다. 나는 피고인들이 순전히 법정 밖에서 언론을 만날 때 착용하는 선글라스로 피고인의 죄를 결정할 수 있다고 믿었다. 내가 만든 시스템 하에서 판사는 언론의 영상을 검토하고 피고의 모조품 오클리 선글라스를 주목하곤 "나는 당신을 유죄로 판결하는 바입니다."라는 판결을 내리도록 되어 있었다. 이게 사실이라는 것을 모두가 알고 있지 않은가? 더구나 몇 달간의 법원 앞 병목 현상도 해결할 방법이다.

그러나 이 로펌은 대형 사업체에 관한 법률만 다루므로 내 이론의 적용은 다음 기회로 넘겨야 할 것 같다. 긍정적인 측면으로 보면 법은 정말 흥미롭다. 알고 보니 상업적 본능이 강한 변호사들도 있었다. 단지 이때까지 만나보지 못했을 뿐이었다. 그들의 접근 방식은 적용 가능한 모든 수단으로 상황을 정리하는 것으로, 법도 그중 하나일 수 있다는 것이다.

다행인 것은 갑자기 법의 재앙의 해가 도래했기 때문이다. 변호사가 필요할 때까지 변호사가 필요하지 않다. 정부 부처 하나가 수천 개의 유사한 회사들이 여태껏 해오던 일에 무작위적인 전쟁을 선포하고 그중 하나를 폐쇄하려 했다. 한 고객이 우리에게 천만 달러가 넘는 금액을 청구했다. 내용은 더 있지만 아직 진행 중인 사건이라 더 이상 이야기할 수는 없다. 더구나 팬데믹으로 대부분의 회사가 문을 닫게 된 이중으로 어려운 시기에 말이다. 갑자기 우리 업계는 변호사들로 넘쳐났다. 모든 사업이 망할지 모른다는 스트레스에도 불구하고, 법을 알면서도 영리한 사업가인 정말 강력한 두뇌를 가진 사람들이 우리 팀에 있다는 것은 짜릿한 느낌이다. 고객인 당신은 본능적인 직감을 가지고 있지만 입을 다물고 전문가가 주도권을 잡도록 해야 할 때가 있다.

짜증나는 헛소리의 대하소설과도 같은 주장에 맞서 침착하게 전술적으로 대응한 우리 변호사가 없었다면 적어도 우리 회사 하나가 안치실로 향할 뻔했다. 좋은 변호사는 어떻게 찾는가? 평소대로 주변에 사업을 이해하는 답답하지 않은 변호사를 아는지 물어보아라. 사람들은 농담까지 만들어가며 변호사들이 가능한 한 많은 시간당 비용을 청구하여 고객에게 바가지를 씌운다고 생각한다. 당신이 필요한 변호사는 아무리 돈을 많이 벌 수 있다 하더라도 고객의 어리석음과 산만함에서 비롯된 사건을 맡으려 하지 않는 부류다. 그들은 그렇게 한가하지 않다. 그들은 미리 예방 가능했을 문제가 생긴 뒤 나중에 도움을 주느니 차라리 짧은 시간으로 돈을 덜 받더라도 당신의 회사를 미리 체계화시키는 것을 선호할 것이다.

제안을 하자면, 변호사에게 당신 업계에서 가장 많은 문제를 일으키는 일이 무엇이며 그것에 대해 예방 가능한 법적 조치는 무엇인지 문의하라. 나는 눈 감고도 상위 3개를 짚어낼 수 있다. 당신의 영업 사원이 고객들에게 자신들이 지불하는 금전의 대가로 정확하게 무엇을 얻을 수 있는지 명확하게 설명하지 않은 경우, 신용이 불분명한 고객을 대상으로 선불을 요구하지 않은 경우, 그리고 동업자 한 명이 다른 동업자들도 모르게 독자적인 결정을 한 경우. 경고를 알리는 신호들을 미리 알면 법적인 조치가 필요해지기 전에 원인에 대한 조치를 취할 수 있다.

자신이 법을 어느 정도 아는 것도 도움이 된다. 변호사 수준은 아니더라도 일반적인 지식은 사업을 더 잘할 수 있게 해줄 것이다. 경쟁 및 소비자 관련법부터 시작하라. 내용도 모르는 채 사업에 뛰어드는 것은 도로 법규를 읽지 않은 상태 또는 무면허로 트럭을 모는 것과 같다. 자신과 다른 사람 모두에게 해를 끼칠 수 있다. 나는 많은 사업가들이 천진난만하게도 자신이 여러 개 법률의 여러 조항들을 어기고 있다는 사실을 모르고 지내는 것을 알고 있다. 허가가 필요할 수 있는 달리기 대회를 개최하는 행위, 비공개 수수료를 받는 행위, 법적 의무가 무효화된다는 착각으로 고객에게 권리 포기

각서에 서명하게 하는 행위 등. 약삭빠르나, 걸리면 비용이 많이 들며, 더구나 무지가 방어 수단이 되지는 않는 것이다.

법을 아는 것에 따라 당신이 개인적으로 얻는 부가적인 혜택도 있다. 불량 제품을 반품하려고 하는데 매장에서 책임을 지지 않을 경우, 당신은 이렇게 말한다.

"이 보세요, 당신의 '정책'에 반품은 불가라고 써 놓은 것은 알겠지만 여기에 그렇게 사인을 써 붙였다고 해서 당신의 법적 의무가 무효화되는 것은 아닙니다. 호주 소비자법(Australian Consumer Law) 54조에 따르면 '상품은 해당 종류의 상품이 일반적으로 공급되는 모든 목적에 부합해야 한다.'라고 되어 있습니다. 그리고 이 주전자는 그것과 거리가 매우 멉니다."

그들은 당신의 이러한 지식으로 인해 당신을 변호사라고 추측하게 된다. 그들은 TV에서 변호사들을 보아왔기 때문에 자신의 말발로는 이길 수 없다는 것을 직감하게 된다.

물론, 이것은 캐런(2021년 영화, Karen은 자신의 특권을 이용하여 자신의 방식대로 행동하는 불쾌하고, 화를 내며, 권리를 주장하고, 인종 차별적인 중년 백인 여성으로 종종 그들을 경멸하는 속어임-옮긴이)보다 좀 더 심한 행동이긴 하지만, 이런 사람들은 또 혼내 줘야 마땅하다. 그들이 이기도록 내버려두면 안 된다.

세금을 내라

많은 사업가들은 마치 세금이 사업의 유일한 투입물이자 산출물인 것처럼 세금에 집착하고 있으며, 그들의 성공 여부가 얼마나 많은 세금 공제를 청구할 수 있는지에 달려 있는 것처럼 생각한다.

다른 사업가들과 하는 얘기가 전부 세금 관련 얘기뿐이다. 그들은 그들이 기여하는 엄청난 세금이 이 나라를 먹여 살리고 있는데, 실제로 그것이 어떻게 사용되는지에 대해선 아무런 영향도 미치지 못한다고 투덜거린다. 그 돈이 특히 그들이 싫어하는 다음과 같은 곳에 쓰인다고 생각한다. 고아들을 위한 과한 보조금, 뭔지도 알아볼 수 없는 그림을 그리는 예술가들을 위한 보조금, 대중적이지도 않은 사고를 가진 과학자들을 위한 지원금 등.

그러나 세금에 대한 집착은 사업에 집중해야 할 당신의 신경을 부수적인 문제에 빼앗기게 한다. 세금을 싫어하는 사람은 "나는 세금을 너무 많이 내고 있어! 재앙과도 같아서 불행해."라고 한다. 그러나 이보다는 "내가 하는 사업이 엄청난 수익을 내고 있어서 세금을 많이 낼 수 있는 데다 내가 그 대부분을 가져갈 수 있기 때문에 정말 흡족해. 인생은 참 좋은 거야!"라고 생각하는 게 정신건강에 더 좋지 않겠는가.

당신의 기업이 다국적 기업이 아닌 이상 이제 대부분의 조세상

허점들은 사라졌다. 다국적 기업인 경우는 보고서에서 '세금 면제' 상자를 클릭하기만 하면 되겠지만. 일반적인 국내 기업으로서 할 수 있는 일은 많지 않다. 세금을 향한 모든 걱정, 불평 및 전략은 금액을 조금은 낮출 수 있게 해줄지도 모른다. 그러나 거기에 쏟을 에너지를 고객에게 투자하고 비즈니스를 더 견고히 구축하면 더 나은 수익을 얻을 수 있을 것이다.

원래 정해진 세금보다 더 많은 금액을 내라고 하는 것은 아니다. 우리도 회계사에게 가족 신탁과 같은 관습적인 규칙 내에서 세금을 최소화하도록 요청한다. 하지만 우리는 매달 뭉텅이 돈을 세금으로 내고 있고, 만족하고 있다. 우리 세금의 도움으로 제공받은 도로 덕분에 우리 트럭들이 편리하게 다닐 수 있고, 안정적으로 공급되는 수돗물과 전기가 있어서 좋다.

세금은 우리가 바꿀 수 있는 것이 아니다. 세금을 싫어하는 사람들은 세금에 너무 집착하여 정부가 모든 문제의 근원이라고 믿기 시작한다. 정부는 이렇게 하고 저렇게 해야 한다고 불만을 토로한다. 골드 코스트 와인 회사가 요구하는 방식대로 사업을 지원해 주지 못한다. 이는 위험한 사고방식이다. 정부가 호의를 베풀 때까지 할 수 있는 일은 아무것도 없다고 생각하기 시작한다. 다른 사람이 당신의 성공이나 실패를 통제한다고 믿으면 자신의 운명을 스스로 완전히 통제할 수 있다고 느끼는 영광스러운 기업가의 능력을 잃게 된다. 모두 그들의 머릿속에서만 일어나는 일이긴 하지만, 이 사람들은 보조금을 받는 프랑스의 소농과 다를 바 없이 정부의 통제를 받고 있는 것이다.

이 증세가 극단적으로 치닫는 경우, 세금을 싫어하는 사람은 버뮤다나 다른 불법이 난무한 조세 피난처로 옮기게 돼, 그 자체가 형벌인 경험을 하게 된다. 가족, 친구, 문화, 고향과 떨어져서, 자신과 비슷한 조세 포탈자들에게 둘러쌓여 비싼 요트 유지비에 불평을 하며 자신들이 얼마나 세금을 절약했는지에 대해 얘기하며 살 것이다. 그것이 당신이 생각하는 행복이라면 지금 바로 심리학자를 찾아가서 당신 인생의 우선순위를 정리해 보는 게 좋을 것이다.

순전히 세금에 근거한 결정은 도덕적으로나 상업적으로나 잘못된 것이다. 나의 첫 번째 사업은 정상적인 비용을 47.5센트의 미국 달러 환율로 청구했기 때문에 빠르게 적립되었다. 각 고객들이 지불한 돈은 내 은행 계좌가 마치 후버(Hoover. 1935년 완공된 댐으로 당시에는 세계에서 가장 큰 규모였다-옮긴이) 댐처럼 채워지기 시작하였다. 고용인 시절에는 그런 걸 본 적이 없었다. 나는 갈림길에 서게 되었다. 전통적으로는 크리에이티브 디렉터가 갑자기 돈방석에 앉게 되면 포르쉐(Porsche)를 사고 맥주 통에 빠져 살아야 한다. 내 안의 보험 수리사는 '안 된다. 재무 설계사를 구하여 미래를 위해 투자하라.'고 조언했다. 그래서 보수적인 금융계 친구들에게 추천을 부탁했다. 후보들 중에서 나는 가장 현명해 보이고 안경을 쓴 도시 중심부에 사무실이 있는 재무 설계사를 골랐다.

그는 세금상의 이유로 그가 개인적으로 투자했던 곳과 같은 곳에 나도 투자해야 한다고 조언했다. 그래서 나는 대부분의 돈을 최대 세금 혜택과 주식 시장 수익을 높여주는 주식 포트폴리오가 있는 관리형 감귤 농장에 투자했다. 나는 그 투자를 '정리 완료'라고 표시된 정신 상자에 넣어둔 뒤 내가 실제로 관심 있는 것에 정신을 쏟았다. 몇 년 후, 여전히 비생산적인 감귤 황무지에 또 억대 투자를 단행하면서 나의 본능적인 감각이 살아났다. 숫자가 심상치 않게 나빴다. 보고서는 모든 멍청한 회사 연례 보고서와 동일하였다. '예상보다 힘든 조건', '예상치 못한 역풍', '세계 물가가 회복되면 성장 회복 가능'… '여기에 개인적으로 투자'는 재정적인 경고음을 울리고 있는 상황임이 드러났다.

결국 구제 불능의 종목임을 깨닫고 빠져나가려 했다. 물론 구매자는 없었다. 나는 끝까지 버텼지만, 그 사업이 처음에는 비즈니스 뉴스, 그 후 일반 뉴스에 더 자주 등장함에 따라 여전히 '실효 세금'으로 인한 돈을 토해내야 했다. 이런 일이 생기면 이제는 망했다는 것을 부정할 수 없게 된다. 적어도 돈을 빌려서 투자하진 않았으니 다행이다. 나는 투자 가치가 0인, 막대한 빚을 지고 눈물을 흘리는 노부부들로 가득 찬 투자자 회의에 참석했다.

이 주식 포트폴리오는 세계 금융위기에 다 없어진 밥콕 앤 브라운(Babcock & Brown)과 같은 금융 전문회사에 크게 투자했었다. 나는 남은 잔해를 재무 설계사와 함께 버렸다. 나는 그 무모한 불장난에 집 한 채를 채울 만큼의 돈을 태웠다.

운이 나빴다. 모두 잃을 준비가 되어 있지 않다면 돈을 투자하지 말라. 그 이후로 나는 개인적인 일의 모든 은밀한 구석에 있는 재무 설계사 수수료를 제거하는 데 많은 시간을 투자했다. 슈퍼 펀드와 보험증권 등은 모두 아무 일도 하지 않는 대가로 영원히 현금을 주게 되어 있는 브로커 수수료와 연결되어 있었다. 사기의 수준은 어마어마하다. 10년이 지난 지금도 불발된 지뢰처럼 여기저기서 튀어나오고 있다.

세금을 최소화하기 위해 고안된 모든 계획에는 족제비같이 교활한 인간들이 들끓고 있다는 것을 알게 됐다. 나중에 알게 됐지만 재무 설계사는 투자금의 상당 부분을 선불 리베이트로 받았던 것이다. 쉽게 벌어들이는 돈을 맛본 이 교활한 족제비들은 나가서 더 많은 나무를 심는다. 그것은 사람들이 사고 싶어 하는 오렌지와 레몬 나무의 수가 아니라 수천 명의 치과 의사가 세금 공제용으로 원하는 나무의 수를 말한다. 이 사기를 기획하는 운영자는 사용하는 토지에 대해 덜 까다롭고 일반 농부와 같이 운영 비용에 대해 걱정할 필요가 없다. 그들은 레몬과 오렌지를 보고도 구분 못하는 소위 농부들을 관리자로 앉혀 운영한다.

그래서 막대하게 부풀려진 비용으로 재배한 과일의 공급 과잉이 시장을 강타하고 가격이 급락한다. 이걸 누가 예측할 수 있었겠는가? 유일한 승자는 족제비 왕국의 영주들이다. 그들은 수년 동안 쌓인 시체 위에 앉아 아직도 남아 있는 마지막 동전까지 자신에게 갈 수 있도록 수수료 전략을 맞춤화한 청산인들이다.

실체가 있는 사업에 투자하고, 세금을 내고, 유용한 사회 구성원이라는 자부심을 가지면 더 행복하고 더 나은 사람이 될 것이다.

신뢰가 없는 사람들: 당신과는 신용거래가 불가해, 이 쓰레기 같은 인간아

고객에게 신용을 부여하는 것은 습관적으로 욕조에서 헤어드라이어를 사용하는 것과 같다. 당신은 헤어드라이어를 잡는 방법을 알고 있다. 그것을 수천 번했으니까. 그러나 한 번만 욕조에 떨어뜨리면 끝장이다. 사업에 관한 주제 중에서 사람들이 해야 한다고 알고 있는 것과 실제로 하는 행동의 차이만큼이나 큰 격차가 있는 것은 없다.

수년간의 헌신적인 작업을 통해 성공적인 비즈니스를 구축해 놓고, 단 한 명의 쓰레기 같은 인간에게 제공한 신용거래로 인한 빚으로 전체를 무너뜨릴 수도 있다. 그냥 '믿을 만해 보였기에.' 이런 상황이 돼 혹시 잔해더미를 뒤져 오토바이라도 살 돈이 남아 있다면, 배민 라이더로 살아야 할 것이다.

내가 다른 사업주들과 이야기할 때 이것만큼 그들의 얼굴을 벌겋게 달구게 하는 주제는 없다. 나쁜 빚은, 솔직히 인정하면, 당신으로부터 야금야금 훔쳐가는 것이다. 그 미끼에 걸렸을 때 자존심에 받은 상처는 이루 말할 수 없다. 고객의 그럴듯한 태도, 수입이 적은 달에 수익 격차를 메우려는 필사적인 노력, 업무의 영속성을 위해 새로운 고객과 어떻게든 거래를 트고자 하는 유혹, 그리고 난 후 그들과 일하게 된 대가로 그들의 대금까지 자신이 지불했음을 깨닫게 되는 것. 당신은 고속버스를 타고 막 서울에 내린 10대 촌놈처럼 충격에 휩싸인다.

그 누구와도 신용거래를 하지 마라. 말하기는 쉽지만 실행하기는 어려우나, 그러나 반드시 지켜야 할 원칙이다. 당신에게 신용거래를 하지 않으려고 하는 그 수많은 산업들을 생각해 보라. 슈퍼마켓, 항공사, 호텔, 자동차 판매상, 병원, 문신 시술자… 그들에게 "나는 사업체이고 항상 신용거래를 합니다."라고 말해보라. 그러면 그들은 "지금 당장 돈을 지불하거나 여기서 나가주세요."라고 말할 것이다.

당신의 사업이 이들과 다를 이유는 무엇인가? 상대방에게 신용거래를 하면 '그들은 당신에게서 원하는 게 있다.'라는 당신의 유일한 교섭력을 빼앗는 것이다. 신용거래 후, 당신은 무력해진다. 그들이 당신에게 돈을 지불하지 않기로 결정한다 해도 당신은 무엇을 할 수 있겠는가? 당신은 그저 당신의 귀중한 시간을 엄청나게 소비하게 되는 일밖엔 안 남는다. 응답하지 않을 전화만 걸어대고, 받지 않을 이메일만 보내면서. 당신의 낭비하는 모든 시간은 그들이 당신에게서 훔쳐간 금액을 불려나가는 것이다. 화를 내면 생산성이 떨어지므로 상황은 더욱 악화된다.

신용거래의 첫 번째 법칙은 고객의 신용도는 고객이 신용거래를 얼마나 적극적으로 요구하는지에 반비례한다는 것이다. "내가 누군지 모르세요?", "나는 당신의 회사보다 이 업계에서 훨씬 더 오래 일해 왔습니다.", "당신의 모든 경쟁사들은 저와 신용으로 거래합니다."와 이런 종류의 부풀린 잡담을 들을 때, 당신은 그들이 당신의 추심 전화를 더 적극적으로 회피하는 미래의 불량 채무자임을 알아야 한다.

그러고 나면 그들은 "우리 고객이 지불할 때까지 우리도 지불할 수 없습니다."의 연속이다. 당신은 그들의 고객이 이미 지불했음을 알고 있다. 다만 그걸 다 써버렸을 뿐이다.

불량 부채의 일반적인 원인은 실적이 간절한 판매 사원들이 신용으로 판매하기 때문이다. 이런 일이 있게 해서는 안 된다. 중소기업에서 신용을 부여할 권한은 고용주만이 가지고 있어야 한다. 온갖 신용조회를 하고 싶은 대로 다 할 수는 있지만, 그들로부터 제공받는 명단에 있는 사람들이 그들에 대해 나쁘게 말하는 사람은 거의 없을 것이다. 아스팔트 사업을 하는 내 친구는 '크레디터워치(CreditorWatch, 호주의 기업 대상 신용평가 회사-옮긴이)' 웹사이트의 알림음을 켜놓은 정도로 신용거래에 중독되어 있다. 이 웹사이트는 법원에 고소당하는 고객 소식과 기타 흥미로운 정보를 알려준다. 개인적으로 만나면 매우 그럴듯해 보이는 고객이 말 그대로 청산 상태에 있는 것으로 밝혀져 신용거래 요청을 하는 것 자체가 범죄인 사람들이 그렇게 많다는 일에 놀라움을 금치 못한다. 이런 사람들에게 법이란 별로 걱정할 대상이 아닌 거 같다.

신용거래에 대한 우리 회사의 일반적인 원칙은 최소한 1년 동안 안정적인 거래 상태를 유지한 후부터 가능하다는 것이다. 아니면 우리와 수년 동안 개인적으로 잘 아는 사이로 도덕성을 보증할 수 있는 경우에 한해서이다. 이것은 불량 부채를 최소화한다. 많은 불량 채무자들은 송장 처리에 문자 그대로 도장을 찍는 데 몇 달이 소요되고 수표가 '우편으로' 발송되는 데 몇 주가 걸렸던 아주 오래 전에 형성된 신용거래 습성에 의존한 것이다. 그들의 허세에 말려들지 마라.

요새는 신용카드, 페이팔 또는 기타 결제 세부 정보를 즉시 확인할 수 있다. 편리한 새로운 결제 시스템도 매주 출시된다. '법인카드'가 없는가? 개인 카드로 결제하고 내부적으로 환급 처리를 하라고 하라. 고객사의 내부 시스템은 당신의 문제가 아니다. 우리는 지금 현장에서 돈을 받는 황금시대에 살고 있다. 당신의 권리를 당당히 요구하라.

백만 달러어치 실수

나의 이전 회사 일은 완벽하게 좋은 직업이었다. 자율적 환경, 재밌는 프로젝트, 좋은 사람들, 합리적인 급여… 나는 말콤 글래드웰(Malcolm Gladwell, 영국 태생의 캐나다 언론인 및 작가. 무엇이든 1만 시간 동안 마스터하면 전문가가 된다는 법칙을 내놓기도 함-옮긴이)의 처방에 맞춰 1만 시간 동안 남들이 자신들의 문제를 조용히 털어놓는 동안 잘 들어주었다. 그 결과 구석에 있는 내 사무실의 문을 열고 들어오는 사람들의 얼굴 표정만 봐도 그들이 무엇을 얘기하고 싶은지 알아맞힐 수 있는 경지에 올랐다. 나는 그들이 의자에 앉기도 전에 답을 알고 있었다. 나는 모든 일을 문제없이 처리할 수 있는 자신이 넘쳤다. 그러나 그래서 지루하기 짝이 없었다.

일상에 뭔가 더 큰 변화가 필요했다. 바로 그때가 내 사업을 시작해야 한다는 것을 알게 된 시점이었다. 위험과 고통은 즐거움을 배가시킨다. 비록 그것이 INXS의 마이클 허친스(Michael Hutchence)를 자살로 몰고 간 이유이긴 하지만.

6개월 후, 나는 로스앤젤레스의 한 모퉁이인 컴프턴(Compton) 옆 랜초 도밍게스(Rancho Domingguez)에 있는, 주차장 총격전 분위기가 물씬 풍기는 하루 숙박료가 49달러짜리 모텔 식스(6)에서 일주일 동안 지냈다. 그 지역의 고객에게 내 마케팅 대행사 아이디어를 제안하기 위해서였다. 나는 저녁 늦게까지 호텔 옆 식당인 칼스 주니어(Carl's Jr, 미국의 패스트푸드 식당-옮긴이)에서 스며들어오는 지방 타는 연기의 입자를 들이마시며 제안서 발표 연습을 했다.

정말로 말로 표현할 수 없이 짜릿했다. 나는 그 일을 따냈고, 진심으로 환상적인 기분이 들었다. 나는 오늘날까지도 미국에만 가면 필터로 걸러낸 그들의 커피를 즐겨 마신다. 비록 아프리카 흑멧돼지 목욕물 맛이 나긴 하지만. 그 커피는 나를 그 자유의 땅에서 일감을 따내야 했던 간절하고 짜릿한 긴장이 느껴지던 순간으로 되돌아가게 해주기 때문이다.

더러운 도랑에서 빠져나와 힘들게 올라간 성공이란 산의 정상은 훨씬 더 멋있는 법이다. 그 과정에는 어리석은 실수도 포함하고 있을 것이다. 각각 10만 달러 이상을 잃어버린 나의 네 번의 실수를 파헤쳐 들어가 보자. 그 금액을 합하면 100만 달러가 넘는다. 이 수치는 우리가 벤처 자금으로 얻어낸 추상적인 액수가 아니다. 이것은 모두 우리가 보유했던 현금으로 각자가 개인적인 용도로 사용할 수도 있었던, 예컨대 랍스터를 사먹는 데도 사용 가능했을 그런 돈이었다.

모노폴리씨처럼 건물 구입하기

우리는 1년 동안 태즈메이니아(Tasmanian) 사업에서 횡재와 같은 수익을 얻어서 심지어 이런 생각까지 하게 되었다. 미스터 모노폴리(Mr. Monopoly, 1935년 미국의 대공황 시기에 탄생한 보드게임의 마스코트-옮긴이)였으면 어떻게 했을까? 우리는 우리 소유의 사무실과 창고를 샀다. 2년 만에 회사의 규모가 커져서 우리의 작은 사무실 크기가 사업에 엄청난 제동을 걸었다. 우리는 같은 단지 내에 두 배 더 큰 공간을 임대하였다. 기존 건물에서 바로 맞은편으로 얻었기에 그곳에 걸어 놓은 '매매 또는 임대' 현수막이 아무런 문의도 없이 계절이 바뀌는 동안 빛만 바래는 것을 훤히 지켜볼 수 있었다.

2년간 그대로 비어 있다가 결국 큰 손실을 보며 팔아 버렸다. 투자는 아무나 하는 게 아닌 거 같다. 건물을 소유하면 회사는 그 공간으로 제한되며 현재에 맞는 것이 반드시 미래에도 맞는 것은 아니다. 우리의 시드니 사무실은 12년 동안 네 번의 이사를 했으며 매번 적절한 시기에 적절한 공간이었다. 회사를 그냥 예쁜 어항 속 금붕어로 유지할 수도 있었다. 그러나 더 큰 항아리로, 그러다 연못으로 옮겨, 그 안의 멋진 잉어로 성장하게 되었다.

또한 같은 자본으로 사업에 투자한 것보다 건물에 투자한 이익이 더 크다면 그것은 사업을 잘 못하고 있다는 것이다. 건물을 구입하는 유일한 이유는 젊은 시절에 당신의 사업이 영원히 같은 규모로 유지되기를 기대하는 경우뿐이다. 그러나 그것은 정말 야망이 없는 생각이다. 일반적으로 진짜 수익은 자신이 잘하는 일을 하는 데서 나온다.

국세청의 관심

어느 해에 우리 회사가 '가장 빠르게 성장하는 회사 탑 50'으로 어느 잡지에 실렸다. 기술 회사가 아니며 자본 투자가 많은 비즈니스로서는 나쁘지 않은 성과였다. 드디어 우리가 성공한 것처럼 느껴졌다. 우리는 성장하면서 세금에 대해 신중하게 생각(적어도 그렇다고 생각)했다. 전국에 있는 몇몇 지점은 그 규모가 너무 커져서 지불급여세(급료 · 임금 등에 대해 과세되는 세금-옮긴이)를 내야 할 정도가 되었다. 우리는 준비가 되어 있었다.

그러다 회계사로부터 세무소에서 연락이 왔다는 전화를 받았다. 알고 보니 지점들의 주주가 같은 이유로 모두 하나의 회사로 간주된다는 것이었다. 우리는 이미 지불급여세를 납부했어야 되었단다.

18개월 전부터 이미 지불하기 시작했어야 했다는 것이다.

12만 달러의 미납 세금 계산서를 받았다. 납부 기한은 한 달이었다. 나는 회사를 차린 뒤 사람들에게 사이코패스처럼 소리를 지른 적이 딱 세 번 있었는데, 이게 그중 하나였다.

“회계사 양반, 당신이 맡은 업무라곤 이 회계 업무 하난데, 도대체 어쩌다 일을 이 지경으로 했단 말입니까?”

알고 보니 모든 것이, 잡지 기사에 실린 기업 이름을 읽은 태즈메이니아주의 세무서 직원으로부터 시작된 것이었다. 회사가 숨길 일이 없다고 해도 그런 기사에 실리는 일은 피하는 것이 좋다. 현금으로 자동차를 사는 것과 같이 세무서의 관심을 끄는 일들은 무엇인지 회계사에게 물어보라. 그리고 그런 일을 하지 마라.

무시하면 안 되는 대차대조표

광고 작가로서 지루한 제품을 다루며 더 많을 걸 배우게 된다. 열대의 섬이나 맥주 등에 대한 재미있는 광고 카피를 작성하는 일은 쉽다. 전문직 실손보험이나 타이어에 마법을 만들어 내는 건 쉽지 않다. 나는 이제 내가 가장 좋아하는 재무제표에 대한 지루한 주제로 연단에 서서 금메달을 따내는 일을 하려고 한다.

몇 년 동안 나는 손익분기에만 관심이 많은 사람이었다. 24시간 사이렌이 울리고 신규 회계 성적 점수가 번쩍번쩍하는 아주 화려하고 매력적인 분야다. 작년의 분재가 자라는 속도보다 훨씬 더 앞서가는 것을 갈망한다는 증거이기도 하다. 어떤 달에는 예상치 못하게 얻어맞는 경우도 있지만, 이것은 영광스러운 승리를 더욱 달콤하게 만들어 주는 일이기도 하다. 나는 주기적으로 손익분기를 따지는데 매번 시간이 없어서 하지 않는 혈액 검사처럼 흥미 없는 대차대조표에는 관심이 없었다. 큰 변화 없이 너무 천천히 변하는데, 확인할 이유가 있겠는가? 그런데 주의를 기울이지 않는 동안 굳은 표정의 전문의가 당신에게 잠재적 암의 말기 증세가 있다고 알려준다. 대차대조표는 당신이 듣고 싶지 않은 진실을 말해준다.

우리는 대차대조표를 너무 빡빡하게 확장함으로 인해 사업이 중환자실에 들어간 일도 있었다. 큰 세금 청구서 하나나 고객지불금 지연 하나만으로도 사망 판정을 받을 수 있었다. 주식, 자본 자산, 여유 현금, 부채의 균형을 맞추는 법을 배워야 한다. 겨울을 대비해 연어로 배를 가득 채운 곰처럼, 우리는 견실한 대차대조표 덕분에 코로나19를 극복할 수 있었다. 우리에겐 부채가 거의 없었다. 코로나19 동굴을 기어 나왔을 때 갈비뼈가 보일 정도로 앙상하긴 했지만 곰이 아직 숨은 쉬고 있었다. 아마도 벌써 지루해 있을 것이라는 것을 감지하고 있지만 이 내용은 매우 중요하다. 회계사가 설명해주지 못한다면 새 회계사를 구하라.

보험 브로커 이메일을 무시할 경우

TV 뉴스는 때때로 우울할 수 있다. 호바트(Hobart)시 주요 도로를 덮친 갑작스런 홍수에 대한 뉴스를 본 저녁처럼 말이다. 차들이 떠내려가는 장면, 그리고 갈색의 엄청난 물줄기가 경사로를 따라 주차장으로 흘러내려가더니 호바트시의 새로운 실내 댐을 형성하는 모습을 고층빌딩에서 촬영한 장면을 보게 되었다. 낯익은 위치였다. 맞다, 우리 호바트 사무실이 있는 빌딩이었다. 그리고 그 주차장에는 우리의 값비싼 기술 장비로 가득 찬 창고가 있었다. 나는 사무실에 전화를 했다. 그랬다, 1미터가 넘는 더러운 물에 우리의 장비가 모두 잠겼단다.

우리 물건의 절반은 다른 곳에 있었지만 약 50만 달러의 첨단 장비는 그 더러운 물속에 잠겨 썩어가고 있었다. 정말 환장할 노릇이었으나 사업이란 다 이런 것이다. 다행히 보험에 들어 있었다. 청구 기간에 손실 조정자라고 하는 사람이 파손 상황을 조사하고 청구 내용이 맞는 것인지 확인하기 위해 나온다. 이틀 동안 시커먼 점액으로 가득 찬 장비들을 쿵쿵거리며 점검한 그는 유효한 청구라고 판정했다. 단, 각주가 달린 채로. 보험증서에는 개별로 나열된 자산 목록이 포함되어야 한다는 것이었다. 그 목록은 4년 동안 갱신하지 않은 상태였다.

못 쓰게 된 장비들 대부분은 그 목록에 없었다. 50만 달러 피해 중 승인된 지불금은 11만 달러에 불과했다. '돈을 하수구로 흘려보냈다'는 건 바로 이럴 때 쓰는 표현인 것 같다.

우연히도 우리 보험 중개인인 테일러(Tayla)가 호바트에 살았다. 태즈메이니아 사람들은 매우 친절하고 많은 도움을 주었기 때문에 우린 창업 때부터 이 친절한 보험회사를 전국적으로 이용하고 있었다. 그녀는 우리가 몇 년 동안 최대로 측정된 보험가액의 보험료를 제때 지불했다는 이유를 들어서 보험회사와 여전사처럼 전투를 벌였다. 최저 지불금을 고수할 절대적 권리가 보험사에게 있었다. 추가 지불금은 그쪽 회사의 주머니에서 나와야 하는 상황이었다.

3개월 후, 우리는 42만 달러를 지불받는 것으로 합의를 보았다. 앞에서 공급자들에게 좋은 업보를 쌓으라고 한 말을 기억하는가? 그 결과가 바로 여기서 나타난 것이다. 단지 엉성한 행정업무 하나로 인해서 잘못될 뻔한 보험 사건은 우리 태즈메이니아 사업을 땅에 묻어버리게 했을 수도 있었다. 제대로 된 보험 없이 사업을 시작하는 것은 중요한 문서를 5년 동안 업데이트하면서 한 번도 저장하지 않는 것과 같다. 체계적이지 못한 멍청이였기에 실수로 전원 케이블을 차거나, 소프트웨어 충돌이 일어나는 경우가 단 한 번만 발생하더라도 모든 것을 잃게 되는 것이다.

비즈니스 보험은 브로커를 통해 이뤄진다. 그들은 고객이 필요한 보험을 파악하고, 거기에 맞는 최고의 보험회사를 찾아내어, 업계 용어로 보험업자를 선정하는 것이다. 일반적으로 당신의 업계에 익숙한 브로커를 찾는 게 좋다. 그래야 당신이 직면할 위기에 대해 더 잘 알고 있을 것이다. 그들이 당신에게 이메일을 보내면 꼭 읽어라. 그렇지 않으면 우리처럼 구약 성서 이사야 27장 7절에 나오는 '…그 백성을 치셨던들…'에서처럼 벌을 받을 것이다.

기업 인수: 새로운 대군주를 만나다

꼭 상장을 해야 한다면 회사를 성인 규모로 키워야 할 것이다. 산업 자체가 성장 기업이라면, 사모펀드가 '가치 교환'을 위한 계획을 가지고 당신에게 '손을 뻗을 것'이다. 당신은 그들의 호화로운 사무실을 방문해서 그 사무실에서 보이는 경치와 호화로운 가구에 감탄하게 된다. 자신의 소박한 사업 단지 환경과는 비교가 안 될 것이다. 아마도 당신은 '이 고풍스러운 비즈니스 라이프 스타일은 딱 내 스타일인데. 이제껏 죽기 살기로 노력했으니 나도 이제 이런 걸 누릴 만하잖아.'라고 생각할 것이다.

그들은 당신이 원하는 게 바로 그런 것인지 알고 있다. 그들은 보트, 별장 및 투스카나로의 최고급 여행에 대한 당신의 꿈같은 삶을 생생하게 그려줄 것이다. 그러면 그 꿈에 취해 인수금을 깎아주기도 하고 그들이 정하는 목표를 달성하지 못했을 때 '환수' 같은 악성 조항을 슬쩍 끼워 넣어 상장을 결행하려 할 것이다. 세부 사항들을 완전히 이해하지 못할 수도 있지만 환상에 빠지지 마라. 환수가 들어가는 조항들은 결코 당신의 이익을 고려한 것이 아니다.

이는 젊디젊은 아이돌 가수들이 장기 노예 계약에 서명하여 모든 초과 예산, 비디오 클립, 레코드 회사 판매 및 임원들의 비용까지 지불하게 만드는 것과 다름없다. 결국 뼈 빠지게 일한 보상이나 성과금은커녕 5년 후 레코드 회사에 수백만 달러의 빚을 진 상태로 헤어지게 된다.

물론 훌륭한 회사를 구축하는 일에 도움을 주려는 명예롭고 훌륭한 사모펀드들도 있다. 다만, 우리 또는 우리의 친구들은 한 번도 그런 친구들을 만난 적이 없다. 거래에 서명하는 순간, 당신은 전직 사립학교 남학생 갱단의 인질이 된다. 그들은 당신과 당신의 직원들이 최상의 비즈니스 기술이 없다고 경멸하며 다그칠 것이다. 실제로는 그 회사를 살 가치가 있는 회사로 성장시킨 것이 바로 당신과 직원들인데도 말이다. 금융계의 젊은이들의 눈에는 당신의 직원들은 18세기 대장간이나 한약방 수준의 구식 기술을 갖고 일하는 것같이 보인다. 직원들은 지속적인 박해를 받다가 결국 MBA 출신들로 대체되어 퇴출된다.

당신의 새로운 군주는 당신은 도무지 이해하기 힘들 수준의 금액을 그들에게 배당할 것이다. 그들이 장악한 후 약 3일째부터 사업체에서 구매 자금을 빼내고 빚을 산더미같이 늘려 놓아, 당신의 회사가 만약 개발도상국이라면 보노(Bono, 어마어마한 재산가로 제3세계 문제에도 관여하는 유명한 아일랜드의 가수–옮긴이)가 그 명분을 이어받았을 것이다.

직원과 고객을 돌보는 데 사용했던 모든 시간을 이제는 매달 수십 장의 보고서를 작성하는 데에 쓴다. 이제는 보고서 작성이 당신의 새로운 비즈니스 역할이다. 한 달에 한 번, 이사회가 열리고 당신의 신중한 재무 예측은 자신들이 원하는 더 크고 더 빠른 성장에 걸맞지 않다며 질책을 받게 된다. 그들은 모든 청구서에 '서비스 요금'

과 같은 것 등을 추가할 것을 요구할 것이고, 이는 헌신적인 고객들을 엄청 화나게 하여 경쟁업체로 발길을 돌리게 할 것이다.

그들이 끽해야 3년을 포로로 잡아둔 당신은 자신의 사업체에 갇혀서 일하는 봉급쟁이 죄수다. 기껏해야 당신의 1년 수입의 3~4배에 해당하는 인수금 때문에 말이다. 당신이 사업을 팔지 않고 그냥 유지했다면 몇 년 안에 다시 벌었을 금액이다. 게다가 당신은 사모펀드 애들과의 모멸적 미팅에도 갈 필요가 전혀 없었을 것이다. 애초부터 이 기생충들로부터 걸려온 전화를 왜 받은 걸까?

바로 이 시기가 사모펀드들이 마치 만취 운전사들처럼 기업들을 닥치는 대로 차입 매수하기 시작하는 때이다. 한때 적이었던 회사를 모두 사들여서 서로 사이가 안 좋은 친척들이 모인 추석날 저녁의 끔찍한 식사 시간처럼 이사회 테이블에 다닥다닥 둘러앉게 만든다.

우리가 사모펀드 소유인 회사의 직원이었던 시절에 멀쩡한 자영업자에게 전화를 걸어 그들을 매수하려고 했었다. 이들은 부채가 없고, 중간 경영자들이 그들을 대신해 사업을 운영하게 하고, 원하는 만큼만 조정해서 사업에 개입하며 지내는 사람들이었다. 그들은 우리를 보고는 이렇게 말했다. "그래서 나보고 내 자유를 포기하고 3-4년 동안 당신네 충성스런 개가 되라는 말입니까? 감사하지만, 사양하겠습니다."

사업을 유지하지 않는 이유는 무엇일까? 어쩌면 기술적으로 노후해 결국 파멸될 것임을 비밀리에 알고 있거나, 정점을 찍고 하락 상태에 있거나, 아니면 남성들 턱수염에 바르는 기름처럼 유통 기한이 있는 유행을 타는 사업임을 알고 있을지 모른다. 이런 경우에는 매도하는 게 낫다. 이런 '리모델링'해야 하는 회사들도 사모펀드 기업 사냥꾼들에게는 소위 말하는 '시너지'와 '지원 부서의 효율성'과 같은 이유로 인수를 정당화시키는데, 이는 모두 환상에 불과할 뿐이다.

사실, 이제부터 지원 부서의 비용은 놀라울 정도로 증가하게 될 것이다. 왜냐하면 이제부턴 엄청나게 비싼 다국적 회계 사무실, 감사 및 변호사를 사용해야 하기 때문이다. 그것도 아주 많이 기용해야 한다. 왜냐면 주식시장의 신들을 달래야 하기 때문이다. 이런 지원 부서의 직원들은 바쁘게 보고서를 작성하여 아직 얼굴에 솜털도 안 가신 주니어 분석가들에게 제출된다. 상장을 준비하는 기간이기에, 그들은 중세 시대의 변덕스러운 10대의 왕이나 여왕처럼 모두의 목숨을 좌지우지할 권력을 쥐고 있다.

상장 이후에도 성장을 계속해야 한다는 압박은 계속된다. 또한 당신이 사업 운영을 위해 적합한지 판단한 평가에 대한 분석가의 압력도 있을 것이다. 그들은 당신을 우연한 기회에 이 자리까지 오르게 된 구멍가게 사장으로 보고 당신을 적절한 경력의 CEO로 교체하기를 원할 것이다. 그들은 이 전투에서 승리할 것이다. 당신은 '특별 프로젝트 전무이사'와 같은 직함을 받게 될 것이고, 마지막 경력이 폐기물 처리와 같이 전혀 관련 없는 분야에 있었던 CEO를 데려올 것이다. 당신의 후임자는 회사에 자신만의 족적을 남기기 위해 회사를 갈기갈기 찢어서 이 회사를 특별하게 만들었던 마지막 남은 조각마저 파괴할 것이다. 부채 수준이 증가하고 이 카드로 쌓아올린 집이 얼마나 오래 버틸 수 있을지에 대해 심각한 의구심을 갖게 될 것이다.

그나마 대금을 더 큰 기업의 주식으로 받는 대신 현금으로 매각한 걸 다행으로 생각하라. "뭐라고? 주식으로 받았다고?"

이 순간 당신은 마치 나이 많은 아이들이 당신의 어린 자녀를 속여서 20달러를 주고 초콜릿 바 하나를 넘겨줬을 때 느꼈던 기분을 느끼게 될 것이다. 너무 불쌍하지만 그 돈은 다시 돌려받을 수 없다. 인생 수업이라 생각하게 하고 당신의 자녀는 언젠가 20달러를 또 받겠거니 하면 된다. 하지만 당신은? 수년간의 미친 희생의 결과인 당신의 모든 것이 담긴 이곳이, 당신 회사가 무엇을 하는지도 완전히 이해하지 못하는 저 이기적인 사람들의 손에 100% 달려 있게 되는 것이다. 그들의 유일한 충성심은 다음에 받을 상여금에 있을 따름이다.

당신은 X된 것이다.

나는 사업을 매각한 사람들 중 그 대가를 주식으로 받은 사람들을 몇 명 알고 있는데 그중 X되지 않은 사람은 0명이다. 주식 또는 현금과 주식으로 매각 비용을 지불하는 것은 가장 고전적 사기 방식이다. 당신의 사업을 여태껏 키우기 위해 얼마나 노력했는가? 마지막 순간에 잘못된 선택을 하지 말기 바란다. 이 사람들은 당신의 이익엔 조금도 관심이 없다. 팔아야 한다면 현금을 받아라. 그러면 그들의 모든 거친 요구와 잘못된 전략은 오리 등에 물 붓기처럼 느껴질 수도 있다. 그리고 그 돈을 다 쓰지 마라. 몇 년 후에 그 회사를 헐값에 다시 살 기회가 올 수도 있다.

PART 8

기술

기술이 대체할 수 없는 숙련된 기량

사업이 피곤한 이유 중 하나는 계속해서 새로운 트렌드를 파악해야 하기 때문이다. 미래에는 어느 새로운 SNS가 마케팅 도구로 먹힐지에 대해 밤샘을 하며 읽어야 할 게 너무 많다. 오피니언 리더들은 당신이 한때 소중히 여기던 전략은 이제 쓸모없다고 말한다. 주변을 둘러싼 물은 피라냐(살아 있는 동물을 공격하여 먹는 남미산의 작은 민물고기)로 혼란스럽게 들끓고 있다. 당신은 모든 것을 알고 싶다. 특히 당신도 나처럼 죽음 그 자체보다 트렌드에서 벗어나는 것을 더 두려워한다면 말이다.

이런 편집증은 필요는 하지만 너무 과하면 뇌에 쥐가 날 수 있다. 보다 생산적인 접근 방식은 전술에 집중할 사람들을 고용하는 것이다. 당신은 전략, 사고 및 영향력을 처리하는 동안에 말이다. 예술과도 같은 사업의 장기적인 기술은 신뢰할 수 있는 사람을 발굴하고 그들에게 양질의 작업을 수행할 수 있는 자유를 제공하는 것이다. 그런 다음 매주마다 변하는 알고리즘, 바이러스, 세금 규정 또는 톡 쏘는 밈같이 가볍고 일시적인 것이 아닌, 시대를 초월한 기술로써 먹이사슬을 올라갈 수 있다.

다음은 당신이 일하는 내내 지속적으로 구축할 수 있는 필수적이고 미래 지향적인 기술이다.

1. 당신의 전문 기술을 넘어서 보라

언제든 커리어에서 단계를 오르려면 자신의 전문 분야 밖에서 사물을 볼 수 있는 능력이 필수적이다. 나는 크리에이티브 디렉터인 것이 무척 행복했고, 글꼴과 색상을 지정하는 일에 대해서 몇 시간 동안 지루해질 지경까지 얘기할 수도 있다. 그러나 항상 사업가들은 그런 세부 사항에 대해서는 눈꼽만큼도 신경 쓰지 않는다는 것을 알고 있다. 사업주로서 나는 여전히 마케팅을 사랑하지만, 이것은 많은 것 중 하나일 뿐이다. 매달 65명의 급여를 제때에 맞춰 지급하는 일을 하다 보면 어느 힙한 미술가라도 순식간에 냉정하고 무정한 상인으로 변하게 될 것이다. 채무가 채권을 월등하게 초과하는 순간에 내게 와서 여기엔 고딕체가 맞는 것 같다는 말 따위는 하지 마라.

시야가 넓으면 새로운 경쟁자의 눈을 뜨게도 한다. 우리 업계에서는 모두가 이벤트를 너무 좋아해서 항상 멋진 쇼가 답이라고 생각한다. 고객은 직원들에게 남은 1년 동안 동기를 부여해 주길 바랄 수 있다. 어쩌면 직원들 모두가 새로운 고급 책상 및 의자와 대표이사가 직접 손으로 쓴 감사 편지를 받는 것에서 의욕을 더 얻을 수도 있다. 고객에게 미리 다양한 질문을 했었다면 당신이 의자와 경쟁하고 있다는 것을 깨달았을 수도 있다. 그렇기 때문에 단지 '이 멋진 이벤트 디자인을 보세요!'보다는 좀 더 큰 그림을 그리는 차원에서 논의되어야 한다.

2. 돈을 따라가는 법을 배우라

돈을 따라가는 것을 배우는 것은 매우 중요하다. 제안한 계획의 결과로 누가 무엇을 얻고, 누가 예산을 승인하고, 누가 누구에게 보답해야 하는 관계인가를 아는 것 등을 말이다. 위장을 통해 본질을 흐리는 요소들은 참으로 많다. 그러기에 탐정 기술이 없으면 고객의 행동은 미궁 속으로 빠질 수 있다. 기업에서 하는 결정을 이해하기 어렵다. 직업이 무엇이든 재무 보고서를 읽는 법을 배워라.

영업이사인 한 친구는 어느 해에 80%의 급여 인상을 받았고, 이게 고맙긴 했다. 그러나 그는 그해에 이전 해와 다른 특별한 일을 하지 않았었다. 뭔가 이상해서 그는 뒷조사를 해봤다. 알고 보니 대표이사가 자기가 받고 있는 70만 달러의 급여에 만족하지 못했고, 본인은 최소한 백만 달러 이상은 받아야 한다는 생각을 한 것이다. 그래서 3만 달러를 주고 급여 컨설턴트를 고용했다. 컨설턴트는 대표이사가 백만 달러를 받으려면 밑에 25만 달러 정도를 받는 임원이 훨씬 더 많아져야 한다고 조언을 했다. 그래서 그는 마치 할로윈(아이들이 분장을 하고 집집마다 다니며 사탕을 얻는 행사가 있는 축제-옮긴이)에 사탕 나눠주듯 아랫사람들의 급여를 인상해 주었던 것이다.

돈의 흔적을 더 따라갈수록 많은 미스터리를 더 쉽게 풀 수 있게 된다. 나는 대기업의 한 부서가 마땅히 받아야 할 자금을 못 받고 있는 것을 본 적이 있다. 알고 보니 해당 부서장이 대표이사 후보 중 한 명이었고 자금 관리 총괄이사도 대표이사 자리를 탐하는 입장이라 그를 경쟁자로 생각해 뒤에서 자금을 틀어쥐고 조정을 하고 있었기 때문이었다. 코로나19 기간 동안 어느 글로벌 보험회사는 매출에 큰 영향이 없었음에도 불구하고 대부분의 직원에게 20%의 급여를 삭감했다. 고위 간부들은 기본급의 50% 삭감을 당했다. 얼마나 고귀한 제스처인가? 그런데, 급여 삭감은 회사의 수익을 높여 그 해의 임원 상여금은 그대로 유지되었다. 결국 고위 간부들은 밑진 게 거의 없었다. 그들은 업계의 아우성과 주요 직원들의 이직이 있고 나서야 삭감했던 급여를 돌려줬다.

누군가가 당신에게 장난질을 치고 있다는 생각이 든다면 이런 사례들이 그들의 동기를 이해하는 데 도움이 된다. 대기업에 있다면 재무부서의 중간급 사람들과 친하게 지내라. 그들은 보통 실제로 무슨 일이 벌어지고 있는지를 당신에게 알려줄 수 있는 좋은 위치에 있다.

3. 매력적인 사람이 돼라

매력 있는 사람이 되려면 다른 사람들이 뭔가를 중요하게 생각하는 순간을 포착하고 그것에 관심을 가져주는 기술이 필요하다. 남다른 자제력이 필요한 일이다. 누군가 당신이 꼭 봐야 할 놀라운 비디오에 대해 이야기할 때 꼭 그걸 이미 봤다고 말해야 할까? 그냥 그들이 남들보다 앞서 간다고 느끼게 하는 게 더 좋지 않을까?

누군가가 대형 철물점에서 철조망을 사는 크리스 헴스워스(Chris Hemsworth, 호주의 유명 배우-옮긴이)의 동생을 만난 순간을 마치 자신 인생의 하이라이트인 것처럼 이야기를 한다면, 그냥 함께 흥분해주어라. 내가 공항 라운지에서 크리스 헴스워스한테 음식을 쏟았을 때 아무렇지 않게 너무나도 멋지게 대해줬다는 얘기로 그 사람의 환상을 깨트리지 마라. 대화는 포커게임도 아니니 꼭 이겨야만 할 일도 아니다.

19세기 영국의 정치 일화를 기억하라. 윈스턴 처칠(Winston Churchill)의 엄마인 제니 제롬(Jennie Jerome)은 어느 날 밤 당시 영국 총리였던 윌리엄 글래드스턴(William Gladstone)과 함께 식사를 했고, 그 다음 날 저녁에는 야당 대표인 벤저민 디즈레일리(Benjamin Disraeli)와 함께 식사를 했다. 그녀는 그 당시의 상황을 상기하며 "글래드스턴 씨와 식사를 마친 후 '나는 그가 영국에서 가장 똑똑한 사람'이라고 생각했다고. 그런데 디즈레일리 씨와 옆에 앉아서 식사를 한 후 '나는 내가 가장 똑똑한 여성'이라고 생각했습니다."라고 말했다.[7]

디스레일리는 1874년 선거에서 글래드스턴을 이겼다. 좀 더 디스레일리처럼 되어라.

4. 호기심을 가져라

나의 광고 제작 인생에서 가장 좋았던 것은 고객을 방문하고 그들의 신제품과 계획에 대해 들을 수 있었던 점이다. 너무나도 긍정적인 교감이었다. 이런 경험을 통해 정말 많은 것을 배우고, 그들의 가족과는 달리 그들의 일에 관심을 보였기 때문에 그들은 나를 좋아한다. 또한 나는 방문을 마친 후 사무실에 돌아와서 느껴지는 쾌적함도 좋았다.

고객과 이야기할 때 서로 다른 산업 분야에서 얻은 아이디어를 들려주면 당신이 실제보다 더 똑똑하게 보이도록 할 수 있다. 경력 초기이고 아직 틈새시장을 찾지 못했다면 사람과 마주칠 일이 없는 일보다는 고객을 대면하는 일을 선택하라. 여기저기서 얻어듣는 정보는 당신이 사업에 관련된 일반적인 상식에 있어서 도사가 될 때까지 차곡차곡 쌓여서 훗날 그 어떤 상황에서도 적용할 수 있게 된다.

밀폐된 구석에 갇혀 일하며 서무가 당신의 유일한 인생의 교사인 환경에서는 절대 얻을 수 없는 일이다. 이것은 평생을 두고 쌓으며 사용하는 기술이다. 더 많이 배울수록 더 좋은 질문을 하게 된다. 당신의 대화는 더 높은 수준으로 올라갈 것이다. 당신의 가치도 높아지게 된다.

5. 글을 더 잘 쓰는 법을 배워라

나니까 이렇게 얘기하는 게 당연하겠지 할 것이다. 어쨌든 사실이다. 글쓰기의 역사는 5,000년 정도 전으로 거슬러 올라가겠지만 여전히 오늘날까지도 필수적이고 확장성이 있는 성공 도구이다. 사물이 점점 더 디지털화되면서 더 많은 부분이 말보다 글로 표현된다. 논쟁을 제외한 나머지 의사소통 방법 중에서는 여전히 가장 빠르면서도 정확한 방법이다. 그럼에도 불구하고 대부분의 사업가들은 정말 글을 잘 못 쓴다. 사내 공지사항이나 연설문에서 핵심 내용을 찾는 것은 먼지로 가득 찬 진공청소기의 먼지봉투 안에서 잃어버린 귀걸이 한 짝을 찾으려고 하는 것과 같다.

요령은 일단 사람들의 관심을 끌고, 요점을 빠르게 정리한 후, 거기서 멈추는 것이다. 사람들이 당신에게 호감이 있으면 함께 일하고 싶어 한다는 내용은 앞에서 이미 다뤘다. 가장 좋은 방법은 직접 만나서 해결하는 것이지만, 한 해에 만날 수 있는 사람의 수는 정해져 있다. 글을 잘 쓰면 무수히 많은 사람들이 당신을 알고 당신에게 호감을 갖도록 만들 수 있다.

사람과의 전화 통화가 점점 더 어려워진 오늘날, 글로는 문지기를 통과해 소통이 가능할 수도 있다. 글은 직원이 본인의 담당 업무에 대해 보다 정확히 알 수 있도록 해준다. 글로 쓴 것은 나중에 논쟁의 여지를 만들지 않는다. 무슨 웅장하고 대단한 문서를 작성하라는 것도 아니다. 당신이 이메일, 메시지 또는 SNS에 게시하는 글들은 모두 수년에 걸쳐 산호초처럼 쌓이게 돼 당신의 평판을 형성한다.

사람들은 미래에는 사진과 동영상이 대세라고 생각한다. 물론 도움은 되지만 계약 체결을 완료해 주지는 못 한다. 말하는 사람의 동영상은 어마어마한 시간 낭비다. 글로 적으면 동영상의 4분의 1 정도의 시간 안에 다 읽을 수 있다. 사진은 관심 끌기에는 좋지만 중요한 일은 모두 글이 한다. 그림책으로 상업적인 계약을 따내거나 사내 문화를 형성하는 것을 상상해 보라. 사진만을 이용해서 투자자를 설득시켜 보아라.

글쓰기는 생각하기이다. 생각을 글로 쓰다 보면 생각이 명확해진다. 당신이 없는 자리에서 당신의 설명 없이 당신의 생각이 어떻게 전달되어질 수 있는가? 기업을 상대로 프레젠테이션을 하는 사람이라면 모두 고객사 중간 관리자들에게 설득력 있는 프레젠테이션을 해놓고 나서, 이제 당신이 준비한 그 소중한 메시지를 그들의 상사들에게 전달할 사람들은 당신이 아닌 그 중간 관리자들이라는 사실을 깨닫는 순간이 얼마나 공포스러운 일인지 알고 있을 것이다. 종이 위에 쓰인 좋은 아이디어는 더 강력하고, 명확하며, 험난한 세상에 나가서 살아남을 확률이 훨씬 높다.

소리 내어 읽어보라. 괜찮게 쓰인 건지 실험하기에 좋은 방법이다. 나는 내 블로그에 글을 작성한 다음, 같은 내용을 녹음해서 들어보곤 생각한다. '밤새 침팬지가 내 노트북을 열어서 자판을 마구 두드려 댔나?' 중요한 문건이라면 초안을 작성하는 것만큼 편집에 시간이 필요하다.

카피라이터인 나의 습관은 내가 쓰는 모든 이메일, 문자, SNS 게시물에 영향을 미친다. 첫 문장에서 관심을 끌지 못하면 더 이상 읽어보지 않는다. 그러니 '독자의 관심을 끌 내용이 무엇인가?'만이 글을 쓸 때 유일하게 고려해야 할 사항이다. 우리가 주요 입찰에서 성공할 수 있었던 이유는 우리를 선택하면 얻게 될 이점을 알아듣기 쉽게 첫 문장부터 잘 설명했기 때문이었다. 글은 돈을 벌어 준다.

6. 사과하는 법을 배워라

이 여정에서 불가피하게 모든 것을 망치는 상황이 있을 것이다. 거래에선 필수적인 부분이다.

'내가 틀렸다'라고 말하는 법을 배워라. 강력하고 직관에 반하는 행동인 걸 안다. 직원들에게 "네가 옳고 내가 틀리다."라고 말하면 직원들은 기분이 좋아질 뿐 아니라, 그들에게 당신은 사소한 옳고 그름에 대한 판단보다는 결과에 더 신경을 쓰는 모습으로 비칠 것이다. 이런 걸로 당신의 명예가 조금이라도 실추되는 일은 없을 것이다.

당신이 바보 같은 말을 하거나 행동을 했을 경우에도 마찬가지다. 대부분의 사람들은 사과 같지 않은 사과를 한다.

"기분이 상하셨다면 유감입니다." 충분하지 않다. 책임을 그들에게 되돌리려 하지 말고 다음과 같이 말하라.

"그렇게 말씀드려서 죄송합니다. 제가 그런 말을 하는 게 아니었는데, 실수를 했습니다. 정중히 사과드리니 받아주세요."

그러면 당신은 책임을 지는 사람으로 평판이 날 것이다. 본인은 잘못이란 걸 할 수 없는 사람이라고 믿는 다른 상사들 사이에서 당신을 돋보이게 해준다.

나쁜 경찰의 기술: 프로가 되라

나쁜 소식을 전하는 것도 당신의 의무 중 하나다. 당신은 백화점에서 일하는 산타가 아니다. 일이란 항상 행복하게 잘 풀리는 것이 아니며 그럴 때마다 당신은 그 일을 프로처럼 잘 처리하는 직원들에게 감사해야 한다. '좋은 소식은 대면으로, 나쁜 소식은 이메일로' 전달하는 관리자들과는 달리 말이다. 동업자들에게 그들이 꾸던 꿈이 끝났다고 전달하는 일은 쉬운 일이 아니다. 일주일 또는 한 달 뒤로 미루고 싶은 심리가 굴뚝같을 것이지만, 그런다고 달라질 건 없다. 가능한 한 빨리 전하라.

안 좋은 소식을 전할 때에는 에둘러서 얘기하지 말고 바로 요점부터 말하라. 안 좋은 소식이란 건 직감하고 있다. 그들도 낌새를 차린다. 3분 연설로 시작하면 더 이상 듣고 있지 않는다. 그들은 속으로 '내가 해고된 걸까?'라는 생각만 반복하고 있다. '정말 해고된 걸까?' 그냥 처음부터 "어떻게 말해야 할지 모르겠지만, 회사에 더 이상 당신을 위한 자리가 없습니다."라든가 전달할 나쁜 소식을 바로 전하라.

그들에게도 말할 기회를 주라. 당신에게 소리를 지르면, 지르도록 내버려 두라. 당장은 그들의 걱정이 당신의 걱정보다 크다. 이제 생계가 사라진 것이다. 일시적인 거라면 좋겠지만, 이 문제는 해결해 줘야만 한다. 미지급금, 퇴직금 등을 포함한 모든 수치를 미리 준비해 가서 알려줘라. 최대한의 확실성을 제공해 줘야 한다.

피터와 나는 때때로 우리가 그간 해고한 사람들에 대해 이야기한다. 장기적으로 봐서 오히려 잘못된 사람은 찾기가 어렵다. 사람들은 자신이 잘 못하는 일을 계속하면 안 된다. 더 잘 맞는 일이 어딘가에 있을 것이다. 당신 내면의 목소리가 다음과 말한다면 명심하라. '내가 방금 한 사람의 인생을 망쳤어.' 아니다, 그러지 않았다.

해고 통지뿐만이 아니다. 사람들에게 솔직해야 한다. 그 솔직함이 2020년에 우리 사업을 구했다. 대부분의 회사들은 매출, 이익 또는 손실과 같은 정보를 경영진들이 다 끌어안고 꼭 알아야 하는 사람들끼리만 공유한다. 우리는 이렇게 해야 하는 이유를 모르겠다. 그래서 우리는 직원들에게 거의 모든 것을 말해준다. 사업이 잘될 때나, 어려울 때나 모두 알아야 한다. 그들은 그런 투명성을 좋아한다.

코로나19가 강타했을 때, 행사는 불법이 되었다. 우린 각 도시에 있는 전 직원이 참여하는 회의를 열었다. 우리는 현재 우리 업계 전체가 나무통을 타고 나이아가라 폭포에서 떨어지는 상황이라고 설명하고, 솔직히 상황이 어떻게 끝날지 정확히 예측할 수 없다고 말했다. 어벤져스 같은 슈퍼팀을 구성하는 데 10년이 걸렸고 우리가 얼마나 그들을 가치 있게 생각하는지 증명하고 싶었다.

우리는 있는 그대로의 은행 잔고와 장부를 보여주었다. 그리고 수익이 0이지만 언젠가 다시 시작할 수 있을 만큼의 돈만 남겨두고, 나머지 돈이 소진될 때까지 일주일에 3일만 근무하고 그에 해당하는 급여를 주겠다고 말했다. 6개월 정도의 시간이 남아 있었다. 그들은 미래에 대해 불안했지만 우리의 우선순위가 어디에 있는지 알게 되어 기뻐했다.

그 주에 나는 내 블로그에 다음과 같이 썼다. 사람들은 내가 이번 주에 한 일을 향후 10년 이상 기억할 것이다. 같은 주 우리 분야의 많은 회사들이 마치 끔찍한 노예선에서 일어난 폭동 사건처럼 직원들을 모두 배 밖으로 내던져 버렸다.

열흘 후, 정부로부터 고용 보조금이 들어왔고 그 회사들은 직원들을 다시 불러들였다. 불러들이면 뭐하나. 그들이 직원들에게 어떻게 했는지 모두가 목격했다. 그런 직원들에게 "좀 더 열심히 일하라!"와 같은 요구를 하면 "아, 예."라고 하며 죽을 때까지 손톱만큼도 더 열심히 안 할 것이다. 그런 회사에서 다시 직원 채용을 하게 되면 정말 절박한 사람들만이 지원할 것이다. 그들은 벌써 퇴행 길에 접어든 것이다. 우리 직원들은 신나고 단합된 팀으로 남아 있다.

내성적인 사람들을 위한 네트워킹

나는 업계 뉴스 기사에 '네트워킹 챔피언'으로 묘사된 적이 있는데, 내가 이 재수 없고 잘난 척하는 것으로 느껴질 내용을 여기에 언급하는 이유는 내가 사실상 챔피언과는 거리가 멀다는 진실을 말하기 위함이다. 나는 사람을 정말 좋아하긴 하지만 일상적인 네트워킹은 끔찍하게 여긴다. 많은 네트워킹 전문가들로부터 좀 더 많은 도움이 필요한 분야다. 비즈니스에서는 많은 쓰레기 같은 조언을 듣게 되지만 거기에서도 가장 쓰레기같이 많이 듣는 이야기는 두려워하는 사람들에게 두려워하지 않는 사람들이 하는 말이다. 다음과 같이 얘기하는 것이다.

"두려워할 것 없다! 걱정할 것은 아무것도 없다."

뇌가 통제할 수 없는 공포의 신호를 보내 그 일을 하려는 모든 시도를 차단하는 것 외에는 사실상 걱정할 게 없는 건 사실이다. 놀랍게도 뭔가를 정말 잘하는 사람들의 조언은 쓸모가 없다. 그들은 그 일을 할 수 없다는 것이 어떤 느낌인지 잊어버렸기 때문이다. 따라서 많은 네트워킹에 대한 조언은 자신감이 철철 넘치는 사람이 만든 다음과 같은 상용 문구다.

"바로 뛰어 드십시오. 최악의 경우 무슨 일이 있겠습니까?"

"박차고 나가 두려움을 극복하십시오."

"다른 사람들도 당신만큼이나 불편합니다."

"좌절을 한 번 겪을 때마다 당신은 더 강해집니다."

뭐라는 건지 모르겠다. 운동선수용 코칭을 생각나게 한다. 나는 엘리트 수준까지 스포츠에 참여한 적이 없다. 내가 어떠한 기술을 익히려 할 때마다 코치는 어떻게 하면 그 동작을 완벽하게 실행할 수 있는지 시연하고 다음과 같이 말했다. "이렇게 하라고! 내가 하는 걸 보라고!"

"코치님, 사람들이 그 동작을 완벽하게 하는 것은 TV에서도 볼 수 있다고요, 다만 신발을 신으면서도 뒤로 자빠지는 사람들을 위해 그 동작을 조금씩 나눠서 쉽고 자세히 좀 설명해 줄 수는 없을까요?"

낯선 사업가들이 떼로 모여 있는 공간에 접근하는 방법도 마찬가지다. 대부분의 공포증과 마찬가지로 칵테일을 마시며 하는 대화에 대한 공포심은 논리적이지도 않고, 상황에 따라 매우 다르게 나타난다. 내가 가장 좋아하는 게 대화다. 특히 택시 기사들과 이야기하는 것을 좋아 한다. 이상하게도 관중의 규모와 상관없이 청중을 대상으로 하는 프레젠테이션은 항상 편안하다. 그러나 내가 모르는 사람들로 가득 찬 공간은 매번 나를 극심한 두려움에 휩싸이게 한다. 순전히 삼삼오오 모여 있는 사람들 사이를 뚫고 끼어드는 것에 대한 두려움인데, 그것은 나에게 그들이 이미 나누고 있는 재밌는 이야기보다 더 나은 내용이 있을지에 대한 의구심 같은 것이다. 나는 갑자기 끼어들어 곧바로 "그래서, 주말엔 무엇을 하실 계획인가요?"라며 찬물을 끼얹는 사람이 되는 건 상상만 해도 끔찍하다.

이름을 기억하는 건 정말 어렵지만 매우 중요하다. 나는 모든 직원과 그들의 배우자 대부분의 이름을 기억하는 데 자부심을 느낀다. 모두에게 고개만 끄덕이는 오싹한 분위기의 사장이 되는 것을 방지하는 건 중요하다. 나는 모두를 전화기 연락처 목록에 입력해 놓고 신입 사원들의 이름을 미리 비행기 안에서 확인한다.

그러나 네트워킹 행사에서는 6명 정도의 그룹으로 나누어 원으로 앉아서, 그들을 수년 동안 알고 지낸 사람으로부터 모두 소개받는다. "이안, 여기는 댄, 에이미, 수전, 케턴, 루이즈, 헤마예요. 서로 인사하세요." 노력은 하지만, 그건 마치 6개의 테니스공이 자기를 향해 한꺼번에 날아오는 것처럼 느껴진다. 나의 이상적인 아이디어는 수리수리마하수리같이 주문을 외우는 건데, 이름이 아닌 얼굴에 대해서다. 나는 나름대로 여러 가지 유니콘 아이디어는 있으나, 얼굴을 기억하는 데는 꽝이다.

대화는 종종 다음과 같이 시작된다.

나(열정적이고 좋은 인상을 남기기 위해 준비된 상태): "안녕하세요! 전 이안입니다!"

상대방(실망한 얼굴): "알아요, 우리 작년에 만났어요. 기억하시나요?"

나(생각): '젠장, 전혀 기억에 없다…'

그래서 나는 대안을 생각해냈다. 공수가 바뀌도록 모두를 전에 만난 적이 있는 사람들인 척 하기로 했다.

상대방: "안녕하세요? 카렌입니다."

나: "카렌, 다시 만나서 반가워요!"

카렌(나를 만난 적이 없음): "아, 그래요. 잘 지내셨어요?"

이 전술로 실패한 건 딱 한 번뿐이다.

나: "안녕하세요! 데이비드, 다시 만나서 반가워요!"

데이비드: "아뇨, 저는 오늘 처음 뵙는데요."

나: '음…'

이 중 어느 경우라도 내가 다음에 쓸 전략적 네트워킹 책의 판매에 도움이 될 것 같지는 않지 않은가? 여기에 네트워킹에서의 성공 비결 중 다른 곳에서는 절대 가르쳐 주지 않는 방법이 하나 있다. 네트워킹 행사가 견디기 힘들면, 그냥 안 가면 된다.

당분간 다른 곳에 가라. 나는 업계 협회이사회에 자원 봉사를 하면서 업계의 대부분의 사람들을 소규모 회의실에서 알게 되었다. 그 덕분에 칵테일파티 때마다 여기저기 흩어져 있는 친근한 친구들을 알아볼 수 있게 되었고, 이제는 삼삼오오 모여 있는 사람들에게 마치 조직위원장처럼 여유 있게 다가가서 그 그룹에 쉽게 끼어들 수 있게 되었다. 착각은 자유겠지만.

내가 그 사람들을 몰랐다면 호텔 방에 숨어 클럽 샌드위치를 시켜 먹고 있었을 것이다. 업계 위원회, 실무 그룹 또는 할 일이 있는 곳이면 어디든 가입하는 게, 행사장에 가서 자기소개를 하는 것보단 훨씬 유익하다.

만약 업계에 갓 입문한 젊은이라면, 이런 방식으로 만난 사람들은 수십 년 후에라도 나타나 당신에게 어떤 입찰이나 취업 기회를 제공할 것이다. 공평한 경기장을 찾아서 황무지를 한없이 헤매고 다닐 필요가 없도록 말이다.

휴가: 실무 능력 테스트

나는 당신의 휴가를 통해 사업을 얼마나 잘하는지 알 수 있다. 어쩌면 이상하게 느껴질 수 있지만 조금 참아보라. 사업을 새로 시작할 때는 휴가를 한 번도 안 간다. 휴가는 특별히 몸이 약한 사람들만 가는 것이라 생각하기 때문이다. 특히 젊을 때는 열심히 일해서 죽는 사람은 없다는 60년대식 사고방식으로 3~4년은 버틸 수 있다. 그러나 그것은 언젠가는 지치게 되어 있다. 사람들이 맨날 하는 그 말이 뭐였더라? 임종을 맞이한 사람 중 직장에서 더 많은 시간을 보냈었더라면이라고 후회하는 사람은 아무도 없었다였던가?

뭐 확실하지는 않다. 임종 시 인생을 되돌아보며 자식들이 훌륭한 교육과 기회를 갖게 된 것이 자신이 열심히 일했기 때문이었다고 자부할 사람도 있을 것이기 때문이다. 더구나 많은 직원들에게 가치 있는 커리어를 쌓도록 도왔고, 금전적 여유가 있었기에 스스로도 흥미롭고 보람 있는 일을 많이 했다고 자부할 수 있다. 넷플릭스를 덜 보고 일을 하면 더 훌륭한 임종은 자연스럽게 마련될 것이다.

당신이 4년 넘게 사업을 하며 한 번도 휴가를 안 갔다면, 사업의 상태가 안 좋아서 더 이상 커지거나 나아질 가능성이 없다는 것이고, 남에게 일을 맡기는 능력도 없다는 뜻이다. 1년에 한 번 정도 휴가를 내고, 휴가 기간 동안 1주일에 하루 정도씩만 사무실에 연락하는 경우라면, 잘 짜인 조직을 가진 성공적인 사업을 하는 거라 할 수 있다.

왜 그럴까? 휴가는 당신 사업의 성장을 저해하는 일들을 정리하게 해준다. 당신이 자리를 비운 동안 다른 사람들이 사업을 운영하는 것을 믿을 수 없다면, 당신의 편집증적 사고방식을 면밀히 살펴볼 필요가 있는 것이다. 사업에서 가장 중요한 것은 모든 일을 직접 하기보다 사람들을 고용하여 일을 맡기는 것이다. 현재 직원들 중 어느 누구에게도 몇 주 동안 회사 운영을 맡길 수 없다면 더 나은 직원을 고용해야 한다.

더 나은 직원을 고용할 여력이 없다면 가격을 인상하거나 수익모델을 변경해야 한다. 만약 사업 운영에 필요한 모든 과정을 알고 있는 유일한 사람이 당신이라면, 애니멀호더(Animal hoarder, 동물을 잘 돌보는 것이 아니라 동물의 수를 늘리는 데에만 집착하는 사람들을 이르는 말로 동물 학대의 한 유형임-옮긴이) 같은 당신의 편향적 사고방식으로 인해서 사업은 지금의 규모에서 영원히 벗어나지 못할 것이다. 휴가를 갈 수 있다는 것은 당신의 사업이 성장할 수 있도록 하는 모든 문제를 조정할 능력이 있다는 뜻이다.

당신 직원들이 성장할 수 있는 좋은 기회다. 그들이 현재 하고 있는 일에서 벗어날 기회를 안 주면 어떻게 배우고 능력 발휘를 할 수 있겠는가? 훌륭하게 일을 잘 해낸다면… 잘된 일이다. 이제 더 나은 승계 계획을 수립할 수 있다. 최악의 경우, 그들이 일을 제대로 해내지 못했다 하더라도, 당신은 그 직원들에 대해 더 잘 알게 된 것이다. 게다가 휴가도 다녀올 수 있지 않았는가?

휴식을 취하지 않으면 뇌는 쪼그라져 영수증으로 가득 찬 머릿속 신발장이 된다. 잔인하게도, 그 두뇌는 오로지 당신만이 가능한 방식으로 사업의 모든 일을 잘 해내고 있고, 이 특별한 방법만이 사업을 지탱해주는 것이라 믿게 만든다. 당신이 만든 비즈니스 액션히어로 영화의 주인공은 바로 당신이기 때문이다. 오직 당신만이 다이하드의 브루스 윌리스처럼 한스 그루버(Hans Gruber)를 쓰러뜨리고 모두에게 행복한 크리스마스를 선사할 수 있다고 믿는다.

사실, 당신의 사업은 기껏 해봤자 정체기에 있고, 당신의 에너지는 오후 4시경의 아이폰 배터리 수준이며, 당신에게 있어서 영감을 얻을 수 있는 유일한 기회는 점심 시간에 써브웨이(Subway) 샌드위치를 먹으러 다녀오는 시간이다. 당신은 안간힘을 쓰며 앞으로 나가려고 애쓰는 여느 비즈니스 순교자들과 다를 바가 없다.

아이디어는 아무것도 하지 않을 때 떠오르는 것이다. 훌륭한 아이디어는 다른 산업 분야, 다른 곳에서 훔쳐올 수도 있다. 쿠바(Cuba)로 이사하거나 독주에 빠질 필요까지는 없으나 최소한 사무실을 떠나야 한다. 내가 아는 모든 사업주들은 휴가를 다녀오면 항상 에너지와 아이디어로 가득 차서 사무실로 돌아와 멋진 일을 만들어 내지 못해 안달한다.

휴가에 목마른 두뇌는 스프레드시트 이외엔 그 어느 것도 생각할 능력을 갖지 못한다. 중국은 직장에서 첫 10년간은 1년에 5일간의 휴가를 준다. 그렇기 때문에 그들은 근로자에게 적절한 휴가를 제공하는 다른 나라의 직원들이 생각해내는 아이디어를 가져다 저렴한 복제품밖에 못 만들어 내는 것이다. 당신의 사업체가 값싼 해외 제조에 의

존하는 기업이 아닌 이상, 미래는 경쟁 업체보다 얼마나 뛰어난 생각을 하느냐에 달려 있다. 두뇌도 해마다 재충전해야 한다.

얼굴: 화난 표정으로 굳어진 얼굴을 만들지 마라

회사 생활에 도움이 되고 나이 들어서 얼굴에 각종 시술 없이도 좋아 보이며 더욱 행복해지고 싶은가? 당신의 욕심이 채워질 때만 말고 항상 좋은 인상의 편안한 사람이 되는 연습을 하라. 많은 사람들이 고객에게는 아첨을 하고, 뒤돌아서 직원과 공급업체들에겐 막 대한다. 그들은 시비를 걸 그 누군가가 반드시 필요한데, 이것은 불안함을 나타내는 신호에 빨간불이 들어왔다는 증거이다. 그들은 이메일의 숨은참조(bcc) 기능을 매우 좋아한다. 그냥 '당신도 알아야 할 것 같아서…' 무엇보다 그들은 다음과 같은 구성의 농담을 좋아한다.

1. 심한 모욕
2. 잠시 멈춤, 그러고 나서…
3. "농담이야!" 그리고 윙크와 함께 어깨를 두드린다.

이렇게 하는 사람들은 100% 절대 농담이 아니다. "모욕을 주려는 뜻은 아니지만…"으로 말을 시작하며 모욕을 주고는 아무 일도 없었던 것처럼 생각하는 사람들과 마찬가지다. 좋은 유머는 좋은 관리처럼 약자가 아닌 강자를 때려야 한다. 훌륭한 관리자는 자신의 직원을 어리석음과 박해로부터 보호하기 위해 윗사람들과 싸운다.

아랫사람을 괴롭히는 것은 나약함의 상징이다. 나는 라디오 프로그램에서 사업체에 거는 장난 전화를 엄청나게 싫어한다. 프런트 데스크 서비스 직원이나 매장 판매원을 모욕하기 위해 전화를 거는 라디오 호스트. 잘한다, 익명으로 사람을 괴롭히는 악당들. 그 점원은 당신의 웃기는 대사에 속아서 얼마나 혼란스럽고 바보 같은 소리를 했는지… 너무 웃겼다. 하하하! (호주에는 라디오에서 몰래 카메라처럼 일반인들을 대상으로 몰래 전화를 하는 방송이 꽤 있음. 2012년에 그중 하나로 인해 어느 병원의 간호사가 자살까지 하는 사건이 발생해 사회적인 이슈가 된 적도 있음. 예를 들어 진행자 둘 중 한 명이 랜덤 사람에게 전화해 자기가 회사에 면접을 보면서 아는 지인으로 당신의 연락처를 써놨다며 혹시 연락이 오면 잘 좀 부탁한다고 한 뒤 10분 뒤쯤에 다른 진행자가 면접관인 척 전화해서 그 사람의 선의의 거짓말을 들으며 웃는 그런 내용임-옮긴이).

그건 코미디가 아니라 학대다. 시간당 16.20달러를 받고 일하는 직원을 수십 만 달러 받는 라디오 호스트가 놀리고 있는 쇼다. 상점 직원은 그 어리석은 농담을 액면 그대로 받아들일 수밖에 없다. 매일 현실의 고객들이 이와 크게 다르지 않은 억지 요구를 해오는 상황이기 때문이다. 이런 전화를 거는 사람들에게 아까운 시간 낭비 좀 그만 하고 꺼지라고 말한다면 어떻게 될까? 그 자리에서 바로 일자리를 잃게 될 것이다. 아침 서커스단의 작코(Jacko), 짐보(Jimbo) 및 벡키(Becky)에게 제공할 3분간의 방송 분량 때문에 직장을 잃을 의향이 있는가? 나라도 그러지 못할 것이다. 이런 것은 뜨거운 철판 위에서 곰을 춤추게 하는 것과 같은 사고방식에서 나온 엔터테인먼트다.

이제 텔레마케터들을 대하는 당신의 자세를 생각해 보라. 그들이 분명히 사람들을 짜증나게 하는 일을 하는 것은 맞다. 싸인펠트(Seinfeld, 미국 코미디 프로그램-옮긴이) 이후 코미디언들은 감히 저녁 식사를 방해하는 영업 직원을 향한 신규 고문 기법을 코미디물로 만들어 놓았다. 그래서 대부분의 사람들은 그들을 쓰레기 취급할 수 있다고 생각한다. 당신도 그들이 다음과 같이 말하는 걸 들었을 것이다.

"하하, 그 통신 판매원들, 난 그들에게 잠시만 기다리라고 한 뒤, 5분 후에 다시 수화기를 들고 꺼지라고 해줬어." 모두가 말한다. "잘했어, 맞아, 그렇게 대해야 해."

한발 물러서서 당신이 누구를 벌하고 있는지 생각해보라. 아이들을 키워야 하는 시간적 제약 때문에 다른 일을 할 수 없는 한 부모를 우롱하는 것일 수도 있다. 부모의 재정 지원 없이 8명의 다른 사람들과 함께 공유하는 아파트의 임대료를 긁어모으려고 일하는 학생일 수도 있다. 그들은 당신이 상상할 수도 없는 최악의 조건에서 일하고 있다. 그들을 모욕하는 일이 괜찮다고 생각한다면 그런 당신은 어떤 사람인지 생각해 봐야 할 것이다.

더구나 그들의 발음이 외국인으로 들릴 경우엔 어떤가? 사람들이 가장 우선적으로 차별하는 요소가 바로 그런 거 아닌가? 이런 사람들을 모욕하는 것에 대해서는 죄책감이 덜 들지 않는가? 전화상으로 이해가 잘 안 되는 발음을 가졌다는 이유로 그들에게 인간으로서의 존중받을 가치가 부족하다는 말인가? 당신과 같은 인종의 말 잘하는 사람이 당신에게 모바일 데이터 패키지를 팔길 원하는데 그렇지 않아서 불만이란 말인가?

이건 너무나도 1960년대의 남아공 골프 클럽에서나 있었을 법한 사고방식 아닌가? 게다가 그들은 영어를 할 줄은 안다. "잘난 그대여, 당신의 외국어 실력은 어떠신지요?"

나는 단지 착한 사람이 되기 위해 그들이 판매하는 물건을 사라는 게 아니다. 확률상 분명 당신에게 필요 없는 물건일 것이고, 구시대적 성가신 판매 방식인 것은 맞다. 그러나 이런 쉴 새 없이 성가시게 걸려오는 영업 방식에 화가 난다면 그 회사의 대표 이사에게 전화를 걸어 항의를 하라. 물론 그들은 당신의 전화를 받지는 않겠지만. 그렇다고 그 회사 텔레마케터들에게 화를 내지는 마라. 그저 예의 있게 "고맙습니다만, 내가 선생님의 시간을 낭비하고 싶지 않아서 그러는데, 관심이 없습니다."라고 하면 끝이다.

오해하지 마라. 나도 예수님 같은 온유한 품성의 예의 바른 사람은 아니다. 항상 인터넷 오류에 관한 이유로 30분에 걸쳐 4명에게 앵무새처럼 연속적으로 같은 이야기를 반복해야 할 때는 결코 나의 예절 바른 모습은 볼 수 없을 것이다. 이런 경험을 하고 나면 분노 화학물질이 흘러넘치는 흥분 상태로 인해 비생산적인 상황으로 2~3시간은 허비하게 된다.

그럼에도 왜 이 사소한 행동의 조정이 중요한가? 그 이유는 모든 사람을 존중으로 대하는 작은 습관을 형성해주기 때문이다. 어쩌면 그들의 삶이 당신의 삶과 어떻게 다른지 생각해 보는 것도 괜찮다. 그러면 당신이 직원이나 고객을 대하는 방식에도 변화가 있을 것이다. 모든 사람을 합리적으로 대하게 되면 요소요소에서 발생하는 소소한 공격으로 하루를 허비하는 일을 막을 수 있다. 소소한 일이기 때문에 눈치 채지 못하겠지만, 그 작은 짜증이 모이고 모여서 당신을 덜 행복하게 만든다. 그렇게 살다 보면 나중에는 시의회와 지역 언론에 '우리 집 잔디 좀 밟지 마시오.'라는 불평불만이 담긴 긴 편지를 쓰는 사람으로 변할 것이다.

사람들은 당신이 사람들을 가려가면서 착하게 대하는 것을 보게 되면서, 당신은 평생 박쥐같은 기회주의자라는 오명을 갖게 될 것이다. 항상 일관성 있게 사람들을 대하면 몇 년 후 고객을 확보하게 될 것이다. 왜냐하면 사람들은 당신이 누구에게나 예의 바른 모습으로 대하는 것을 기억하기 때문이다. 나는 당신이 서비스 직원들을 대하는 방식만 봐도 좋은 사람인지 나쁜 사람인지 알 수 있다. 데이트할 때 상대가 웨이터를 대하는 방식을 보라는 말이 있다. 그게 바로 그 사람이 6개월 뒤에 당신을 대하는 모습일 테니까.

모든 직원들과 사이좋게 지내는 사업은 모두에게 정말 더 좋은 경험이 될 것이다. 물론 그들이 당신처럼 신과 같은 존재에게 축복 받았다고 느끼도록 우쭐대며 행동해선 안 된다. 당신이 머저리같이 행동한다면, 그 행동은 조직 전체에 반영되어 결국 브랜드 자체도 머저리 같은 브랜드로 평판이 날 것이다.

당신이 사장이라면 일부 직원의 경우엔 1년에 한 번, 몇 분 정도만 보는 경우도 있을 것이다. 당신은 갖가지 문제를 해결해야 했던 끔찍한 한 주를 보냈고, 극도로 스트레스를 받았으며, 마음은 딴 곳에 가 있을 것이다. 이럴 때 당신은 엄청 중요한 인물이고 직원들은 단순한 농노인 것처럼 생각하는 부주의를 범하기 쉽다. 그러나 그들에게는 그 짧은 순간이 당신에 대한 인상의 전부가 될 수도 있다. 따라서 온 우주의 기운을 긁어모아서 그들에게 집중해야 한다.

당신이 서비스 직원과 텔레마케터들에게 지속적으로 예의를 갖추는 연습을 했다면 이제 그렇게 하는 것이 몸에 배었을 것이다. 순수한 근육기억으로 전환된 것이다. 당신의 사업이 성공하려면 사람들에게 불합리한 일을 하도록 요청해야 할 경우도 생기기 때문에 중요한 일이기도 하다. 그들이 당신을 존중한다면 그런 일도 할 것이다.

소소한 공격들이 당신의 삶을 조금씩 갉아먹도록 방치하면 그 결과가 얼굴에 자리를 잡게 된다. 사진작가인 존과 나는 함께 많은 연례 보고서와 법률 웹사이트 작업을 했었다. 그 일로 나이든 재무와 법조계 인사들의 인물사진을 찍을 일이 많았다. 우린 촬영 전 가볍게 이야기를 나누면서 10초 정도면 그 사람들의 내면을 알 수 있었다.

대부분은 좋은 사람들이었다. 그러나 몇몇 사람들의 얼굴은 평생 급하고 적대적인 태도로 가득 찬 사회생활로 일그러진 인상인 경우가 있었다. 불도그의 턱처럼 아래 이빨이 약간 돌출되고 눈썹이 영구적으로 찌푸려진 사람. 웃어 보라고 부탁해도 웃지를 못 했다. 우리에겐 그런 사람들의 인상을 조금이나마 덜 무섭게 만들기 위해 볼을 살짝 올려주는 특별한 포토샵 툴이 필요했다.

화난 표정으로 영구히 굳어진 얼굴은 실제로 존재한다. 그렇게 늙어서 손주들을 겁먹게 하는 일이 없도록 살아라.

품위 유지: 업무상 음주를 위한 10가지 팁

매년 11월이면 크리스마스 파티 시즌에 음주로부터 살아남는 방법에 대한 지루한 조언들이 각종 매체를 통해 전해진다. 각 이야기들은 항상 엄격한 실장들이 자신들처럼(즉, 파티가 아닌 방식으로) 파티를 즐기라고 하는 발문을 포함한다.

이것은 현실적이지 않다. 나는 기업 회식 환경을 열심히 시험해 봤는데, 그것은 재미있고 생산적인 사업 전략이라는 것을 발견했다. 대부분의 유용한 기술과 마찬가지로 회식에서 술을 마시면서도 주변 사람들과 즐겁고 재미있게 지내는 것은 지식과 노력이 필요한 일이다. 다음은 관련된 유용한 지침이다.

1. 자선을 빙자한 위선적 냉정함은 그만두라

아, 한 달간 술을 끊었다고요? 청교도식 1월, 금주의 2월, 심심한 3월, 사막의 4월, 적당한 5월, 신중한 6월, 건조한 7월, 바람 없는 8월, 합리적 9월, 깨어 있는 10월, No 하는 11월, 해독의 12월 등 끝없이 설교하는 건강 전문가에 의한 쾌락 거부 요법을 따르는 중이란다.

물론, 이것을 지킴으로써 자선단체에 기부를 하기 위한 일이라지만 남들에게 강요하진 마라. 우리 중 누구도 당신이 얼마나 명석하고 사려 깊게 사는지 신경 쓰지 않는다. 나는 정직하게 술을 좋아하지 않는다거나 종교적인 이유로 술을 피한다고 말하는 사람들이 훨씬 좋다. 술을 마시지 않을 권리는 누구나 있으며, 술을 잘 마시는 사람들도 술을 마시지 않는 사람을 존중해야 한다. 당신은 술을 마시는데 딴 사람은 안 마신다는 게 왜 중요한가? 그들은 당신에게 그 이유를 설명을 할 의무가 없다.

나는 술을 정말 좋아하지만 낮에는 그렇지 않다. 모든 일을 느리게 하게 만들기 때문이다. 그래서 간단한 바비큐 기술을 만들었다. 녹색 또는 갈색 병의 맥주를 한 병 마신 다음 부엌에 들어가서 몰래 수돗물로 다시 채운 후 오후 내내 그것을 마신다. 왜 술을 마시지 않는지에 대한 같은 질문에 끝없이 반복해서 설명해 주는 것보다 훨씬 쉽다. 사람들이 점점 더 술에 취하면 취할수록 계속해서 "한 자안마아안 더어어어~"로 권유하는 소리는 정말 짜증이 난다. 이보단 더 나은 사람이 되도록 노력하라.

2. 내면의 목소리를 들어라

적당한 알코올은 사업의 거의 모든 주요 과정의 속도를 높여주고 진행을 방해하는 비겁함과 우유부단함의 벽을 낮추게 한다. 고객은 자신이 생각을 솔직하게 말해준다. 대낮에 고민하던 결정은 내면의 정직한 목소리가 사슬에서 풀려날 때 정말 선명해질 수 있다. 직원의 깊숙한 본성을 훨씬 빨리 알 수 있게 된다.

술을 마실 때 문서에 서명하거나 돌이킬 수 없는 결정을 해서는 안 되지만, 이런 때의 생각을 폄하해서도 안 된다.

3. 라틴어에 담긴 진실을 기억하라

로마인들은 수천 년 전부터 이 사실을 알고 비노 베리타스(vino veritas, 취중진담)라는 표현을 남겼고, 이는 우리 사내 라틴어 학자들에 의하면 다음과 같이 해석되는 거라 한다.

> 당신이 진정한 멍청이라면 근무 시간에는 그 사실을 잘 숨길 수 있다. 마치 연쇄 살인범이 사람을 항상 죽이지는 않는 것처럼. 그러나 싸구려 와인 몇 잔을 걸친 다음에는 슈퍼 멍청이가 되어 망토를 걸치고 우리 모두가 즐기고 있는 저녁 시간을 망치러 날아온다.

사람들이 누군가를 비열한 술주정뱅이 또는 음탕한 술주정뱅이로 묘사하면, 실제로 그들은 술 취하지 않은 시간 동안 그것을 어떻게든 숨기고 있는 비열하거나 음탕한 사람일 것이다. 행복하게 술에 취하는 사람이라면 본질적으로 괜찮은 사람이라는 것을 알 수 있다.

4. 대화 기반을 넓혀라

고도의 비즈니스 음주 기술이란 저녁 내내 별의별 내용으로 지껄인 소리를 듣고 모두 기억해뒀다가 6개월 뒤에 그 사람을 다시 만나면 모두 기억할 줄 아는 것이다. 또는 다음 날 아침에 그들이 전날 밤에 아주 흥미롭게 생각했던 내용의 인터넷 링크를 이메일로 보내줄 수 있는 것이다. 엑셀보다 더 유익한 기술이자 우리 브랜드 성장의 필수적 요소다.

술은 대화 주제와 대화 대상을 넓히도록 도움을 주어야 한다. 나는 운이 좋게도 대다수가 여성으로 이루어진 업계에서 일함으로써 대화 주제는 훨씬 더 광범위하고 다양하다. 머스크 향 나는 술에 취한 중년의 남자들이 끼리끼리 모여 앉아 일과 축구 얘기만 하는 것보다 더 지루한 것은 없다. 새로운 것에 대해 배울 기회를 받아들여라.

5. 술집 예산을 늘리고 회의실 예산을 줄여라

일찍부터 피터와 나는 언젠가는 함께 사업을 시작할 것이라는 것을 알고 있었다. 순전히 우리 둘 다 운 좋게 특이한 알코올 분해효소를 가졌는지 숙취가 없다는 이유 때문이었다.

그래서 우리는 업계 행사에 가서 술에 취하지 않은 상태에서 편안하게 무슨 슈퍼 쌍끌이 어선처럼 주변의 모든 정보를 수집하고 있었다. 우리는 사람들과 이야기하는 것을 진심으로 좋아하기 때문에 기본적으로 플랑크톤과 크릴새우와 같은 미미한 정보를 많이 들을 수 있었고, 가끔은 우리에게 매우 유익한 특별한 정보도 얻을 수 있었다. 그런 정보는 한 5년 후에나 써먹을 수 있는 정보이지만 그래도 모두 저장되고 있었다. 비즈니스에서는 정보가 생명이며, 집에 앉아 링크드인을 스크롤하며 뒤적인다고 귀중한 정보를 얻을 순 없는 일이다.

우리는 사람들이 기업인의 격식을 내려놓고 자신의 감정을 표현할 수 있는 새벽 3시에 어두운 바에서 악수로 거래를 성사시킬 수도 있다. 나는 우리가 사무실이나 회의실에서 중요한 거래, 판매 또는 고위급 직원을 고용한 적이 없다고 확신한다. 나는 사무실이나 회의실이 어떤 포커스 그룹보다도 빡빡하고 인위적이라고 생각한다.

6. 술을 제어하지 못하면 마시지 마라

알코올을 못 마신다는 것은 가혹한 리트머스 시험이다. 다른 사업을 하던 과거에 우리는 딱 한 가지만 빼고 거의 모든 분야에서 충분히 매력적이고 함께하기에도 즐거운 영업 사원들을 해고해야만 했다.

그들은 업계 만찬에 가면 1시간 안에 야단법석을 떨며 저질스런 농담을 퍼부으며, 발정 난 원숭이처럼 고객을 만지고, 결국 다음 날 고객들이 어색한 이메일을 보내오게 하는 스펙터클한 상황을 펼쳤다.

당신은 회사에 그런 낙인이 찍히는 것을 용납하면 안 된다. 용납되지 않은 지 수십 년이지만, 특히 지난 몇 년간에는 그런 행동은 절대적으로 용인되지 않는 행동으로 자리매김했다. 당신이 이런 사람이라면 회사 일을 하는 동안은 술을 마시면 안 된다. 단 한 방울도. 그 이유는 그 슈퍼 멍청이가 조금이라도 술맛을 보는 순간 "한 잔만 더더더! 아무렇지도 않을 거야아아아"를 외치게 될 것이기 때문이다.

당신이 파티 멍청이라면 단지 하룻밤의 분위기를 망치는 것이 아니다. 장기적으로 모든 사람의 삶을 점점 망치는 것이다. 사내의 유흥을 깨는 부서는 점점 회식 자체를 없애려고 시도할 것이며 그것은 순전히 당신 때문인 것이다.

다양한 친구들에게 물어보라. 내가 술을 마시면 그분이 오시는 그런 사람인가? 그들 중 한 사람이라도 당신의 눈을 보며 그렇다고 하거나, 대답하기를 주저한다면… 당신은 영구적으로 해독을 시작해야 할 시간인 것이다. 적어도 사업을 지속하는 기간 동안에는 말이다.

7. 자격을 취득하라

물론 현재 존재하지는 않지만 만약 어떤 교육기관에서 CBD(Certified Business Drinker, 사업차 음주 자격증) 증명서를 발행해 준다면 나는 그 코스 개발에 참여할 의사가 있다.

응모자들은 비즈니스 사람들과 어울리면서 3시간 동안 미리 설정된 양의 주류를 마실 것이다. 만약 남들을 만지거나, 해변에서도

가려질 위치에 있는 문신을 누구에게 보여주거나, 전 애인에게 자기 연민의 메시지를 보내거나, 어떤 종류의 타 지역 사투리로 얘기하지 않는다면 1차를 통과한 것이다.

2차 테스트는 다음 날 아침 정시에 출근하여 담배나 케밥 냄새가 나지 않는 상태에서 정상적으로 업무를 수행할 수 있어야 한다. 그렇게 할 수 없다면 술을 마시면 안 된다. 이 CBD 졸업생들은 사교 행사에 참석하고, 비용을 청구하고, 일반적으로 장기적인 친선을 구축하는 방식으로 느슨한 상황에서 비즈니스를 대표할 자격을 부여받는다.

이런 특권의 가장 중요한 부분은 주변에서 무슨 일이 일어나고 있는지 감지하고 있어야 한다는 것이다. 소름끼치게 하는 사람이나 지루하게 하는 사람으로부터 구조가 필요한 사람들을 찾아 방을 둘러봐야 한다. 그리고 서로 도움이 될 만한 사람들끼리 소개시켜 줘야 한다. 주랑을 초과한 듯한 아마추어 술꾼을 주시하고 택시를 잡아 보내드려라.

8. 술 취한 상태에서 영업하지 마라

CBD 박사 자격을 얻으려면 술이 취한 상태에서 자신의 회사 및 회사의 첨단 비즈니스와 솔루션에 대해서 단 한마디도 하지 말아야 한다. 그러기 위해선 재미가 있어야 하며 더 중요하게는, 다른 사람들에게 관심이 있어야 한다.

많은 중년 직장인들의 비극 중 하나는 자신들의 지루한 직업에 관한 이야기 외에는 말할 능력을 상실하고 있다는 점이다. 그래서 변호사들은 누가 판사가 될 것인지 등에 대해 밤새도록 모여서 이야기하게 되는 것이다. 법학회 칵테일 파티의 변호사 모임이라면 상관없지만. 그러나 다른 분야 사람들이 함께하는 경우라면 단조로운 주제로 계속되는 당신의 대화는 매력이 없다.

9. 미래의 당신에게 시간을 투자하라

이러한 심야 상황에서 이루어진 원대한 계획과 약속은 약 10%만이 현실로 이어진다. 그렇더라도 대낮에 회의실에서 조력자들이 제공하는 샌드위치를 먹으며 하는 브레인스토밍보다는 여전히 확률이 더 높다. 사람들은 아침에 일어나 어제 했던 모든 대화 중 구체적인 내용은 기억하지 못할 수는 있으나 그럼에도 당신은 호감이 가고 신뢰할 수 있는 사람이라는 느낌은 남아 있을 것이다.

이것은 브랜드를 개발할 때와 똑같다. 감정과 본능은 매번 사실과 논리를 이긴다. 이것은 결코 단기적 승부가 아니고 단순한 회의나 영업적인 통화로는 얻어낼 수 없는, 평생을 결속시키고 사업적 관계를 형성하는 경험을 제공한다. 그래서 상업적 수익의 평가를 1년 단위로 정당화하기가 어려운 것이다.

당신이 20대인데 업계 파티 및 뒤풀이에 참석하지 않는다면, 나중에 또래의 친구들이 권력을 잡았을 때, 미래의 당신은 모든 일이 이루어지는 오프라인 비밀 클럽에 가입할 기회를 잃게 되는 것이다.

어린 자녀가 있는 능력있는 친구는 이러한 현실이 경력 면에서 그녀와 같은 또래의 여성들에게는 많이 불리한 요소로 작용한다고 지적한다. 그녀도 술을 마시며 밤늦게까지 동료들과 잡담을 하는 꿈을 꾸지만 실천하기에는 악몽 같은 현실이 가로막혀 있다는 것이다. 남편들이여, 아이 엄마가 컨퍼런스나 시상식의 밤에 참석하는 동안 아이들을 돌봐줘야 할 시간이다. 외부에서 보기에는 단순한 파티라고 생각한다. 그렇지 않다, 경력에 꼭 필요한 기능으로 작용하는 일이다.

10. 써야 할 때는 써라

청구서를 지불하는 사람을 둘러싼 매우 복잡하며 미묘한 법칙과 계산 방법이 존재한다. '잠재적 고객이 누구인가?', '모인 사람들 중 가장 큰 대기업 소속으로 업무 추진비를 쉽게 청구할 수 있는 사람이 누구인가?', '누가 가장 힘든 한 해를 보내고 있기에 위로주를 받을 자격이 있는가?'

항상 같은 사람이 낼 수는 없겠지만 누가 만성적인 회피자인지는 모두가 알고 있다. 그들은 평소와 같은 값비싼 칵테일을 주문하고 곧 함께 사업을 하게 될 방법에 대해 이야기하면서 아무도 모를 거라 생각한다. 그들은 지갑을 꺼내고 그것을 열 의도가 전혀 없으면서도 이리저리 흔들며 과시를 한다.

모두가 결과가 어떻게 될지 알고 있다. 심판의 날이 오면 전지전능한 에티켓 신의 심판을 받아 결국 앞으로의 날들에는 핫도그나 먹고 살게 될 것이다. 그런 사람이 되지 마라. 당신은 그보단 나은 사람이다.

사업적 체질로 관리하라

사업을 운영하면 시간에 어마어마하게 쫓기게 마련이다. 열심히 권한을 위임해야 한다. 생산적인 작업을 위해 써야 할 소중한 시간을 빼앗아가는 모든 작업에는 도움이 필요하다. 공항 서점에는 당신의 소중한 시간을 관리하는 방법에 대해 끝없는 조언을 해주는 책들이 있다. 이메일에 답장하고, 세탁을 하고, 강아지 산책을 시키는 일을 타인이 도와주도록 부탁하라. 앱 스토어에는 이러한 작업을 도우미에게 알선해주는 흥미롭고 혁신적인 도구로 가득 차 있다.

또한 성공을 거듭할수록, 바쁜 비즈니스맨이 골치 아픈 노력의 대가로 자신에게 제공할 수 있는 사소한 사치도 누리게 된다. 공항까지 모셔다 주고 모시고 오는 리무진과 같이 누릴 가치가 있는 것들을 말이다. 그러나 이런 것들은 자신이 업무 능력을 더 악화시키는 작용을 하기도 한다.

내가 아는 유능한 사업가들은 모두 그들이 일상에서 마주하는 작은 문제에 관심이 있고, 단지 뇌를 훈련시키는 목적으로라도, 그것을 해결하기 위한 아이디어를 내는 데 관심이 있다. 비록 그것이 단지 정신적 훈련을 위한 것일지라도 말이다. 일상은 크고 작은 짜증으로 가득 찬 체육관이다. 그놈의 망할 웹사이트에서 로봇이 아님을 증명하기 위해 신호등을 모두 찾아야 하는 것도. 노크도 하지 않고 집에 사람이 없다고 판단한 배달원이 소포를 브룸(Broome)에 위치한 창고로 다시 가져가는 것도. 가장 싼 가격을 찾아준다는 가격 비교 웹사이트에서 물건을 찾아주곤 후속 조치라며 지속적으로 전화를 해대 법원에다 접근 금지 명령을 신청해야 할지 고민할 지경으로 괴롭히는 것도. 끝이 없다.

사업을 하며 다음과 같이 하는 현명한 사람들이 더 나은 비즈니스를 만든다. "이거 정말 쓰레기네. 내가 더 나은 방법을 찾아봐야겠다." 만약 당신이 당신보다 훨씬 적은 돈을 받는 사람들에게 비즈니스에서 짜증나는 모든 개인적인 업무를 떠넘기면, 이제 대부분의 당신 고객들이나 세상의 일반 사람들과도 접점을 잃게 될 것이다.

모든 문제가 부드럽게 해결된다. 대기하는 줄도 더 짧아진다. 이제 더 이상 당신과 같지 않은 부류의 사람들과 섞이지 않는다. 보통 사람들에게 정말 중요한 것이 무엇인지 모르기 때문에 진정한 기회를 인식하기가 훨씬 더 어렵다. 평범한 인간 행동에 대한 본능을 잃게 되는데, 이것은 비즈니스에 있어 가장 중요한 기술인 것이다. 편리한 세상 안에 사는 당신은 반값 침대 시트를 사기 위해 추운 겨울에 몇 시간 동안 가게 밖에서 줄을 서서 기다리지 않을 것이다. 한 병에 30달러 미만 하는 와인도 사지 않을 것이다. 현실과 보조를 맞추는 능력의 부족은 가격 책정이나 마케팅을 통해 전달하려는 메시지에 대한 모든 작은 결정과 당신의 고객이 누구인지에 대한 당신의 마음속 이미지에서도 나타난다.

현실 세계에 대한 당신의 아이디어는 당신의 사무실, 아슈탕가 요가수업 또는 요트클럽 멤버들로 축소되어 반영하게 되면서 점차적으로 쪼그라든다. 당신보다 못한 사람들과의 유일한 접촉이 그들이 당신의 차를 대신 주차해줄 때뿐이라면 그들을 이해할 수가 없다. 이해와 통찰력은 사람들과 대화하는 데서 나온다. 마케팅 부서가 행동 예언의 획기적 사례라고 주장하며 작성한 '원주민 가족 중심 라이프 스타일을 추구하는 25-39세 여성'이라는 고정관념적 보고서보다 훨씬 더 그러하다. 그들의 예측 캐리커처는 때때로 옳을 수 있다. 그러나 점성술도 마찬가지다.

직원들과 더 이상 어울리지 않게 된다. 당신에겐 출퇴근이 문제가 안 되니 회사를 대중교통에서 멀리 떨어진 곳으로 이전하면 직원들은 통근하는 데 비용이 두 배나 들게 된다. 교대 시간도 더 짧게 만들어 보육비가 월급보다 더 많아지게 만든다. 그들이 생계를 유지하기 위한 싸움을 하는 동안 그들의 삶이 얼마나 힘든지 당신은 이해하지 못하게 된다. 그래서 당신 회사에서 일하는 것은…. 그들에겐 또 하나의 직장이 필요하게 된다.

자녀가 있으면, 일을 위임하는 것이 그들과 지낼 수 있는 소중한 시간으로 이어질 수 있다. 그러나 하찮은 업무를 모두 앱으로 구한 도우미들에게 맡기면 당신의 아이들은 그것이 정상적인 것이라 보고 자라게 될 것이며, 결국 도널드 트럼프 주니어와 비슷한 사람으로 자랄 가능성이 커진다. 따라서 아이가 커서 기린 사냥을 다닌다고 놀라지 마라. 충분히 경고를 했으니까. 그리고 개 산책을 개를 산책시키는 사람들에게 다 맡긴다면, 당신에겐 개를 키울 자격이 없다.

매일은 못 하더라도 당신이 먹을 음식은 직접 만들어라. 슈퍼마켓도 가보라. 책장도 직접 조립해 보라. 에디슨에게 양초심을 다듬는 사람과 오일 램프에 기름을 채우는 값싼 일꾼들이 집에 매일 와서 뒤치다꺼리를 해줬다면, 귀찮아서 전구를 발명할 필요성을 못 느꼈을 것이다. 매일매일 일상의 짜증을 기꺼이 받아들여라. 당신에게 새로운 영감을 주는 새로운 친구다.

성공의 비법

성공의 비결을 원하십니까?라는 링크드인 비디오 보이스를 켠다. 아니, 차라리 성공 세미나에 더 이상 참석하지 않는 건 어떤가? 난 그거 자체를 성공이라 부르겠다. 자기계발에 대한 당신의 욕구를 억제하고 싶은 생각은 없지만, 이런 걸 운영하는 사람들보다는 더 나은 롤 모델을 찾을 수 있다. 힘든 시기에 도둑들이 기회를 포착하면서 번성한다. 그들은 역사상 가장 악명 높은 독재자들이 닦아 놓은 기술을 사용하여 충성스러운 보병들을 자극한다. 만약 당신의 직업이 하루 종일 공항터미널에 서서 행인들에게 와인 구독이나 신용 카드를 만들고 싶은가를 묻는 것이라면 도움이 될 것이다. 그런 직업에선 기업의 강령 따윈 상관없으니까.

나는 꽤 성공한 사람들, 아니, 당신의 성공에 대한 측정 방법에 따라서는 돈을 많이 번 사람들을 알고 있는데, 그들 중 단 한 명도 그런 세미나에 참석한 적이 없다. 그들이 사업을 처음 시작할 때조차도 그랬다. 그들 대부분은 책을 많이 읽고 사람들에게 질문을 많이 했다.

나는 토니 로빈스(Tony Robbins, 미국 작가 · 심리학자 · 자선가로, 강연, 세미나 및 자기계발서 작가로 유명함-옮긴이)도 아니고 유니콘 기업을 창립하지도 않았다. 그러나 나는 당신의 성공을 보장해줄 그다지 어렵지 않은 8가지 목록을 제시해 줄 수 있다. 그것을 읽고 "우와! 천재적인 발상!"이라고 하진 않을 것이다. 모두 너무 뻔하고, 평범한 조언들이다. 그렇기 때문에 대부분의 사람들이 하지 않는다. 그 내용은 다음과 같다.

성공을 위한 8가지 아주 평범한 방법

1. 제시간에 나타나라.
2. 당신이 한 약속을 지켜라.
3. 사람들과 그들이 하는 일에 진심으로 관심을 가져라.
4. 사람들에게 이야기하는 것보다 경청하라.
5. 타 업계의 좋은 아이디어를 찾아 베껴라.
6. 달성하고자 하는 목표를 머릿속으로 그려라.
7. 내가 대접받고 싶은 것처럼 사람들을 대접하라.
8. 다른 사람이 아닌 자신만의 성공 기준을 정의하라.

이게 다다. 이제 사업을 시작하러 가도 된다.

이 8가지 방법은 매우 간단하다. 그러나 사람들은 성공이 실제보다 훨씬 더 복잡하다고 믿고 싶어 한다. 다들 다른 사람보다 1% 우위를 점할 수 있는 신비한 비밀을 알고 싶어 한다. 그래서 뭔지는 잘 모르지만 신경언어 프로그래밍이나 린 식스 시그마(Lean Six Sigma, 낭비를 체계적으로 제거하고 편차를 줄임으로써 성과를 개선하기 위한 협업 팀 노력에 의존하는 방법-옮긴이) 등에 의존한다.

그 1%에 집중한다는 것은 나머지 99%는 잊는다는 것인데, 그 이유는 기본적인 것에는 전문적 지식의 권위가 결핍돼 있기 때문이다.

당신이 이렇게 기본적인 일들을 매일 수행할 수 있다면 성공할 것이다. 직원들 모두가 끊임없이 하도록 할 수 있다면 그들은 모든 경쟁자들을 무너뜨리고 앞장서게 될 것이다. 솔직히, 이 파트에 소개된 내용만 제대로 실행에 옮기면 책의 나머지 부분은 그저 기내 잡지와 같이 가벼운 읽을거리로 취급해도 된다.

당신이 원한다면, 진심으로 창업하기를 기원한다.

그것으로 큰돈을 벌지 못하더라도, 괜찮다. 인생은 여전히 멋진 것이다. 주방에 깨끗한 물이 즉시 무제한으로 나온다는 건 참으로 호사스러운 일이다. 창밖으로 물총새(기이한 울음소리를 내는 오스트레일리아산 새-옮긴이)를 볼 수 있는 나라에 사는 것은 특권이다. 자동차 폭탄을 걱정하지 않고 언제든지 상점에 갈 수 있다. 아이들을 잘 키우는 것은 어떤 사업보다도 큰 성취인데다 투자자도 필요 없다. 당신의 자유를 현명하게 사용하라.

Note

❶ Lecher, Colin, '아마존이 "생산성"에 따라 창고 작업자를 자동으로 추적하고 해고하는 방법', The Verge, 2019년 4월 25일

❷ Lambros Photios와 함께하는 벤처 팟캐스트, '샤크 탱크 투자자: 이것은 나를 감동시키는 방법', 2019년 11월, lambrosphotios.com/podcast/shark-tank-investorthis-is-how-youll-impress-me/

❸ 포르쉐, 트위터, 2016년 10월 7일; twitter.com/Porsche/status/7841216594941 37856

❹ Stevenson, Seth, '우리는 넘버 2! 우리는 넘버 2!', Slate, 2013년 8월 21일

❺ 링크드인, 트위터 twitter.com/StateOfLinkedIn의 상태

❻ 이 개념은 원래 1933년 '육군, 해군 및 공군 관보'라는 영국 정기 간행물에서 커트 본 해머스틴-이코드 장군을 인용하여 알려졌다. quoteinvestigator.com/2014/02/28/clever-lazy/#returnnote-8291-1

❼ 마르캉, 데이비드, '카리스마의 질문: 디즈레일리와 글래드스톤 재평가', New Statesman, 2013년 7월 25일